伝統芸能の教科書

Textbook of Japanese Traditional Performing Arts

三田徳明
石川髙
佐野玄宜
亀井広忠
石田幸雄
森谷裕美子
豊竹睦太夫
鶴澤友之助
吉田勘市
村尾愉
高橋晃子
米田真由美
田中傳左衛門
今井豊茂
中村鷹之資
赤井紀美
藤間勘十郎
柳家喬之助
神田阿久鯉
小濱明人
後藤幸浩
片山旭星
水島結子
月岡祐紀子
千宗屋
諏訪春雄
鈴木健一

藤澤 茜＝【編著】
Fujisawa Akane

文学通信

第三章　文楽

第四章　歌舞伎

はじめに

◉藤澤　茜（神奈川大学准教授）

「伝統芸能」「古典芸能」という言葉から、皆様は何を思い浮かべるでしょうか。雅楽、能や狂言、歌舞伎、落語など、あれこれと想像する方もおられると思います。日本にはそれだけ多く、また長く継承されている芸能があるのです。例えばアジア文化の影響を強く持つ日本の雅楽は、八世紀に確立したと考えられます。また時の将軍や大名に親しまれ、約六百五十年の歴史を持つ能楽は、世界最古の舞台芸術とされています。江戸時代に庶民の支持を受けた歌舞伎や人形浄瑠璃(文楽)も、四百年以上楽しまれてきました。豊かな文化を育む土壌があり、さらに芸能や文化の「継承」を大切に育んできた結果、日本の伝統芸能は豊かに発展し、国際的にも高い評価を受けるものになったのでしょう。

しかし、芸の継承は並大抵のことではありません。特にビデオや写真などの便利な記録媒体がない時代に、人から人へ「口伝」という形で芸を受け継ぐためには、さまざまな工夫や努力が必要でした。芸の根幹となる部分を、先人は、いったいどのように伝えていったのでしょう。本書ではそうした疑問もふまえて、日本の伝統芸能の発生から展開まで、さらに個々の特色も含め、ポイントを絞って解説しています。鑑賞のツボも紹介しつつ、「難しそうでハードルが高い」と思われる方にもわかりやすいよう、とくに重要な部分は丁寧に、かつ掘り下げて紹介します。

本書は、二〇〇一年より学習院大学で開講している「日本の伝統芸能」という授業の内容を中心に構成されています。各分野の第一線で活躍中の先生方による、実技もまじえた講義は毎回刺激にあふれ、オーガナイザーとして長年参加していた私自身にも、数えきれない発見がありました。それを一冊にまとめれば、伝統芸能の「今」を伝えるテキストが完成すると考え、先生方にご協力をいただきました。歴史や特色などの基本がわかる本論に加え、本書刊行にあたり新たに取材した記事や、演者からのメッセージを伝える興味深いコラムも満載しています。

伝統芸能は、その時代の社会や流行を映し出す鏡のようなものです。純粋に芸を楽しむだけでなく、その時代背景や当時の価値観を知ることで、より日本文化の奥深さを実感できるのです。

芸能への関心は、私たちが過去の時代を体感するための、格好の入口ともなることでしょう。伝統芸能が継承されてきた意義や、現代の私たちに適した芸能への親しみ方など、本書を通じて一緒に考えてみたいと思います。

総論　日本の伝統芸能——時代を映す鏡

文●藤澤　茜

◆今に生きる伝統の力

本書では、雅楽、能楽（能・狂言）、文楽、歌舞伎（以上を四大舞台芸術と呼ぶことがある）、落語、講談、和楽器（尺八、琵琶）、瞽女《ごぜ》の芸能、茶道について取り上げる。これらは一般的に日本の伝統芸能と称される分野である。それでは、「伝統」という言葉には、どのような意味があるのだろうか。

辞書を確認すると「ある民族や社会・団体が長い歴史を通じて培い、伝えて来た信仰・風習・制度・思想・学問・芸術など。特にそれらの中心をなす精神的在り方」（広辞苑）、「ある民族・社会・集団の中で、思想・風俗・習慣・様式・技術・しきたりなど、規範的なものとして古くから受け継がれてきた事柄。また、それらを受け伝えること」（大辞泉）という説明がある。「長い歴史」「古くから」という記載からは、その長さの規定が難しいことがうかがえるが、日本の伝統芸能の場合、雅楽《ががく》の成立は八世紀と考えられ、また世界最古の演劇（発祥から途絶えることなく継承されてきたものの中で最古）とされる能楽《のうがく》は、六百五十年もの間、継承されてきた。その長い時間の中で、どのように受け継がれてきたのかという問題は、個々の芸能の特性によっても異なるだろう。音楽や舞を継承する雅楽と、能楽や歌舞伎のようにせりふを伴う演劇（俳優が脚本に従って、体の動きとことばを通して表現する芸術）、落語や講談のような演者一人で成立する話芸など、演じる形態だけでもさまざまであるが、実際にはそれぞれを単独で、切り離して考えることはできない。例えば、江戸時代に人気を誇った人形浄瑠璃《じょうるり》（現在の文楽。江戸時代は人形浄瑠璃、もしくは操《あやつ》りなどと称されたが、ここでは以下文楽に統一する）や歌舞伎は能楽からの影響を受けて発展しているため、共通する演目も多い。また楽器に関しても、尺八《しゃくはち》や琵琶《びわ》は雅楽の楽器として伝わったものが、日本で独自に発展した経緯がある。長い時間の中で、固定される部分と変化する部分とが混在し、現在に至っている。

近年、それぞれのジャンルで「新作」と呼ばれる作品の上演も増えているが、この新作も、上演を重ねて定番化されれば、やがては「古典」となる。そうしたことを繰り返して、今日までさまざまな作品が生み出され、そして今後も同じように伝統芸能は変化し続けていくのだろう。

本書で取り上げる個々の特質については各章のページに譲り、総論では本書を読み進める際に重要となる事項について考えていきたいと思う。伝統芸能の特質や大まかな流れを述べた後で、芸能を読み解くキーワードをいくつか設定し、それに沿って考察していこう。

◆日本の伝統芸能の歩み——アジアの中の芸能

そもそも、芸能はどのように生まれたのだろうか。

芸能の始まりの例として、神話が取り上げられることが多い。『古事記』にみられる天鈿女命《あめのうずめのみこと》の物語（天照大神《あまてらすおおみかみ》が天岩戸《あまのいわと》に籠《こも》ってしまった際に、踊りで岩戸から誘い出した。神楽《かぐら》の祖とされる）、そして『日本書紀』における海幸彦《うみさちひこ》山幸彦《やまさちひこ》（物まね演技の祖とされる）の逸話はよく知られている。これはあくまでも神話の世界の逸話だが、もともと芸能は、人が神を祭る中で誕生したと考えられることは特筆すべきであろう。神を祭り、神と交流をはかる中で、芸能は誕生した。

以下は、本書巻末の諏訪春雄氏による特別寄稿「伝統芸能——海外との共通性と日本の独自性」に示された、芸能の本質を示すトピックである。

○芸能と芸道・芸道は祭りの依代《よりしろ》から誕生
○舞台は神社を起源とする
○型は《カミ》へ通じる・部分に《カミ》が宿る

「芸能」は、祭りの巫《ふ》（神霊と交流するシャーマン）の身体所作から生まれたものであり、祭りで神を迎えるための技術を極めて発達したのが、歌道、弓道、剣道、棋道《きどう》、茶道、華道などの「芸道」だという（茶道に関しては、現代の茶道の在り方を伝えるコラム〔190頁参照〕を本書に掲載しているので、詳細はそちらに譲りたい）。身体表現としての芸能、そして技術をもとにした芸道という区別ができるが、ともに人間が神を迎えて交流する点では共通している。神と芸能の強い関わりについては、神社建築を起源として日本の芸能の舞台が誕生したことからもうかがえる。

本書の歌舞伎のコラム（110頁参照）でも触れているように、日本文化には「型」と呼ばれるものがあり、それを繰り返すことでさらに良い作品を生み出すという考え方がある。例えば和歌の世界では、古歌の語句や趣向などを取り入れて作歌する「本歌取《ほんかど》り」という技法がある。江戸時代の俳人、服部土芳《はっとりとほう》は、俳諧論書『三冊子《さんぞうし》』において、もとにする古歌（本歌）は著名なものでなければならないと述べており、本歌をどのようにアレンジしたのかがわかることが大事だと指摘している。演出や演技などの「型」を有する芸能のルーツは、進行の手順が厳しく決められている祭りにある、との諏訪氏の指摘があるように、元来、優れた手本をもとに作品を作ることは大事な手法と考えられている。これは伝統芸能だけではなく、日本の伝統文化全般を理解するために必要な考え方だといえる。

また、日本の伝統芸能に見られる豊かな国際性も、注目すべき特徴である。本稿の末尾に掲載した、伝統芸能の関連事項の年表をご覧いただくと、五世紀から九世紀ごろにかけての主要なトピックを通じて、東アジア諸国からさまざまな文化を取り入れる日本の文化の柔軟性を知ることができる。諏訪氏が指摘されるように、東アジアの中でさまざまな国の影響を受けた雅楽は、当時の最新文化をそのままの形で継承する姿勢が強い。この視点は、芸能の歴史的な流れを追う際にも重要になるため、詳細な雅楽の解説（22頁参照）とあわせてご覧いただきたい。また中国から伝わった散楽《さんがく》をもとにして、猿楽《さるがく》や能楽へと発展したように（芸能以外では、中国から伝わった漢字から仮名やカタカナが生まれている）、日本が海外の文化を租借し、日本化していく道筋も興味深い。

◆西洋演劇との比較

日本の芸能を、アジアという枠の中でとらえることは大事な視点である。そして、さらに西洋文化との比較を通じて、日本の独自性が浮かび上がるのである。

河竹登志夫氏は、西洋の演劇との比較を通じて、日本の古典芸能に共通する特質について、以下のように指摘している（『日本の古典芸能　名人に聞く究極の芸』）。

まず、日本の芸能が持つ重層性として、西洋演劇では、ギリシアが滅びてギリシア悲劇の代わりにローマ劇が栄えるというように、「興亡衰退あるいは交替の歴史をたどる」のに対し、日本では能楽と歌舞伎、文楽に影響関係があっても、一つの芸能に取って代わられるのではなく、「いわば地層が重なるように層をなして存続してきた」と指摘されている。また、西洋演劇が言葉によってドラマを表現するのに対し、日本では歌舞《うたまい》による様式化が進んだこと、つまり音楽や舞踊による表現を多用することも重要としている。その点とも関わるのが、河竹氏が「芸、様式の肉体的伝承」として挙げる、次のポイントである。河竹氏は、日本演劇における古典と、西洋演劇における古典（ギリシア劇やシェークスピア劇）は全く異なるとし、「文学で定着された言葉の戯曲以上に、俳優や演奏者の肉体による各ジャンル独自の表現そのもの、さらには舞台様式や音楽などすべてを包含する演出それ自体が、改良や創造を加えながらも、人から人へ、身体から身体へと伝えられていく、その姿が伝承、伝統であり、そうして伝えられたものが古典であるということ。俳優演者の世襲制、演技の型、家の芸、秘伝、口伝《くでん》、戯曲論より芸論や芸談の優位……など、みなこの肉体的伝承という特質を示すもの」だとしている。

身体から身体へと芸を伝承する過程に、口伝や世襲という日本の芸能に特徴的なものが生じてくるという視点は、日本の伝統芸能を深く理解するためにたいへん有効である。「芸を継承する」ための工夫も含め、ここからは芸能を読み解くキーワードを設定して、各芸能を横断的に見ていこう。

◆伝統芸能を読み解くキーワード

これまで述べてきたことをふまえ、以下の切り口でそれぞれの芸能の特質について考えてみたい。

①演者（継承者）と享受者
②演じる場所・劇場
③音楽・楽器の使用
④役柄の表現
⑤地域性

❶演者（継承者）と享受者

芸能の担い手の育成については、口伝、秘伝という視点でいえば、「門外不出の芸をある者だけが継承していく」という行為が重要になってくる。例えば、観阿弥《かんあみ》、世阿弥《ぜあみ》親子が大成した能では、特にその傾向が強いと考えられる。大橋良介氏は、江戸時代の俳人、松尾芭蕉の俳諧紀行文『笈《おい》の小文《こぶみ》』の一文について、興味深い指摘をしている。芭蕉は、風雅なものを成し遂げた人物として、和歌の西行《さいぎょう》、連歌《れんが》の飯尾宗祇《いいおそうぎ》、絵画の雪舟《せっしゅう》、茶の湯の利休《りきゅう》の四名を挙げているが、ここに世阿弥の名がないことに注目し、「世阿弥の著作類は観世家に伝わる伝書として、長いあいだ、ごく限られた範囲の人々の眼にふれるだけにとどまっていた。それは「秘伝」とか「家元」とかといった、日本文化の伝承の型となって、独自の意味を持つことでもあった」と述べている（大橋良介『〈芸道〉の生成　世阿弥と利休』）。世阿弥には『風姿花伝《ふうしかでん》』など優れた能楽論集があり、本書のコラム（53頁参照）でも取り上げられているが、大橋氏の指摘は、芸の伝承を考える上で示唆に富む。家元制度や流派、世襲などについては、秘伝の芸を受け継ぐために重要なことであると考えられる。

なお、江戸時代以降の芸能の場合は、歌舞伎のように名前を襲名《しゅうめい》することでその芸を継承する、という考えもある一方で、文楽のように世襲ではなく芸を継承してきたものなど、個々の芸能によって違いがある。

芸能の担い手だけではなく、享受者は誰か（貴族などの権力者か一般庶民か）という「観客」の視点も重要であろう。

庶民文化が台頭した江戸時代を境に、文化の享受者が分かれてくると思われる。芸能以外に範囲を広げてみても、江戸時代以前の文学（物語文学・和歌・絵巻物など）、絵画（大和絵・漢画《かんが》など）は、主に一部の上流階級の人々に愛好されていた。それが江戸時代以降は、力をつけた庶民たちが文化をつくり上げたことで、歌舞伎、文楽、落語、浮世絵などの新しい文化が台頭していった。だが、当時の武家中心の社会では、庶民文化にさまざまな規制がかけられることもあった。歌舞伎を例にとると、風俗を乱すとの理由で女歌舞伎《おんなかぶき》、若衆歌舞伎《わかしゅかぶき》が禁止され、また幕末の天保の改革では、華美なものや贅沢品が規制の対象となり、歌舞伎も江戸の中心地から浅草への移転を命じられるなど、当時の社会情勢に応じた変化を余儀なくされた（天保の改革では、落語や講談を行なう寄席にも規制がかけられた）。

また、楽器の演奏においても、使用者が限定されるものがあり、例えば尺八は、仏教の法器として位置づけられ、明治初年までは一般人には演奏できないものとされた。その一方で、三味線のように文楽や歌舞伎、そして村々を回ってさまざまな唄を披露する瞽女の芸能といった、庶民の文化の中で発展したものもある。

演じる者と観る者、その視点を持つと、それぞれの芸能の歴史がより深く理解されるのである。

❷演じる場所・劇場

どのような場所で演じるかという問題は、日本の伝統芸能全般の歴史を考える上でも重要な点だと思われる。日本では影響関係にある芸能が、先行芸能を吸収することもなくそれぞれ存続していく特徴があると述べたが、さらに各芸能が固有の劇場の形を有していることは注目される。

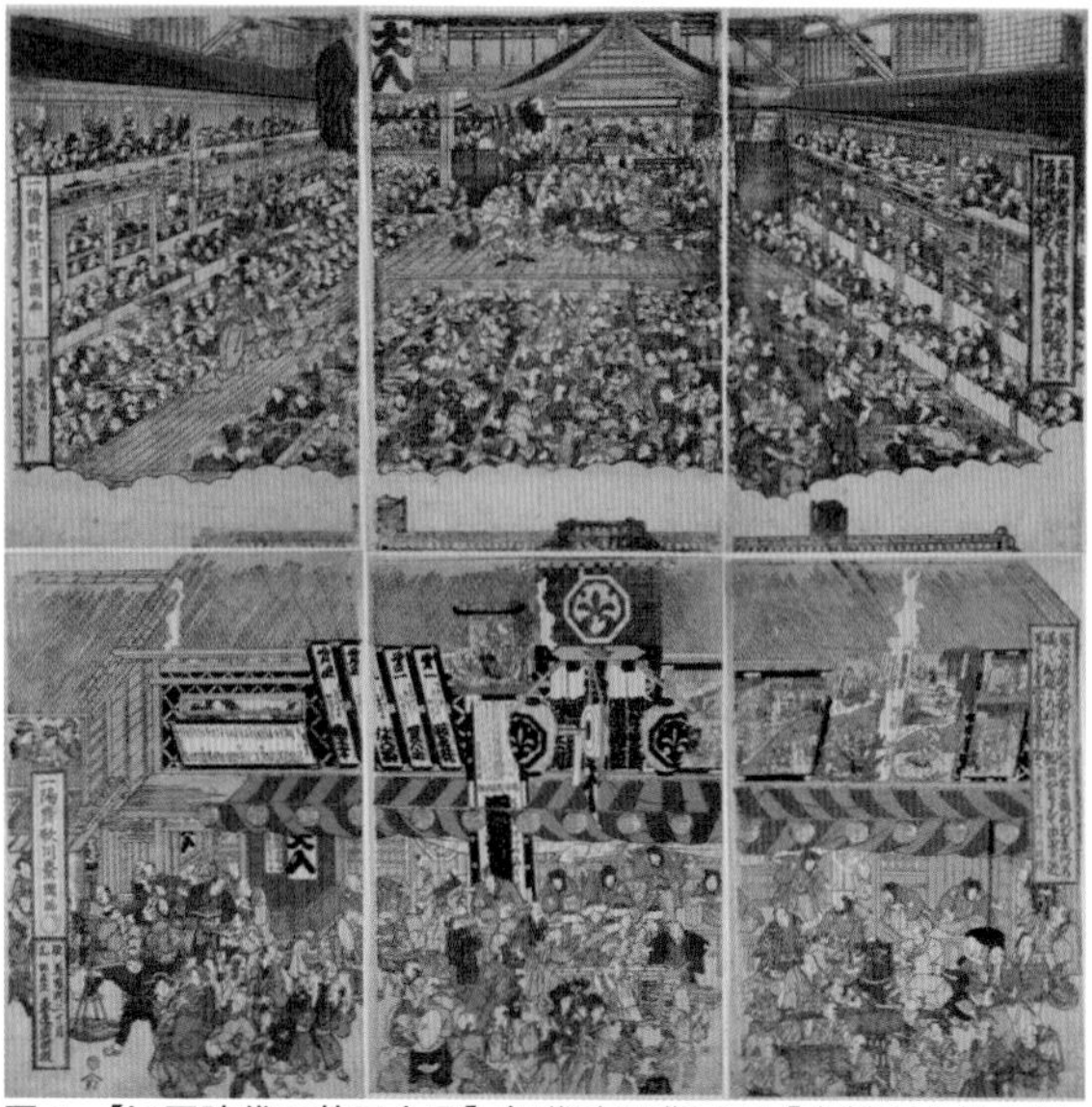

図１　【江戸時代の芝居小屋】初代歌川豊国画「中村座内外の図」国立国会図書館蔵　６枚続の大きな画面に、中村座の外観と舞台図を描く。能舞台から発展した歌舞伎の舞台は、手前に張り出す形を残し、下手側に花道が設置される形となった。

例えば能舞台の構造は、先述のように神社建築や先行する芸能である雅楽からの影響が指摘されている。舞台は約三間《さんげん》（約六メートル）四方と、決して大きなものではないが、舞台の正面には見所《けんしょ》（客席）となる建物から鑑賞する形式をとっていた（現在では舞台の正面に加え、脇にも客席がある〔44頁参照〕）。

能舞台は、歌舞伎の舞台にも受け継がれている。舞台そのものは大きくなっていくが、歌舞伎の脚本には舞台そのものを示す言葉として「本舞台三間の間」という言い方が定着しており、能舞台からの影響が垣間見えることとは興味深い。また役者が登退場で使用する観客席の間に設置された花道や廻り舞台など、歌舞伎独自の舞台機構も誕生していく。

十七世紀後半、荒事《あらごと》が人気を集めた時期の江戸の舞台をみると（貞享二年〔一六八五〕上演の『金平六条通《きんぴらろくじょうがよい》』を描いた『江戸中村座芝居興行図巻』など）、張り出した部分が横に長くなることが確認できる。初代市川團十郎《いちかわだんじゅうろう》が創始した荒事芸の勇猛な演出には、広い舞台が必要であったのだと思われるが、この形式は長くは続かず、江戸でも上方《かみがた》でも舞台が張り出した形に落ち着いていく［図1］（拙論「元禄期の舞台復元と絵画資料」。田口章子編『元禄上方歌舞伎復元　初代坂田藤十郎幻の舞台』勉誠出版、二〇〇九年所収）。

舞台上で人形を遣《つか》って見せる文楽は、そのための独自の舞台構造を持っていた。はじめ文楽は一人で人形を操る形式であったが、一七〇〇年代には三人遣いへと変化した。一人遣いの場合は衝立《ついたて》などを用いて人形を動かしたが（65頁［図2］『牟芸古雅志《むぎこがし》』、77頁『人倫訓蒙図彙《じんりんきんもうずい》』参照）、首《かしら》と右手を担当する主遣い、左手を担当する左遣い、足遣いによる三人遣いになると、足遣いは人形の動きにつれて腰を低くしたまま移動しなければならず、その姿が見苦しいため手摺《てすり》で隠すようになったといわれる（人形舞台史研究会編『人形浄瑠璃舞台史』）。また、手摺舞台専用の時期には、人形遣いが一段低い場所で動くように設計された「船底《ふなぞこ》舞台」という構造が生じており［図2］、現代にも継承されている［図3］。三人遣いができたことによる舞台の変化は、文楽が人形を遣う独自の芸として発展、定着したことを意味する。

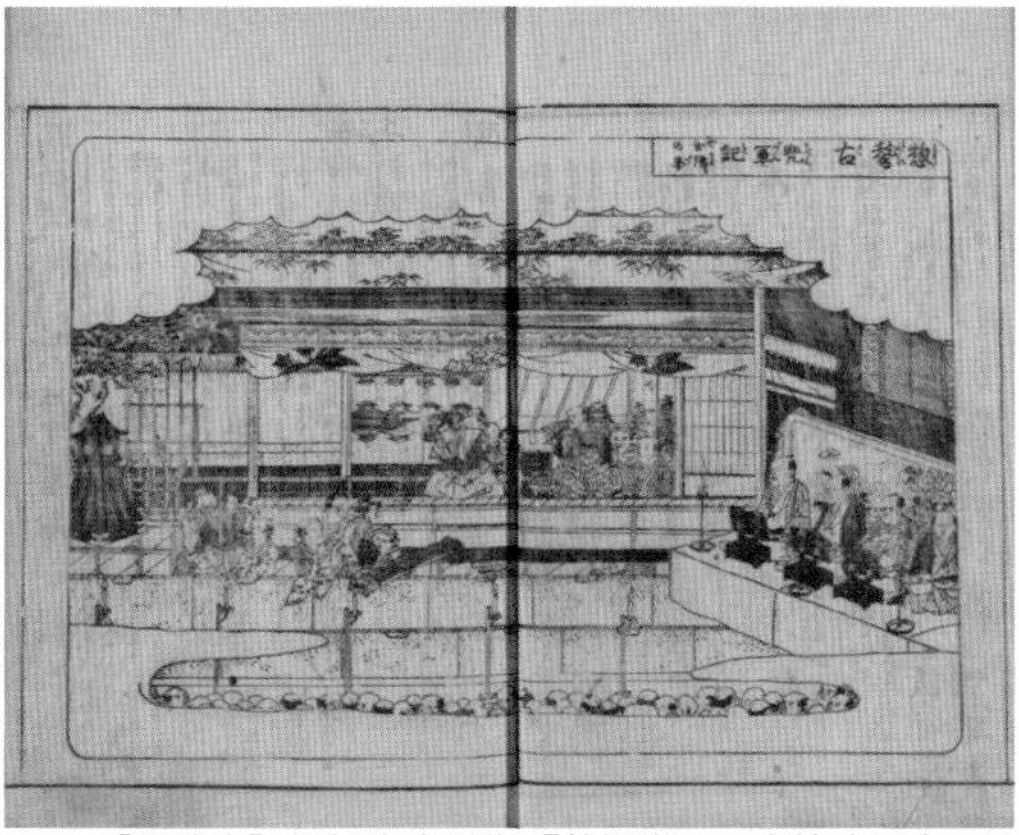

図2【惣稽古】松好齋半兵衛『戯場樂屋図会拾遺』享和3年（1803）国立国会図書館蔵　江戸時代の操り（人形浄瑠璃）の舞台図。舞台向かって右側（上手）は、太夫、三味線弾きが座る浄瑠璃床《じょうるりゆか》。舞台の手前の手摺の上では琴を弾く演技が行われており、人形遣いは船底《ふなぞこ》と称される一段低くなった場所で人形を遣っている。現在の劇場［図3］と同じ構造の舞台がすでに完成していたことがわかる。

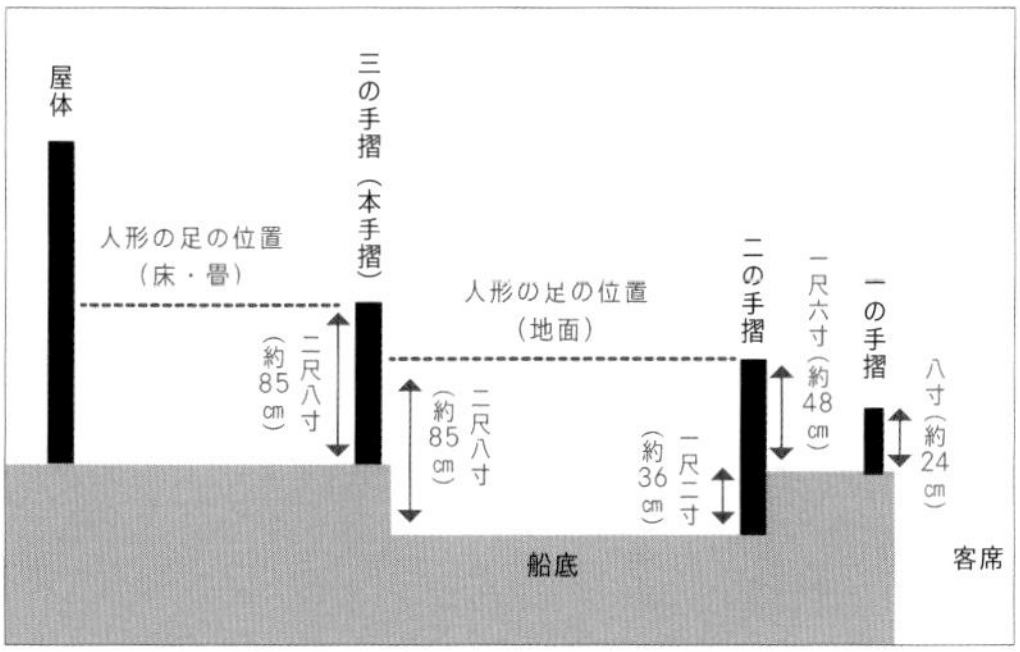

図3【文楽（人形浄瑠璃）舞台と船底】

江戸後期には、落語や講談、娘義太夫などを聞かせる「寄《よ》席《せ》」も誕生した。多岐にわたる芸能のジャンルがそれぞれの特質を生かした結果、舞台機構などにも変化が生じたのである。特徴の異なる劇場がこれだけ多く誕生したのは、おそらく世界的にみても珍しく、それだけ日本の伝統芸能が個性豊かであることを示しているといえるだろう。

❸音楽・楽器の使用

日本の芸能において、音楽は重要な役割を果たしており、それぞれの特性に合った楽器を使用した。特に音楽と舞楽を中心とする雅楽は管楽器（龍笛《りゅうてき》、篳篥《ひちりき》、笙《しょう》）をはじめ、打楽器（羯鼓《かっこ》、太鼓《たいこ》、鉦鼓《しょうこ》）、絃楽器（琵琶、箏《そう》）といったさまざまな楽器を用いる。もともと雅楽の楽器として伝来した尺八や琵琶は、日本の特有の楽器として発展していった。

能は「四拍子《しびょうし》」と呼ばれる能管（笛）、小鼓《こつづみ》、大鼓《おおつづみ》、太鼓を基本楽器としており、楽器の演奏に加え、奏者による掛け声もまた「音」としての効果をもたらしている。この四拍子を取り入れた歌舞伎では十七世紀初めに導入した三味線を、舞踊劇の伴奏音楽として多用した。

文楽は大夫が物語に節をつけて語って聞かせる「語り物」と三味線、人形戯《にんぎょうぎ》が合体したものである。「語り物」のもとは琵琶法師が『平家物語』を語る「平曲」とされるが、琵琶法師が三味線を伴奏楽器にすることも生じ、その流れの上に、文楽が誕生したのである。

三味線（72頁参照）には棹《さお》の太さが異なるものがあり、それぞれに音質が異なっている。文楽で用いられる太棹、歌舞伎の音楽で使用される中棹、細棹などの種類があり、芸能によっても使い分けがなされている点に、音楽の重要性が感じられる。

❹役柄の表現

これまでに触れてきたように、能楽と歌舞伎、文楽には演目などの影響関係が確認できるが、それぞれの演出に注目すると、能の場合は仮面劇として発達し（狂言では面をつけない直面《ひためん》の場合も多い）、文楽は人形劇、歌舞伎は生身の役者による芸能であり、演技の形態は三者三様である。だが、この三者の役柄の表現方法には、ある共通性が認められる。能面、文楽の首、歌舞伎の化粧において、それぞれ一種類のものが複数の役に使用されるという決まりがあるという点である。

能面と歌舞伎の化粧法である隈取《くまどり》について、諏訪春雄氏は中国など大陸の仮面や中国演劇の化粧法である瞼譜《れんぷ》と能面や歌舞伎の隈取を比較し、前者が一つの役のみに使用され、後者が一種で複数の役に用いられることを指摘している。神と人を区別する大陸の仮面や瞼譜に対し、同一の能面や隈取が人間にも神にも用いられることから信仰の問題と結びつけ、「人は神になりうるという日本特有の観念がそこに働いているからである」と解釈した点は示唆に富む（『能・狂言の誕生』笠間書院、二〇一七年）。能面の主な種類については、52頁に詳しくまとめたが、儀礼曲『翁』で専用に用いられる「白色《はくしき》尉《じょう》」のように、一つの役にしか対応していないものもある。しかし、例えば「中将《ちゅうじょう》」の面が貴公子や平家の公達《きんだち》に用いられるなど、基本的には複数の役に用いられる。隈取（99頁参照）、そして文楽の首《かしら》（88頁参照）も、一種が複数の役に対応している。能は仮面劇、歌舞伎は役者による演技、文楽は人形劇と、三者三様の上演形式となるが、それぞれの役を象徴する「顔」にあたる部分に共通する意識が働いているのも、興味深い。

これを別の側面から考えると、能や歌舞伎、文楽の役が、いくつかのパターンに分けられるということでもある。若い女性の役にはこの能面、この首、というように、役柄そのものを固定化、類型化してきたと言い換えることもできるのではないだろうか。

日本の伝統芸能では、「その役らしく見える」ということも大事な要素であり、面や隈取、首、そして衣裳や鬘《かつら》などによってそれが表現される。例えば、歌舞伎の場合、『京鹿子娘道成寺《きょうがのこむすめどうじょうじ》』（100頁参照）では娘がさまざまな恋模様を演じるにあたり、衣裳を変え、小道具を持ち替えながら踊る。そして最後に蛇の本性をあらわす際には、蛇を象徴するうろこ模様の衣裳によってその人物の内面や置かれた状況を示すのである。また、歌舞伎で身分を隠していた人物が実は悪人だったなど、正体が露顕される場面（「見顕《みあら》わし」という）では、鬘や衣裳を瞬時に悪役らしいものに替える。こうした「見た目と役柄が合致する」という点は、観る側にとってもわかりやすく、鑑賞していて楽しいものでもある。

❺ 地域性

それぞれの芸能は発祥の地をはじめ、地域と根付いて発展している。

能楽の場合、まずは大和《やまと》（現在の奈良県）に「大和四座」と称される円満井《えんまい》・外山《とび》・坂戸《さかど》・結崎《ゆうざき》の各座が誕生し、その後、観阿弥、世阿弥親子が足利家の庇護を受けて京都で発展していく。江戸時代には幕府や大名家のお抱えとなっていくが、例えば加賀藩前田家では「加賀宝生」と称されるように、宝生流《ほうしょうりゅう》を愛好するようになる。五代将軍徳川綱吉が宝生流を贔屓《ひいき》としており、それに影響を受けて加賀藩五代藩主、前田綱紀《まえだつなのり》が宝生流を稽古したことに始まるという。

江戸時代に発展した文楽（人形浄瑠璃）は、大坂（大阪。江戸時代の表記に従い、ここでは大坂と記す）発祥のため、現在でも太夫は大阪弁のイントネーションで語る。大坂道頓堀の竹本座《たけもとざ》や豊竹座《とよたけざ》などの劇場で近松門左衛門《ちかまつもんざえもん》、紀海音《きのかいおん》らの作者が名作を発表した。江戸でも薩摩座、結城座などの劇場があった。文楽は淡路《あわじ》（兵庫県、淡路人形座がある）、阿波《あわ》（徳島県、阿波の人形屋敷がある）でも人気を博し、現在も上演されている。

【地歌舞伎の劇場】かしも明治座（岐阜県中津川市）　明治 27 年（1894）建築　撮影：藤澤茜　芝居小屋ができた当時に作られた「娘引幕」と呼ばれるもので、この小屋の創設の記念に地元の女性たちの名前が染め抜かれたものである。現在も使用されているため傷みもあるが、地元の熱い思いを象徴する引幕として今後も継承されていくだろう。

歌舞伎はお国という女性が京都で「ややこ踊り」を行なったことが発祥とされ、その後すぐに大坂、江戸に広まった。上方（京都、大阪）と江戸とでは、「和事《わごと》」と「荒事《あらごと》」という異なる芸風が人気を集めた。

なお歌舞伎の場合、いろいろな地域で現在でも芝居小屋が残っている。特に著名なのは香川県琴平町《ことひらちょう》の金丸座《かなまるざ》で、歌舞伎役者が出演する「四国こんぴら歌舞伎大芝居」が現在も上演されている。芝居小屋だけでなく地元の方が歌舞伎を上演する地芝居、地歌舞伎と呼ばれるものも全国に残されている。檜枝岐《ひのえまた》歌舞伎《かぶき》（福島県）、大鹿《おおしか》歌舞伎《かぶき》（長野県）などはよく知られるが、地域としては神奈川県、岐阜県、兵庫県で特に多くの団体が活動している。特に岐阜県は活動する団体が三十以上もあり、国内最多を数える。かつて中山道《なかせんどう》を往来する役者も多かったといい、その役者直伝の芸が村々に伝わったとされる。明治期以降の劇場が残され、衣裳や鬘も揃っており、現在でも一般の方が舞台に立ち続けている。筆者が調査に訪れた際、舞台を何度も経験したことがある方が、「歌舞伎は観るものではなく、演じるものですね」と体験することの楽しさ、大切さを語っていたのが印象的であった。また、実際に芝居を上演するのではないが、小田原名物の薬「ういろう」を題材にした歌舞伎『外郎《ういろう》売《うり》』にちなみ、地元小田原では二〇一四年に「外郎売の口上研究会」が発足し、小田原の伝統文化として世界に向けて発信することを目指している。こうした地域に根付いた活動が、今後も継続され、発展することを期待したい。

江戸時代の初期は、幕府が置かれた江戸よりも古くからの都であった京都や大坂といった上方で文化が発展していた。そのため、落語や講談といった話芸も、まず上方で発展して江戸にも波及していく流れが生じている。

また楽器においても、薩摩琵琶、筑前琵琶など、その地域で伝承されてきたものがある。薩摩琵琶の場合は、薩摩の武家の中で愛好されていたものが、明治維新で薩摩藩士たちが東京に進出し、琵琶も東京に持ち込まれた。そして明治天皇の御前演奏にいたるなど、社会の動きとも連動している点も注目される。

◆絵画資料と芸能

これまでの切り口とも少し異なる角度で、最後に絵画資料と芸能について述べてみよう。

日本の伝統芸能の伝承について、「挿絵」という視点での興味深い指摘が法月敏彦氏によってなされている。法月氏は、歌舞伎の上演資料である番付をはじめ、膨大な演劇史料に残された「挿絵」にどのような意味があるのかを検討している。例えば世阿弥の伝書『二曲三体人形図《にきょくさんたいにんぎょうず》』には、「童舞」「老舞」「女舞」など九枚の挿絵があるが、これらが能の「役を演ずる上で必要な「風情」の獲得を伝えようとしている」事例だと指摘している。「「絵」という表現の意味を古典演劇の「稽古場」感覚で読み取った時、日本では「伝承」というニュアンスが込められていたのではないか」との指摘は、身体表現に重点を置く日本の伝統芸能の継承という点を考える上で、示唆に富む（法月敏彦『演劇研究の核心　人形浄瑠璃・歌舞伎から現代演劇』）。

日本の伝統芸能は口伝が基本とはいえ、舞をはじめとする動き、所作などを伝えるには、それぞれの「型」を書き残す必要も生じるだろう。例えば歌舞伎のタテ（立ち廻り）なども、その型が絵によって残され、今も確認することができる。

筆者は芸能と浮世絵などの絵画資料の関わりについても研究しているが、以前国際浮世絵学会で浮世絵の著名なコレク

図4　初代歌川国貞画「松王丸　松本幸四郎」天保6年（1835）中村座上演『菅原伝授手習鑑』に取材　早稲田大学演劇博物館蔵（所蔵番号：100-3164）「車引」の場面　横顔を見せて登場する5代目松本幸四郎の様子

ターでもある四代目市川猿之助丈に講演をしていただいた折に、浮世絵には理想的な演技のポーズが描かれていることや、現在でも浮世絵を参考にして衣裳などを考案するという指摘がなされた（「講演録　市川亀治郎「役者絵遍歴」〔文責：藤澤茜〕『浮世絵芸術』一六一号　国際浮世絵学会、二〇一一年）。

図4は、鼻が高い容貌から鼻高幸四郎《はなたかこうしろう》と称された五代目松本幸四郎演じる松王丸《まつおうまる》を描いたもので、横顔で表現される点が目を引く。これを、役者の容貌を際立たせるための表現、ととることもできるが（他にそのような意図で描かれた作品もある）、この「車引《くるまびき》」という場面で幸四郎はその高い鼻を強調して、横顔を見せて登場し、人気を博したことが知られる。時代を経た現代でも横顔を見せる登場場面の演出は継承されている。幸四郎は他にも当たり役であった『伽羅先代萩《めいぼくせんだいはぎ》』の仁木弾正《にっきだんじょう》などの演技の型が現在も継承されるなど、インパクトの強い役者であった。その容貌を知ることができるこうした役者絵は、江戸時代にはブロマイドとして、また現代では当時の歌舞伎を知るための資料としての役割を果たしているのである。

ここまで、日本の伝統芸能をさまざまな角度で見てきたが、最後に現在の私たちが伝統芸能を鑑賞する際のポイントについて触れておこう。

伝統芸能の観劇というと、どのように観ればよいのかわからず、緊張する方もいるかもしれない。本書のコラム（狂言、落語）でも触れているように、実は観る側が「想像しながら観る」ことが重要であると考える。簡潔な舞台機構で上演される狂言や、話芸として一人で複数の役をはなし分ける落語では、とりわけ、演者の芸を通じて観客各自にもさまざまな思いをはせて観ることが求められる。それは、自分なりに自由に楽しめるということでもある。「伝統芸能だから居住まいを正してみなければ」という気持ちはとりあえず置いておき、リラックスして足を運ぶのが正解のようである。こうした「観客の視点」ということもふまえながら、次章よりはじまる本論、コラムをお読みいただきたいと思う。

日本の伝統芸能　主要事項（明治時代まで）

四五三（允恭四十二）	允恭《いんぎょう》天皇の葬儀に新羅《しらぎ》の音楽隊が参列
六一二（推古二十）	百済《くだら》の味魔之《みまし》、伎楽《ぎがく》を伝える
六九〇（持統四）	雅楽のもとになった芸能や散楽など、外来の舞楽の流入が盛んになる（〜七〇〇）
七〇一（大宝元年）	大宝令により、治部省の下部組織に雅楽寮が設置される
七五二（天平勝宝四）	東大寺大仏開眼式に伝統舞楽・外来の楽舞など初の大規模雅楽演奏会開催
八四七（承和十四）	慈覚大師天台声明《しょうみょう》を伝える
一〇九六（永長元）	この頃より田楽が流行
一一七九（治承三）	平清盛、田楽を見る。歌謡集『梁塵秘抄《りょうじんひしょう》』成る（一一九二（建久三年）説あり）
一二八〇（弘安三）	この頃、一遍上人が念仏踊りを創始
一三三四（建武元）	丹後国分寺の延年で、寺僧が「咲《ヲカシ》」を演じる。狂言の原型か
一三七五（永和元）	この年か前年、足利義満《あしかがよしみつ》が今熊野で観阿弥・世阿弥父子の能を見て、庇護を始める
一四〇〇（応永七）	世阿弥の『風姿花伝』成る（〜一四〇二）。この頃、能、狂言の基本ができる
一四七三（文明五）	念仏風流《ふりゅう》（歌舞伎踊りの源流）が盛んになる
一五六〇（永禄三）	この頃、琉球より三線《さんしん》（蛇皮線）が伝わる
一五七八（天正六）	この頃、現存最古の狂言本『天正狂言本』が成る
一五九五（文禄四）	この頃、浄瑠璃・三味線・人形戯が合体して人形浄瑠璃（後の文楽）成立
一六〇三（慶長八）	能が幕府の式楽となり、観世座が四座の筆頭となる／出雲のお国、京都でかぶき踊りを演じる

一六二三（元和九）	安楽庵策伝による噺本『醒酔笑』完成
一六二四（寛永元）	猿若勘三郎が江戸中橋に猿若座（後の中村座）を創設
一六二九（寛永六）	女歌舞伎、女舞、女浄瑠璃の禁止
一六五二（承応元）	若衆歌舞伎の禁止
一六五三（承応二）	歌舞伎再興許可
一六七三（延宝元）	初代市川團十郎、『四天王権立《してんのうおさなだち》』で荒事を創始（江戸）
一六七八（延宝六）	坂田藤十郎、『夕霧名残の正月』で和事を確立（上方）
一七〇三（元禄十六）	近松門左衛門作『曾根崎心中』上演。世話浄瑠璃の確立
一七三四（享保十九）	この頃、人形浄瑠璃、人形の三人遣い始まる
一七四八（寛延元）	人形浄瑠璃『仮名手本忠臣蔵』上演。赤穂事件を扱った作品の集大成
一七五八（宝暦八）	初代並木正三、歌舞伎において廻り舞台を大成
一七八六（天明六）	初代烏亭焉馬、咄の会を主催、好評を博し以後定期的に開催
一八〇五（文化二）	この頃、植村文楽軒が大坂で人形浄瑠璃座（後の文楽座）を創立
一八三二（天保三）	七代目市川團十郎が家の芸「歌舞伎十八番」を制定
一八四二（天保十三）	天保の改革で歌舞伎の江戸三座が猿若町へ強制移転、七代目市川團十郎が江戸追放
一八六九（明治二）	寄席における「演劇類似興行禁止令」が出され、鳴り物や大道具の使用禁止
一八七二（明治五）	守田座が新富町に進出、歌舞伎の劇場近代化の起点となる
一八八七（明治二十）	外務大臣井上馨邸で史上初の天覧歌舞伎、『勧進帳』などが上演される
一八八九（明治二十二）	歌舞伎座開場

第一章

雅楽《ががく》

雅楽

文●三田徳明（三田徳明雅樂研究會主宰）

◆漢字文化圏では「正統な楽」「儀礼の楽」の意
◆「俗楽（宴席の楽・楽しみのための楽）」の対立概念
◆中国語 [yǎ-yuè]、朝鮮語の [a-ak]、ヴェトナム語では [Nhã nhạc]
◆日本雅楽はアジア最古の伝統を現代に伝える

歴史

◆古代日本の雅楽

古来日本には土着の信仰である神道の儀礼の中で培われてきた歌とそれに伴う舞があった。（Ⅰ）（※以下、ローマ数字の番号は［表1］日本雅楽・楽曲の出自による分類の番号に対応）そこに五世紀以降、アジア諸国から多種多様な楽舞が流入する。

大宝元年（七〇一）には大宝令《だいほうりょう》（七〇一年成立の行政法）によって治部省《じぶしょう》（外事・戸籍・儀礼を担当する役所）の下部組織として「雅楽寮《うたまいのつかさ》」（日本風の歌舞、外来楽舞などの統制、教習、上演を行う部署）が置かれ、日本雅楽の教習・伝承機構が公式に整う。

シルクロードを伝って伝来した外来の楽舞は唐楽《とうがく》（狭義では中国の楽舞）・林邑楽（現在のヴェトナムの楽舞）・天竺楽《てんじくがく》（インドの楽舞）・ペルシャの楽・高句麗楽《こうくりがく》（朝鮮半島北部から中国東北部にあった国の楽舞）・新羅楽《しらぎがく》（朝鮮半島南東部にあった国の楽舞）・百済楽《くだらがく》（朝鮮半島南西部にあった国の楽舞）・渤海《ぼっかい》

撮影：菊池正臣

Ⅰ. 古代より伝わる皇室・神道系の歌舞

…神楽歌（人長舞）・倭舞・久米舞・東遊・大歌（五節舞）・誄歌など

Ⅱ. 5世紀以降伝来するアジア起源の楽舞

…唐楽（唐楽・天竺楽・林邑楽・ペルシャの楽等）⇔高麗楽（高句麗楽・新羅楽・百済楽・渤海楽等）

Ⅲ. 平安期の新作声楽曲

…朗詠・催馬楽

表1　日本雅楽・楽曲の出自による分類

楽《がく》（中国東北部にあった国の楽舞）ほか、アジアの諸地域にその起源をもつものであった。天平勝宝四年（七五二）に行われた東大寺大仏開眼供養では、これらの国際的音楽・舞踊が盧舎那仏《るしゃなぶつ》の前で次々に披露された。これが文献に残る我が国最初の大規模な雅楽演奏会である。

●仁明朝の「楽制改革」

仁明《にんみょう》天皇（在位八三三〜八五〇年）の時代になると、これら外来の楽の整理統合が行われる。いわゆる楽制《がくせい》改革である。この改革により、唐楽、林邑楽《りんゆうがく》、天竺楽、ペルシャの楽など、南方系の楽曲は「唐楽《とうがく》」として整理された。また高句麗楽、新羅楽、百済楽、渤海楽などに細かく分かれていた北方系の楽曲は「高麗楽《こまがく》」としてまとめられ、楽器編成も統一化された。

さらに南方系の「唐楽」は左楽《さのがく》・左舞《さのまい》、北方系の「高麗楽」は右楽《うのがく》・右舞《うのまい》に二分類され、現在に至る。（Ⅱ）

また、平安期には朗詠や催馬楽《さいばら》などの声楽曲がこれに加わる。（Ⅲ）

日本における雅楽とは、これら多岐にわたる芸能群の総称である。

●平安歌謡の勃興と国産の舞楽

寛平六年（八九四）に遣唐使が廃止され国風文化が花開くと、漢詩文から和歌・仮名文学へと流行が変わる。

しかしそうした時流にあっても十世紀末から十一世紀には、漢詩に節をつけ、笙《しょう》・篳篥《ひちりき》・龍笛《りゅうてき》の伴奏に合わせて吟詠する「朗詠」が大流行し『和漢朗詠集』（一〇一三年頃）も編纂される。その数は二百以上を数えたが、現行保存されているのは『嘉辰《かしん》』『徳是《とくはこれ》』『東岸《とうがん》』『暁梁王《あかつきりょうおう》』『新豊《しんぽう》』など十五作品にとどまる［図1］。

他方、和文に節をつけ雅楽器の伴奏で歌う催馬楽も人気を博す。催馬楽は音階によって律《りつ》と呂《りょ》に分かれており、京都方楽家・安倍家に伝わる『催馬楽略譜』（原本一四四九年）によれば、呂　五拍子は『安名尊《あなとう》』など十三首、呂　三度拍子は『美作《みまさか》』など十四首、律　五拍子は『伊勢《いせの》海《うみ》』など五首、律　三度拍子は『更衣《ころもがえ》』など十一首がある。

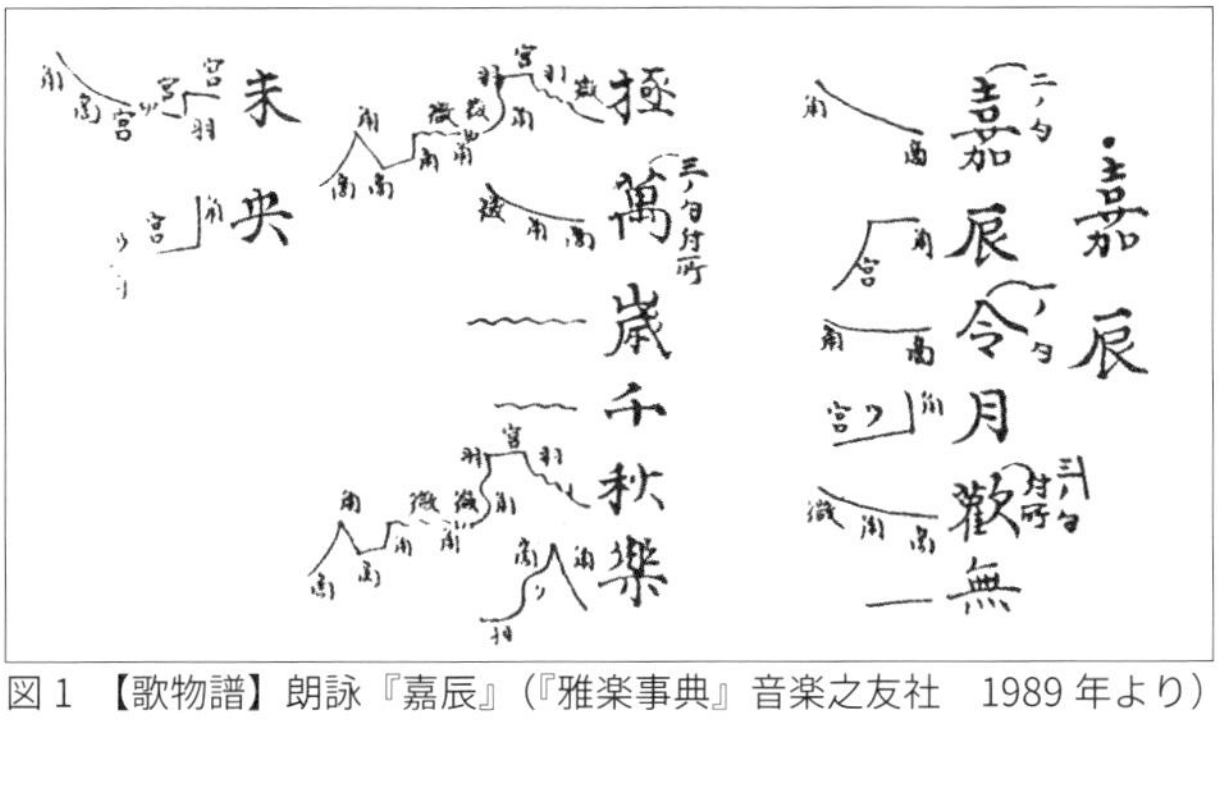

図1　【歌物譜】朗詠『嘉辰』（『雅楽事典』音楽之友社　1989 年より）

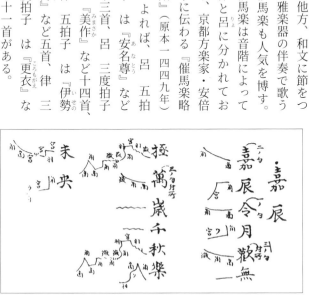

これら平安期の新作歌謡が、狭義では日本雅楽の最新の演目である。

　またこの時期になると舞楽についても、中国系の唐楽舞・朝鮮系の高麗楽舞それぞれの特徴を継承しながら、日本国内で新作の舞楽が作られるようになる。『延喜楽《えんぎらく》』『仁和楽《にんならく》』などのように元号を舞の名に冠したものや、『源氏物語』では帖の名にもなった『胡蝶《こちょう》』などが代表である。

　平安期、日本雅楽はこうして質・量ともに充実してゆく[図2]。

図2【日本雅楽・演奏形態による分類】

- **律**=律旋。第一音宮から商、嬰商、角、徴《ち》、羽《う》、嬰羽、宮の順で、各音の間隔が、一音、半音、一音、一音、一音、半音、一音となるもの
- **呂**=呂旋：第一音宮から商・角・嬰角・徴《ち》・羽《う》・嬰羽・宮の順で、各音の間隔が一音・一音・半音・一音・一音・半音・一音となるもの

●応仁《おうにん》の乱の打撃

　平安朝に最盛期を迎えた日本雅楽はしかし、応仁の大乱（一四六七〜一四七七）により大きなダメージを受ける。京都の街は灰燼に帰し、多くの楽人《がくにん》が命を落とした。雅楽の伝承を支える宮中祭祀や年中行事はもはや維持が難しくなり、多くの楽曲が失われた。

　しかし、京都の宮廷楽人とともに雅楽伝承を担っていた大阪天王寺《てんのうじ》楽人、および奈良の南都《なんと》楽人は大乱の影響をあまり受けずに古式を伝え続け、織田信長・豊臣秀吉や徳川幕府も宮中祭祀や雅楽の復興に尽力したこともあって、京都の雅楽もまた、その伝承は復活することになる。

●雅楽の東遷

　雅楽は伝統的に畿内の三方楽所《さんぼうがくそ》、すなわち京都方楽家、南都方楽家（奈良）・天王寺楽家（大阪）によって伝承されてきた。

　三方楽家を以下に挙げておく。

- **京都方楽家**　安倍家　豊原家　大神家　多家
- **南都方楽家**　上家　東家　奥家　窪家　久保家　芝家
- **天王寺楽家**　東儀家　安倍姓東儀家　薗家　林家　岡家

　しかし江戸時代に入ると、徳川幕府は、江戸城内紅葉山《もみじやま》にあった家康の廟に奉仕させるため、寛永十九年（一六四二）「紅葉山楽所」を創設した。

当初、京都・奈良・大阪から八名が下向、その後廃絶した家があると欠員を補充している。

さらに明治維新を迎えると、東京遷都に伴い、京都・奈良・大阪の楽人にも東京への出仕が命ぜられる。彼らは江戸の紅葉山楽人と合流し、宮内省雅楽局《ががくきょく》が編成された。この伝統は現在の宮内庁式部職《しきぶしょく》楽部に引き継がれることになる。

他方、楽人を多く失った関西では、神社仏閣の儀式に出仕する楽人を補うため、新たに民間団体を立ち上げ、祭祀・法要の伝統を守ってゆくことになる。奈良の春日古楽保存会「南都楽所」や大阪の四天王寺「雅亮会」がそれである。

特徴

❶儀礼性と遊戯性の同居

日本雅楽はアジア諸国の雅楽と同様、「儀礼の音楽・舞踊」と言う性格をもっている。これは雅楽が古来より「神仏に供える楽」として機能してきたことからも明らかである。

しかしながら他方では、日本雅楽は他国のそれとは少し異なる性格を内包していることに注意すべきだと私は考える。

それは日本雅楽が「儀礼性」をその中心的意義として保持しつつも、それと同時に、いわば「遊戯性」を持ち合わせていることを指す。

漢字文化圏内において雅楽を話題にする場合、このことに注意しなければ国際的場では議論に齟齬《そご》を生じる可能性が高くなる。

既述のように、日本雅楽の大きな柱の一つはアジア大陸から輸入した楽舞群である。我が国は、中国の隋・唐王朝から多くの楽舞を導入したのだが、日本雅楽の柱の一つとなったこれらの輸入楽曲は、実は隋・唐朝における〈雅楽〉ではなく、〈燕楽《えんがく》〉すなわち酒宴の席などで用いられる〈宴饗楽《えんきょうがく》〉〈俗楽《ぞくがく》〉であった。

言うまでもなく中国の雅楽は、儒教の礼楽思想に基づいて演奏され、舞については八佾舞（やつらのまい／はちいつのまい」中国で天神地祇を祀る際に奉納された、隊列を組んで舞う群舞。八列×八列で舞うものを最高位の「八佾舞」と言い、皇帝のみが奉納できた）を最高とする群舞が用いられた。しかし、我が国に中国雅楽は定着しなかった。

他方、娯楽性・遊戯性を持った中国の宴饗楽や仏教を宣伝するため音楽・舞踊は積極的に輸入され、これらが日本雅楽の中心となって行く。

つまり日本雅楽は古来、神道の儀礼においてはその遊戯性を以て神意を慰めるためのもの、仏教儀礼においては仏教世界の在り様を音楽や舞を通して可視化するものとして使われていた。

そして平安時代（八世紀末〜十二世紀末）になると、雅楽は貴族階級の「管絃のあそび」、すなわち「社交の具」として、その遊戯性がさらに強く前面に出てくるようになる。天皇も加わった管絃の遊びを特に「御遊《ぎょゆう》」といい、貴族の日記にもその記事は頻出する。

「儀礼性」と「遊戯性」は、一般的には相反する両極の要素だと考えられるであろう。日本雅楽において、この両者が同居しているのは、他地域の「雅楽」には見られない日本雅楽独自の性格だということができよう。

私は日本雅楽が、本来であれば儀礼音楽としての性質にそぐわないはずの「遊戯性」を持つ理由について、雅楽の伝承母胎であり日本土着の信仰である神道の神観念にその原因を求めることが可能だと考える。

日本の神道は、超越的な神の力を恐れ、その威力の前にひれ伏して救いを求めるようなものではなく、どちらかといえば人間がその先祖を敬い親しむ、いわゆる「祖先崇拝」的な要素が強いものだと言えよう。

したがって神道の神々は、人智を超えた絶対的力を持つ超越的存在と言うよりも、日本人ひとり一人の遠い先祖に当たる存在として感知され、人間に対して親和的な存在、誤解を恐れずに言えば「きわめて人間臭い存在」として考えられている。

こうした神道の神観念を前提とすると、神に捧げる音楽や舞は、人間が「楽しい」「きれいだ」「美しい」「珍しい」と思うものがふさわしいということになろう。なぜならば、生身の人間が既述のごとく感じる楽舞（＝雅楽）は、神々が見聞してもまた、彼らが人間に酷似した感受性を備えているであろうがゆえに人間と同じような感想を持ち、奉納演奏・奉納舞を楽しんでくださるに違いない。

日本人は古代からそう考えてきたのである。つまり神道の神観念に照らして考えれば、日本雅楽は「儀礼」の音楽でありながら、その黎明期からすでにして「遊戯性」を兼ね備えていたということができるわけだ。

❷日本雅楽に見る〈中国的要素〉と〈半島的要素〉

いわゆる仁明朝の楽制改革以降、日本雅楽は外来の楽舞を唐楽（≒左舞）と高麗楽（≒右舞）とに二分して伝承してきた。雅楽の実演家は三つの管楽器（笙・篳篥・横笛）のうち一つ、二つの絃楽器（琵琶《びわ》・箏《そう》）の片方、歌を必修とするが、舞は左舞・右舞のどちらかを必須としている。その理由は左舞と右舞では基本動作が異なるからである。両者の特徴をまとめると以下のようになろう［表2］。

これを現在の中国古典舞踏・韓国の伝統舞踊と比較すると、興味深い吻合《ふんごう》が見えてくる。

中国で再興を試みている古典舞踏のレッスンでは、各教

表2

	動作	落居の傾向[*1]	舞の基準
唐楽（≒左舞）[*2]	曲線的	浅い	旋律（管楽器のメロディーを歌いながら稽古する）
高麗楽（＝右舞）	直線的	深い	リズム（打楽器の拍子を口で唱えながら稽古する）

＊1　落居《おちいり》は、舞楽に多用される、両足を開いて腰を深く下げる動作のこと。
＊2　以下は例外。唐楽のうち「還城楽」「抜頭」には左右両様の舞があり、陪臚は右舞に分類される。

室にピアノが設置され正式な稽古ではピアニストが旋律を奏でる中、そのメロディーに合わせてレッスンが行われる。これは日本雅楽の唐楽が旋律優位であるのと一致する。

また、韓国舞踊のレッスンでは、指導者は打楽器の拍子を口で唱えながらレッスンを進めている。これは日本雅楽の高麗楽がリズム優位であることと合致する。

中国人は古典舞踏が旋律を基準としていることを、中国舞踊の特徴だとは思っておらず、同時に韓国人は伝統舞踊がリズムを基準としていることを、朝鮮舞踊の特質だとはっきり意識してはこなかった。

しかしひとたび「日本雅楽」のフィルターを通して中韓の舞踊を見直してみると、中国は伝統を失いながらもきわめて「中国的」に古典舞踏の復活を試みてきたし、韓国は常に「伝統を塗り替えながら」も、きわめて半島的な舞踊哲学に沿って伝統を引き継いでいるということが明らかになってくる。日本雅楽のフィルターを透過することで、「中国的なるもの」「半島的なるもの」の何たるかがあぶり出されるとも言える。

雅楽の楽器

現行の雅楽では、その演奏に以下の楽器を用いる。

左楽・左舞

管楽器　笙・篳篥・龍笛
打楽器　鞨鼓《かっこ》・太鼓・鉦鼓《しょうこ》
絃楽器　琵琶・箏

右楽・右舞

管楽器　篳篥・高麗笛
打楽器　三の鼓・太鼓・鉦鼓
絃楽器　江戸期までは琵琶・箏を用いていたが、明治以降は用いられなくなった。

＊ちなみに楽譜は現存しているので、演奏することは可能である。

日本の伝統芸能の世界では舞台で所作をする人、笛を吹く人、三味線を弾く人など、それぞれの専門が細分化しているのが普通である。雅楽はこの点においてもユニークだ。つまり雅楽の実演者は笙・篳篥・横笛という三つの管楽器から一つを選択必須することになっている。さらに絃楽器は琵琶、箏のうちどちらかを必修、打楽器はすべてできることが求められる。そのほか歌ものの歌唱ができること。最後に舞楽は左舞・右舞のうち片方を上演できる能力が求められる。

そして本番のプログラム編成上、上記のうちどれにあたるかわからないのである。

このように雅楽のすべての分野をくまなく身に着けていてはじめて、指揮者のいない雅楽の舞台を破綻なく務めることができるのである。

雅楽の舞台

雅楽の上演に際しては三間四方の敷舞台を設営。その上を植物柄の絹製の緑の地敷で覆い、釘で敷舞台に留める。さらにその外周の四間四方に朱の勾欄《こうらん》をめぐらせる。

この構造は中国・敦煌《とんこう》の壁画など、唐時代の絵画にある舞台と共通の雰囲気を持っている。また、敷舞台の三間四方のサイズは後発芸能である能の舞台の柱の間のサイズと共通であることから、雅楽の舞台を発展させることで、後に能舞台ができていったことがうかがわれる。

また、正式に舞楽を上演する場合は、舞台の外側の左右に一対の鼉太鼓《だだいこ》・大鉦鼓を設置し雅楽専用の舞台が完成する。

左の鼉太鼓は天頂に太陽をかたどった日象《にっしょう》が飾られ、昇り龍の彫り物が施され、鼓面には三つ巴があしらわれている。対する右の鼉太鼓の天頂には月をかたどった月象が据え付けられ、鳳凰の彫り物が施され、鼓面には二つ巴があしらわれている。つまり左右の太鼓は日月／陽と陰を表し、方角でいうと左は太陽の昇ってくる東を、右は月の沈む西を表すことになる。したがって観客は南に向かって北側に座していることになる。

撮影：菊池正臣

ここでいう客席とは、本来的には中国の皇帝・日本の天皇のための席を表している。

中国では「天子南面」といって、皇帝は北に南を向いて座るものだとされた。日本雅楽の舞台は、この思想を完全

撮影：重本昌信

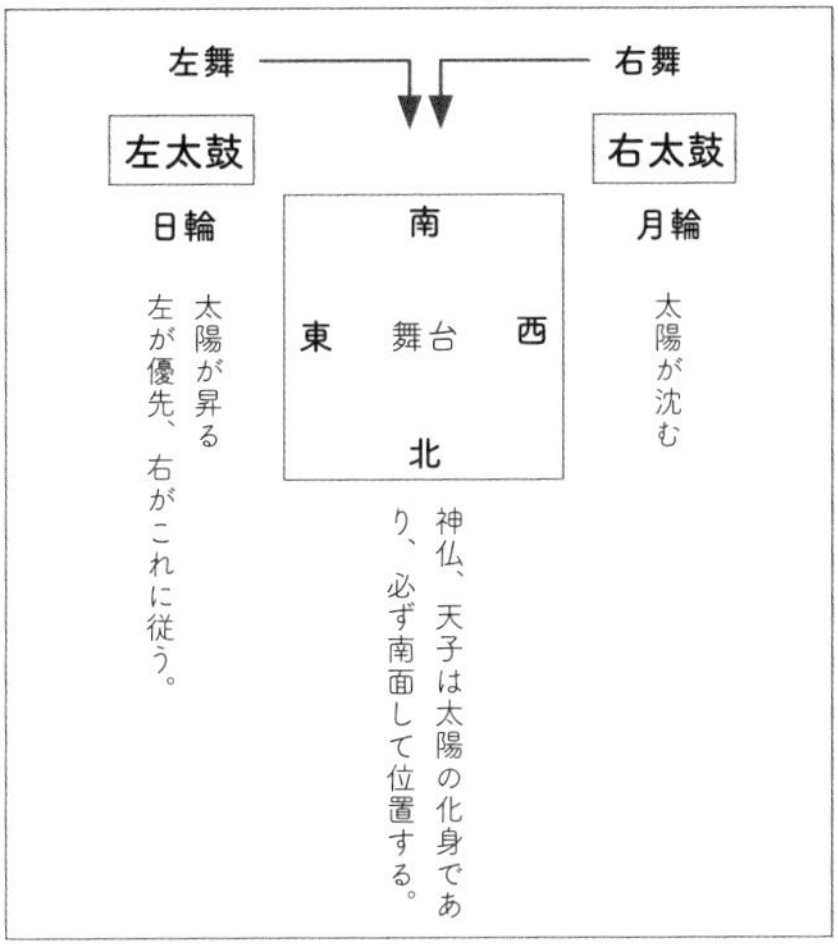

に踏襲しているものだということができる。

舞台構造を見ても、アジア文化はつながっていることを感じずにはいられない。

演目紹介

◆『蘭陵王《らんりょうおう》』

左舞・唐楽の代表曲。北斉《ほくせい》（五五〇〜五七七）の王　蘭陵王長恭（五四一〜五七三年）は才知武勇に優れていたが、顔が優しかったので兵の士気が上がらなかった。そこでいかめしい仮面をつけて戦場に立ったところ兵はよく戦い、当時の大国・北周の大軍を破ることに成功した。人々は「蘭陵王入陣曲」を作ってこれを讃えたという。

蘭陵王　以下撮影：菊池正臣

龍または金翅鳥《こんじちょう》をかたどったという仮面をつけ金色の指揮棒を振るう様は勇壮そのもので、平安時代も人気の曲であった。

林邑僧仏哲《ぶってつ》が奈良時代の日本に伝えたという。中国ではすでに滅んでいるため、二〇〇七年以来、筆者が中国北京・杭州・上海の各大学で指導し、中国でも後継者が育ってきている（写真は筆者）。

◆『納曽利《なそり》』

右舞・高麗楽の代表曲。一名を「雙龍舞」とも言い、二匹の龍が楽し気に遊ぶ様を舞にしたものという。「枕草子」には「らくそん」の名で記されており、清少納言もお気に入りの曲で、相撲の節会では右方の勝者を祝してよく舞われた。

新羅から渡来した楽曲とされるが、朝鮮半島に同名の舞は残っていない。筆者はこの曲を韓国芸術総合学校で指導し、優れた舞人も生まれている。

この曲で特筆すべきは、宮内庁で上演されている「京都方」の舞と、春日大社の「南都方」の舞楽では、同じ曲を使いながら舞ぶりが全く異なるところだ（写真は二〇一六年五月、韓国の故宮「景福宮」での「納曾利里帰り公演」時のもの。舞人は三田晴美氏ほか）。

◆『還城楽《ぜんじょうらく》』

唐楽の管絃・舞楽曲。左舞・右舞の両様の舞がある珍しい曲。左舞は二拍＋四拍の混合拍子（只拍子）で、右舞は二拍＋三拍の混合拍子（八多良拍子《やたらびょうし》）で舞われ、舞ぶりも異なる。

蛇を好んで食するという胡人《こじん》が蛇を見つけ、歓喜する様

納曾利

還城楽

胡蝶

を舞にしたものという。序曲の途中で木彫りの蛇が舞台中央に運ばれ、これを見つけた舞人が躍り上がって喜ぶ「ろくろ」という手が特徴的である（舞人は筆者）。

◆『胡蝶《こちょう》』

右舞・高麗楽の基本にのっとり、日本で製作された国産の舞楽。延喜六年（九〇六）に宇多《うだ》上皇が子どもの相撲に行幸された折、敦実《あつみ》親王が舞を、藤原忠房《ふじわらのただふさ》が曲を作った。背に蝶の羽を背負い舞う様は典雅である。『源氏物語』では帖の名前にもなっている（舞人は三田千尋氏）。

萬歳楽

◆『萬歳楽《まんざいらく》』

左舞・唐楽。一名「煬帝萬歳楽」。『教訓抄』によると隋の煬帝《ようだい》の作。唐国では賢王の時に鳳凰が舞い降り「賢王万歳」と囀《さえず》るという。その声を楽に作り、姿を舞に作らせたものという。我が国に渡した人物は不明。舞人四人。襲《かさね》装束。鳥甲をつける。さまざまな慶事に欠かせないめでたい舞楽である（写真は「安倍季昌古稀記念公演」のもの。舞人は右から安斎省吾・東儀博昭両氏）。

其の駒

◆『其《そ》の駒《こま》』

国風歌舞に分類されるこの舞は、宮中賢所で夜に行われる御神楽の神事で進行役兼舞人である人長《にんじょう》によって祭事の最後に舞われる。当該神事に招いた神を送り出す為の舞で、曲中に演ぜられる「駒の歩み」を表現する動きは特徴的で面白い（舞人は安倍季昌氏）。

日本雅楽は一度滅んだのか？

近年「昔の雅楽は今よりテンポが四倍から八倍速かった」

とか「江戸期を境にそれ以前と以後の舞楽はまるで別物だと言える」等という話をしばしば聞く。一部には、雅楽の歴史を四期に分け、飛鳥・奈良時代＝雅楽の「伝来期」、平安・鎌倉時代＝「興隆期」、南北朝・室町時代＝「衰退期」、江戸時代を「復興期」とし、中世末のいわゆる「応仁の乱」によって雅楽の伝承は「断絶した」と主張する研究者もいる。

過去と現在の雅楽の間に大きな差異があるという主張の根拠の一つは、この〈伝承の断絶〉にあることは間違いないであろう。

では、この戦乱によって日本雅楽の伝承は本当に絶えてしまったのだろうか？

確かに京都はこの戦で大いに荒廃した。楽家も家の存続を図るため、一族が細川方・山名方の両陣営に二つに分かれて付き従うほどであり、戦死した楽人も少なくなかった。当然のことながら朝儀《ちょうぎ》（朝廷が行う儀式のこと）も長く途絶することになる。そのため都での儀式に用いられてきた「国風歌舞」に関しては、その多くが廃絶してしまった。

しかし他方では都を離れた南都や天王寺にも楽人は存在しており、彼らは寺社の儀式に主に唐楽の演奏をもって出仕し続けていた。年中行事における演奏・上演の毎年の繰り返しこそが、伝承を保存するための大きな原動力となるのだ。そして織豊《しょくほう》政権下で朝議が復興され、聚楽第《じゅらくてい》（豊臣秀吉の京都の邸宅のこと）で雅楽イベントが催されるようになると、彼らは散り散りになっていた京都方楽人の補完勢力として活躍するに至る。

他方で、テンポに関する伝統雅楽批判については、英ケンブリッジ大学のローレンス・ピッケン（Laurence Picken, 1909-2007）の学説の影響がきわめて大きい。日本雅楽を調査した彼のプロジェクトチームは「旋律楽器である篳篥・龍笛は日本で独自に発展したもの」だと決めつけ、和音をもってコードを示すことで旋律楽器を支える「笙」の音色のみに注目。これを四倍から八倍速で演奏した時に聞こえてくる旋律様のものこそが、中国唐時代の音楽が持っていた旋律に他ならないと断じた（Music from the Tang Court. Vol. 1: 1981, Vol. 3: 1985, Vol. 5: 1990, Vol. 6: 2007, Vol. 7: 2006, Oxford University Press, London）。

この斬新な学説は世界の音楽学界に衝撃を与え、日本の学者の一部もその影響を受けた。

しかし私見では、ピッケンの説は笙の伝統的奏法を意図的に無視している点、また器楽演奏と一体で伝来し上演されてきた「舞楽」の存在を完全に無視している点など、さまざまな観点からまったく説得力を持たないと言わざるを得ない。

これまで私はヴェトナム・チャム族の民族舞踊と日本に

伝来した「林邑《りんゆう》（＝現在のヴェトナムにあった国家）楽」の比較研究や、中国芸術研究院の王克芬氏との共同研究を通じて、現在の日本舞楽が今もなお大陸の舞踊の特徴をよく保持していることを明らかにしてきたつもりである。その舞楽をどうしたら唐代には現在の八倍速で舞っていたと言えるのか？　ピッケンはこの問いに対し永遠に沈黙したままである。

日本以外のアジア諸国には日本雅楽と同時代の芸能が完全な形では残存していないことは事実だが、少なくともピッケンが思い描いていた以上に、日本雅楽はかつてのアジア芸能の遺風を残していると考えるべきだと思われてならない。

演者からの一言

雅楽というと、「儀礼的な」「堅苦しい」「難しい」という修飾語を付ける方が多いのではないでしょうか？　もちろん故郷アジア大陸の漢字文化圏では、「雅楽」とは古来「由緒正しい儀礼音楽」という意味で使われています。

ところがここ日本では少し勝手が違うのです。つまり我が国が対外的権威付けのために雅楽を導入し始めた〈飛鳥・奈良時代〉と、再度強力に中央集権化を推し進め国家神道を創出し、その権威付けを雅楽に担わせようとした〈明治以降〉という特殊な二つの時期を除いて、日本に於いて雅楽とは、儀礼的性格よりもむしろ遊戯性が前面に出ているものであり続けてきました。そしてそれこそが、他国の雅楽と比べた際の日本雅楽の特質だと言えるのです。

ことに貴族階級にとって雅楽は「管絃の遊び」と称され、現代の私たちがカラオケを楽しむように、きわめて卑近な娯楽・社交しの具として機能していました。そしてこの遊戯性を儀礼の場でも活用し、神仏の御心を慰める手段としてきたわけです。

つまり、現代において、雅楽に親しみを持たせるために子ども向けの小道具を使ったり、他ジャンルの楽器と「コラボ」させなくとも、日本雅楽には元来、「楽しむためのツール」としての魅力が備わっていると言えましょう。

雅楽には難解なセリフもありませんから予習も不要です。皆さん、ぜひ雅楽の公演を体験する機会をおつくりください。雅楽を観比べ、聞き比べるうち、きっとご贔屓の団体もできるでしょう。

西洋には単旋律のグレゴリオ聖歌しかなかった時代、アジア諸国にはすでに存在していた高度に発達した音楽と舞の集大成「雅楽」。千三百年前、東大寺大仏開眼の際に演ぜられた楽舞を二十一世の私たちが見聞できるのですから、雅楽を楽しまないのは損だと思いませんか？

Column

笙の響きの秘密

文●石川　髙（笙演奏家）

笙《しょう》は、自然とも人工的とも思えるような、不思議な響きを発します。楽器の素材と仕組み、そして音律を手がかりに、響きの秘密を探ってみましょう。

笙の素材と構造

十七本の竹が、「頭《かしら》」と呼ばれる黒い胴に差し込まれています。「頭」は桜木でできており、空洞で、漆《うるし》に覆われています。十五本の竹の根元には、「簧《した》（リード）」が取り付けられています［図1］。簧は、「響銅《さはり》」という金属でできた小さな板で、表面には、薄緑色の「孔雀石《くじゃくいし》（マラカイト）」の粉が塗ってあります。

響銅の皿の上に少量の水を置いて、硯《すずり》で墨をするように、長い時間をかけて孔雀石をすり、粉末にします。この水溶液を、筆で簧の表と裏に塗り、乾かしてから、松脂《まつやに》と蜜蝋《みつろう》の混合物によって、竹の管の根元に接着します。

図１　笙の竹を抜き出したところです。竹の根元の、薄緑色の長方形の部分が「簧」です。２本の竹を挟んでいるのが、孔雀石です。

孔雀石の粉末で覆うことにより、簧の切込の隙間は限りなく細く埋められて、息が長く続くようになります。また、金属的な響きを、柔らかな感じに変える効果もあります。

指穴を押さえて吹口から息を入れると、竹を共鳴管として簧が振動して響きを生じます。竹によって音程が異なります。雅楽では、通常、五音から六音の和音「合竹《あいたけ》」を演奏しています。吹いても吸っても音が出ますので、息継ぎの間をあける必要がありません。

響銅、孔雀石、竹、松脂、蜜蝋といったさまざまな性質の素材の組み合わせに

撮影：Lucienne van der Mijle

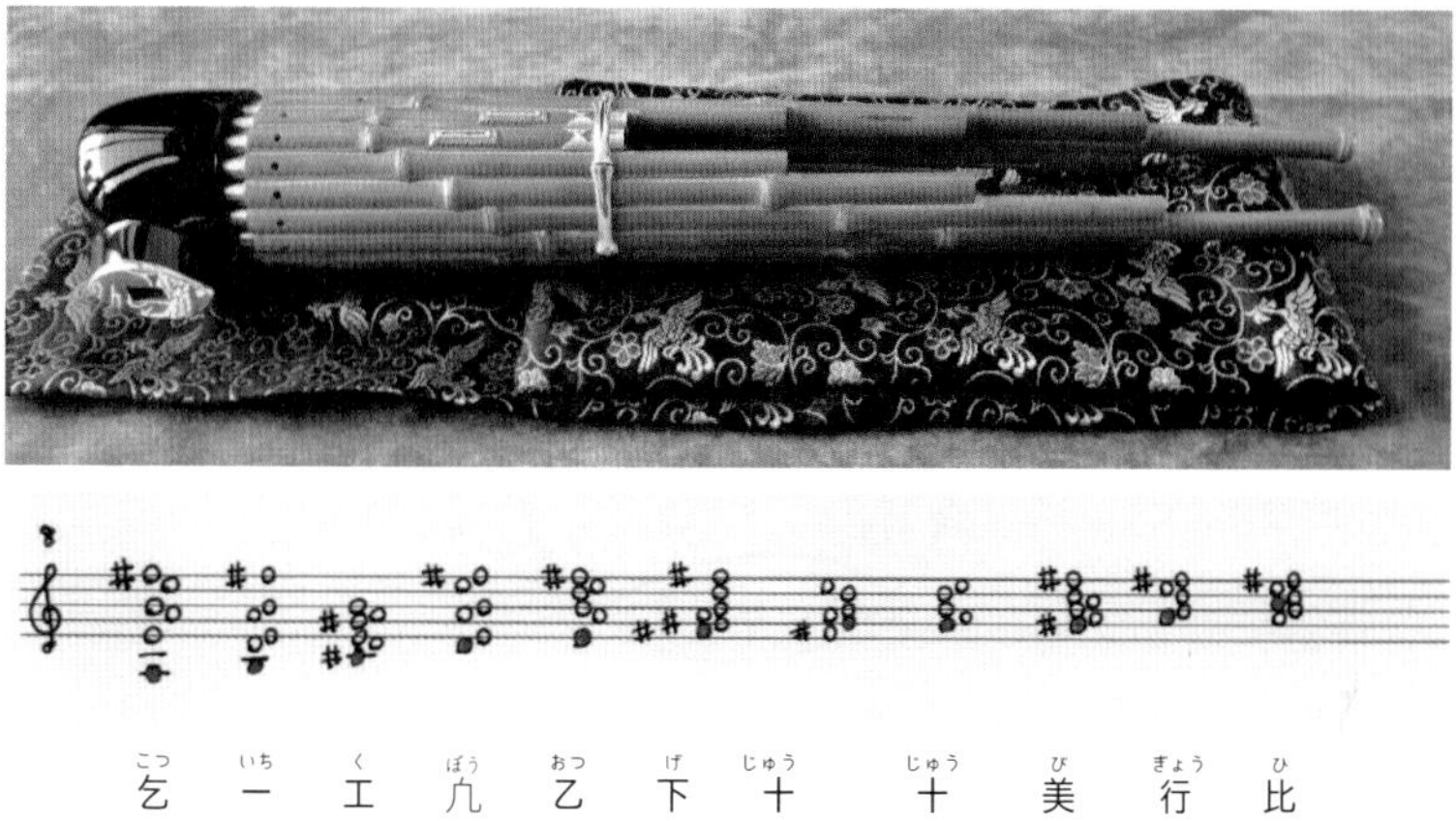

図2　笙と合竹

よって、笙の独特な響きが生まれます。

雅楽で笙が演奏する和音「合竹」は十一種類です。四度、五度、一オクターブが純正（うなりを生ずることなく、まっすぐ）に響くように調律されています［図2］。

「十《じゅう》」は二種類あり、調の違いによって使い分けます。赤い音符が、それぞれの和音のルート（基礎の音）です。

音律の秘密

紀元前に完成した、古代中国の百科全書的書物『呂氏春秋《りょししゅんじゅう》』の中に、「三分損益法《さんぶんそんえきほう》」という音律の導き方が書かれています。

簡単に説明してみます。まず基準となる竹の管《かん》の長さを決めます。この管を縦笛のように吹けば音が出ます。次に、基準の管の2／3の長さの管を作り、その2／3の長さの管からさらに4／3の長さの管を作ります。管の長さは音の振動数の比率でもあります。すなわち、2／3の比率から五度上（ドからソの間隔）の音程が生まれ、4／3の比率から四度下（ソからレの間隔）の音程が生まれます。この作業を繰り返してゆくと、十三回目に基準の管の1／2の長さ、すなわち一オクターブ上の音に行き着きます［図3］。

今も、笙はこの原理に基づいて調律されています。純正に響和する和音を維持するために、この小さな楽器のうちに、紀元前に考えられた調律方法がそのまま残されているのです。

私たちが親しんでいる音楽のほとんどは、「十二平均律」の音階で作られています。実際のところ、「三分損益法」に

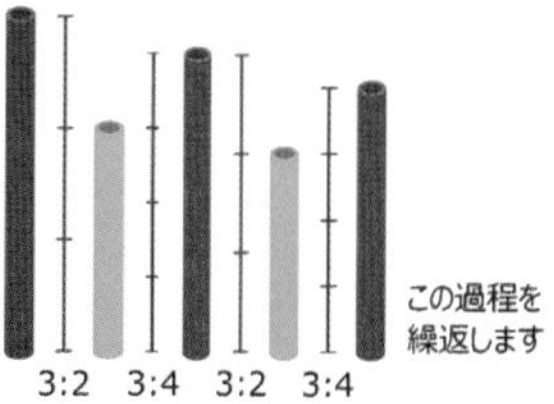

図3　三分損益法

よる音階との違いはごくわずかで、よく耳を澄ますとわかる程度です。しかし、持続する和音においては、ほんの少しの音高の違いでも、うなりが生じてしまいますので、やはり笙には「三分損益法」を使った厳密な調律が必要なのです。

ピュタゴラス音律

哲学者ピュタゴラスは、紀元前五七〇年頃ギリシアで生まれました。そして四十歳の頃に、イタリア南部クロトンに移住し、宗教的結社を設立します。この結社においては、さまざまな戒律や教えが守られていましたが、その教えの中には、宇宙論に関わるものもあります。「デルフォイの神託とはなにか。テトラクテュスである。すなわちハルモニアであり、そのうちにセイレンたちは住まう」。

テトラクテュスは、上から一、二、三、四個の点で形成される正三角形として描き表されます［図4］。ピュタゴラス派において、神聖な象徴とされていました。

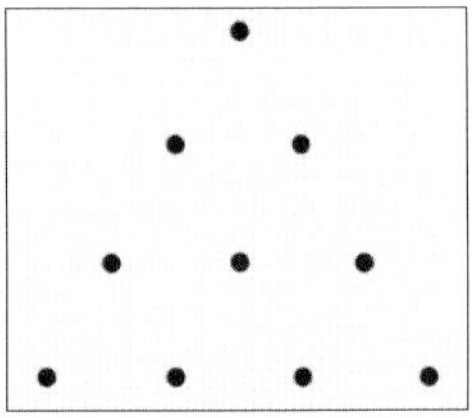

図4　テトラクテュス

これは世界の創造を図式化したものであり、同時に音律の理論をも意味しています。

1：2は一オクターブ、2：3は五度、3：4は四度、弦の長さをこれらの比率で分割してゆくことにより、十二音の音階が生まれます。

古代中国と古代ギリシアは、同じ音律の原理で結ばれていました。このことは何を意味しているのでしょう。人間の思考は、どの文明においても、探究を進めてゆくと同じ結論に行き着くものなのでしょうか。あるいは大昔に、遠い地域同士で何らかの文化的交流があったのでしょうか。

いずれにせよ、笙の淵源には、古代の普遍的な音律の次元があり、現在まで守られてきたのです。

参考文献

・芝祐泰『雅楽通解 楽理篇』（国立音楽大学出版部、一九六七年）
・『呂氏春秋 集釋 上』（北京市中国書店、一九八五年）
・廣川洋一『ソクラテス以前の哲学者 初期ギリシアにおける宇宙自然と人間の探求』（講談社、一九八七年）
・Herman Diels, Walter Kranz 著『Die Fragmente der Vorsokratiker』（WEIDMANN、一九八五年）

第二章　能楽《のうがく》

能

文●佐野玄宜（シテ方宝生流能楽師）

◆六百五十年以上にわたり途絶えることなく演じ継がれてきた世界最古の演劇
◆能は歌舞を基本とした日本のミュージカル、狂言はセリフを中心としたコメディ
◆能面を用いる仮面劇であり、贅を尽くした装束、能舞台、囃子を含めた総合芸術

歴史

◆能の起源

能は、今からおよそ六百五十年前に観阿弥《かんあみ》・世阿弥《ぜあみ》親子によって大成したと言われ、以来途絶えることなく演じ続けられてきた。六百五十年という年月だけでもほかに類を見ないものであるが、その起源は奈良時代にさかのぼる。

中国から、「散楽《さんがく》」と呼ばれる芸能が日本に伝わり、当初は「散楽戸《さんがくこ》」と呼ばれる役所で管理されていた。散楽は、奇術・曲芸を基本とし、帝《みかど》を始め宮中の人々や賓客《ひんかく》を楽しませるためのものであったようである。後に散楽戸が廃止され、その芸が民間に流れる。これと日本土着の芸能が混ざり合い、「猿楽《さるがく》」と呼ばれる芸能が生まれる。その内容は、物まね、曲芸、即興芸、寸劇、秀句《しゅうく》（洒落）、舞歌など多岐にわたった。物まねは現代でも一つの芸として認識されているが、女性や老人、あるいは漁師や汐汲（塩をつくるため海水を汲む人）といったさまざまな職種の人々を演じることは、そもそも物まねなのである。世阿弥の伝書にも、「物まね」という言葉が頻出する。

このように幅広い芸の総称として「猿楽」と呼ばれたわけであるが、その芸の根本は「滑稽さ」にあった。「猿」という字から連想されるのは猿まね、猿芝居といった言葉ではないだろうか。「散楽」と音が近かったため転じたものではあるが、その性質を表したものとして「猿」の字が用いられ、「猿楽」と呼ばれるようになったものと考えられる。それゆえ、後に世阿弥はこの字を嫌い、「申楽」の字をあてている。「神」という字の偏を取ると「申」であり、能は神楽の系譜であるといってこの字を用いたのである。

このような、当初の猿楽の芸質を今に引き継いでいるのが狂言である。狂言は庶民の日常の中から人間の本質を面

白おかしく描くセリフ劇であり、現代まで能と狂言が一緒に演じられるのは、このような歴史的背景による。

鎌倉時代になると、猿楽は説話、物語などを取り入れながら長大化し、滑稽な面白さだけではない、より演劇的なものへと発展していく。そして今の能へとつながっていくことになる。

◆翁猿楽《おきなさるがく》と猿楽の成熟

猿楽の芸の一つに翁猿楽があった。寺社の法会《ほうえ》や祭礼で、国家安穏・五穀豊穣《ほうじょう》を祈る儀式的・神事的な芸能で、鎌倉時代初期には成立していたと考えられている。猿楽の座《ざ》は、当初この翁猿楽の勤めるために組織された。法会や祭礼においては、翁猿楽がまず演じられ、それに付随する形で、後に能へ発展する一般の猿楽も演じられた。

やがて猿楽が演劇として成熟していくと、翁猿楽よりも人気を博すようになっていく。世阿弥の頃にはその立場は完全に逆転し、翁猿楽は寺社の祭礼等で演じられるものの、京での演能などでは省略されることが多かった。一度は衰退した翁猿楽であるが、江戸時代、能が式楽《しきがく》となると、格式が重視されるようになり、再びその中心に置かれることとなる。

◆能の大成――観阿弥・世阿弥親子の活躍

観阿弥は、大和《やまと》猿楽四座の一つ、結崎座《ゆうざきざ》に所属していた。大和（現在の奈良県）は有力な寺社も多く、猿楽が盛んに演じられ、結崎座も興福寺《こうふくじ》などで翁猿楽を演じる座であった。当初は、座の長が翁猿楽を勤め、座をまとめていたが、やがて猿楽が成熟し人気を得るようになると、猿楽を演じる若い役者は座を離れて独自の活動を始めるようになる。観阿弥も同様であった。観阿弥は大男でありながら芸の幅が広く、当時流行していた「曲舞《くせまい》」を猿楽に取り入れるなどの変革をもたらした。

観阿弥の人気はついに将軍のもとに届き、永和元年（一三七五）、足利義満《あしかがよしみつ》が今熊野で観阿弥・世阿弥親子の猿楽を見ることになる。義満は、観阿弥の芸と、当時十二歳で美少年であったとも言われる世阿弥を大いに気に入り、以後絶大な後援者となる。世阿弥は、このときすでに蹴鞠《けまり》や連歌などの教養を身につけていたと言われ、観阿弥が早くから貴人の後援を得るべく英才教育を施していたことがわかる。将軍からの後援は猿楽の地位は大きく引き上げることになり、能の質をも大きく変えた。将軍をはじめとする貴顕の人々の好みに合う能が作られるようになり、より洗練されたものになっていくのである。

世阿弥は、観阿弥のあと義満から絶大な後援を受けていた近江《おうみ》猿楽の犬王《いぬおう》が得意とした「天女之舞《てんにょのまい》」を取り入れ、それまで物まね主体であった猿楽を歌舞劇へと発展させる。

夢幻能《むげんのう》と呼ばれるスタイルを確立し、多くの名作を残した。現在演じられている中で一番多いのが世阿弥作、あるいは改作した曲であり、その質の高さを示している。

世阿弥は数多くの伝書《でんしょ》を残したことでも知られる。その論は年齢に応じた心得、舞台で演じる際の心得、能を作る際の心得、観客の心をつかむための心得など多岐にわたるが、どれも理論的で本質をついており、能楽関係者に限らず愛読者が多く、世界での評価も高い。この時代に、これだけ理論的な芸論が、役者本人によって書き残されているのは驚異的なことであり、世阿弥の教養の高さと、当時の猿楽が高いレベルで競い合っていたことがうかがえる。

◆乱世と能

観阿弥・世阿弥が活躍した時代は、戦もなく文化が花開いた時代であったが、応仁《おうにん》の乱が起こると幕府の力も失墜し、落ち着いて能を見るという状況ではなくなっていく。一部の上流階級だけではなく、大衆の人気を得ることも必要になる。こうして世阿弥時代とは違い、わかりやすく、派手でにぎやかな能が作られていった。仕掛けを施した派手な作り物を用いる曲もあり、後の歌舞伎へとつながっていく要素も見られる。

◆式楽へ――能の古典化

足利義満の次に、能の庇護者として名前が挙がるのが豊《とよ》臣秀吉《とみひでよし》である。秀吉は能を好み、自ら演じたり、大名や家臣にも舞わせたりして楽しんだ。自分の活躍を能に作らせたりもした。刀狩りや太閤検地などの制度改革により権力基盤を整備した秀吉は、能をも自らの支配下に置こうと考える。当時、各地で猿楽の座が自由に活動していたが、秀吉はそれらを大和で活動していた観世《かんぜ》・宝生《ほうしょう》・金春《こんぱる》・金剛《こんごう》の四座に統一、それ以外の座の役者は四座に編入させられ、扶持を得ることとなった。能装束が豪華絢爛《けんらん》になっていくのもこの頃からである。

江戸幕府を開いた徳川家康もこれを継承。能を「式楽」に定め、武家のたしなみとした。式楽の「式」は公式、あるいは儀式の「式」である。新年、将軍宣下などの祝賀や、将軍が大名の屋敷へお成りになる際の供応などで能が演じられ、幕府だけでなく各藩でも能役者を抱えるようになる。二代将軍・秀忠《ひでただ》は、北七大夫《きたしちだゆう》という役者を気に入り、一流を立てることを許す。これにより四座に喜多《きた》流が加わり、現在の五流派が顔をそろえることになる。

この頃から、能は古典化の道を歩むことになる。それまで時代の流行や観客の好みを敏感に感じ、新しいものを取り入れながら成長してきた能であったが、ここから先は、無駄をそぎ落とし、磨きをかける時代へと入っていくのである。現在演じられている演目はほとんどがこの時代までに書かれたもので、能一番の演能時間も、この頃からだんだんと長くなっていく。格式や重々しさが重視されるようになり、すり足など、細部にまで美を追求するようになったのもこの頃からと考えられる［図1］。

　一方この時代、能を下敷きに、当時の大衆の好みを吸い上げて人気を博していったのが浄瑠璃や歌舞伎であった。一般庶民から縁遠くなった能であったが、謡《うたい》は大変人気があり、謡本が出版され、寺子屋でも謡を教えていた。

◆明治維新と能楽

明治維新により幕藩体制が崩壊し、庇護者を失った能楽界も危機を迎える。能役者は路頭に迷い、新しい事業に手を出して失敗するなど困窮し、三役（ワキ方・狂言方・囃子方）ではこの時に途絶えてしまった流派もある。しかし、岩倉具視《いわくらともみ》を中心とする遣欧使節団が帰国、西欧では文化を大切に保護し、外国からの客人を供応する際に披露されるのを目の当たりにした岩倉は、能楽社を設立し、能舞台を建てて能役者を呼び集めた。「能楽」という言葉ができたのもこのときである。このとき建てられた舞台は、

図1　楊洲周延《ようしゅうちかのぶ》画「温故《おんこ》東《あずま》の花《はな》　第三編　旧幕府御大礼之節町人御能《おのう》拝見之図」明治二十二年（一八八九）東京都立中央図書館特別文庫室蔵
江戸城での演能を明治期に描いたもの。家主など限られた町人が観劇を許可され、お菓子や傘が配られる習慣があった。

図2　楊洲周延画「青山仮皇居御能図」明治十一年（一八七八）山口県立萩美術館・浦上記念館蔵
英照《えいしょう》皇太后の居所・青山御所の能舞台の舞台披《ひら》きの様子。手前に軍服姿で描かれるのが明治天皇。能『正尊《しょうぞん》』（シテ：初世梅若實《うめわかみのる》）の前場の舞台が描かれる。

現在靖国《やすくに》神社にあり、岩倉とともに能楽社設立に尽力した前田斉泰《まえだなりやす》の揮毫《きごう》による「能楽」の額が飾られている［図2］。

金沢と宝生流

金沢は能楽、特に宝生流が盛んで「加賀宝生」という言葉があるほどである。

初代藩主・前田利家《まえだとしいえ》は、秀吉とともに能を愛好し、三日に一度稽古したという。秀吉の金春贔屓《びいき》に合わせて加賀藩も当初は金春流であった。加賀藩が宝生流を採用するようになったのは五代藩主・綱紀《つなのり》のときで、稀代の能好きで宝生贔屓だった五代将軍・綱吉《つなよし》に倣ってのことであった。綱紀は、町人にも能を奨励した。苗字を許したり、税を減免したりと優遇策を講じ、多数の町役者が生まれた。御細工所《おさいくしょ》と呼ばれる武具の修理から工芸まで行う工房の職人にも能を兼業させた。また、大野湊《おおのみなと》神社と卯辰山《うたつやま》観音院では神事能が毎年行われ、一般庶民も能に触れる機会が多かった。大野湊神社の神事能は今でも続いていて、その回数は四百回以上を数える。

明治維新により金沢の能楽も一度は衰退したが、加賀藩お抱え能役者・諸橋権之進《もろはしごんのしん》の弟子・佐野吉之助《さのきちのすけ》の尽力により金沢能楽会が組織され、再び活気を取り戻す。植木職人などが仕事をしながら謡を口ずさむので「謡が空から降ってくる」と言われるほどであった。今でも兼六園のそばにある石川県立能楽堂では毎月の定例能のほか数多くの公演があり、謡曲人口も多く、身近なところに能楽がある。金沢市内の全中学校を対象とした中学生観能教室は七十年以上にわたり続いており、能を専門とした金沢能楽美術館もできるなど、今も加賀宝生の伝統は脈々と受け継がれている。

特色

❶様式美

能の魅力の一つに様式美がある。幕内でお調《しら》べ（いわばチューニングであるが、これも形式が決まっている）が終わると、囃子方が静々と橋掛かりの端を通って舞台に入り、自分の座に着く。同時に地謡《じうたい》が切戸口《きりどぐち》から登場し自分の座に着き、扇を抜いて準備をする。こうしたところにも順序、作法が決まっていて、美しく見えるよう考えられている。能の歩き方として知られる「すり足」も、面装束をつけた状態で美しく舞えるよう工夫されてきたものである。

こうした能の様式美は、江戸時代に完成したものと考えられる。能が式楽となり、格式や重々しさが追及されるようになった結果、歩き方から舞台上のすべての所作が美しく見えることが求められ、今の能が出来上がったのである。

これにより演能時間も変わってくる。現在、能一番の演能時間は一時間から一時間半であるが、室町時代は半分ほどの時間で演じられていた。それが江戸時代からだんだんと長くなり、江戸後期には今とほとんど変わらない演能時間になっていたようである。

❷公演形態

能は、歌舞伎やほかの演劇のように長期の公演を行わず、基本的に一日公演である。かつては連日の公演が行われたこともあったが、寺社での奉納や、将軍などが連日来臨するものであったので、毎日違う演目を演じていた。現代においても、毎月決まった日に行う定例公演などはあるものの、原則的に公演は一日である。

❸夢幻能

世阿弥は、「複式夢幻能」と呼ばれるスタイルを確立させた。複式というのは前半・後半に分かれていることを表し、夢幻能とは、この世の者ではない夢幻《ゆめまぼろし》の存在が現れる能という意味である。

前半は、旅の僧や神官、帝の臣下などが、神社仏閣や名所旧跡を訪れると、その場所にゆかりのある神霊や霊魂が仮の姿で現れる。当地のいわれを語って聞かせ、姿を消す。そして後半、本来の姿、あるいは在りし日の姿で再び現れる。世阿弥が確立させて以降、この形式が定番となる。

❹稽古できる

能は、プロでなくても自分で習って演じることができる芸能である。今でも趣味で謡や仕舞を習っている人はたくさんおり、経験を積めば面装束をつけてプロさながらに能を演じることができる。大学サークルも多数存在する。

秀吉は自分で習って能を舞い、家臣や大名にも舞わせて楽しんだ。江戸時代には式楽として将軍や大名は能を稽古し、自らも舞った。庶民も能を見る機会は限られていたが、謡や仕舞を稽古して楽しんでいた。大成以前から禰宜《ねぎ》や巫女が猿楽を舞っていたことからも、能がただ鑑賞するだけではなく、自らも演じて楽しむ芸能として認識されていたことがわかる。

能舞台

能舞台はもともと外にあり、室内の能楽堂が建てられるようになったのは近代以降である。それまでは、外に建てられた舞台を、向かい合った建物内から鑑賞するのが正式の形であった。舞台と、見所《けんしょ》（客席）となる建物との間には白洲《しらす》があり、太陽光を取り込む仕掛けになっていた。一般大衆を入れての演能の場合、大衆はこの白洲から観覧した。今でも外にあった名残で舞台の周囲には白洲があり、舞台には柱と屋根がある。室内となれば屋根は不要であり、柱は客席から見たとき邪魔になる場合もあるが、能面をかけたときの視野は大変狭く、柱が目印の役割を果たす。

　舞台は檜《ひのき》造りで、京間三間（一九・五尺＝約六メートル）四方の本舞台が客席に舞台が突き出した形になっている。もともと外にあったので緞帳《どんちょう》のようなものはなく、見所から見て舞台左手にのびた橋掛《はしが》かりの先に幕がある。能の登場人物は、神や鬼、幽霊など異界の人体が多い。橋掛かりは、この世と異界とをつなぐ架け橋となる。また、幕内を邸宅に見立て、幕に向かって呼びかけると中から主人が登場したり、舞台を建物の中、橋掛かりを建物の外に見立てたり、舞台の一部としても使われる。

　橋掛かりの横には松が三本立てられ、点景《てんけい》としての役割と、演者にとっては目印としての役割を果たす。舞台から遠くなるに従って小さくなっており、橋掛かりが長く見えるよう工夫されている［図3］。

　舞台後方の鏡板には老松が描かれ、背景としての役目を果たす。松は長寿の象徴であり、常緑樹なので季節を選ばず、神が宿る神聖な木と考えられてきた。奈良の春日大社には神が降りると言われる影向《ようごう》の松があり、古くからその松に向かって猿楽などの芸能が演じられてきた。この影向の松が鏡板

図3　【宝生能楽堂】東京・水道橋

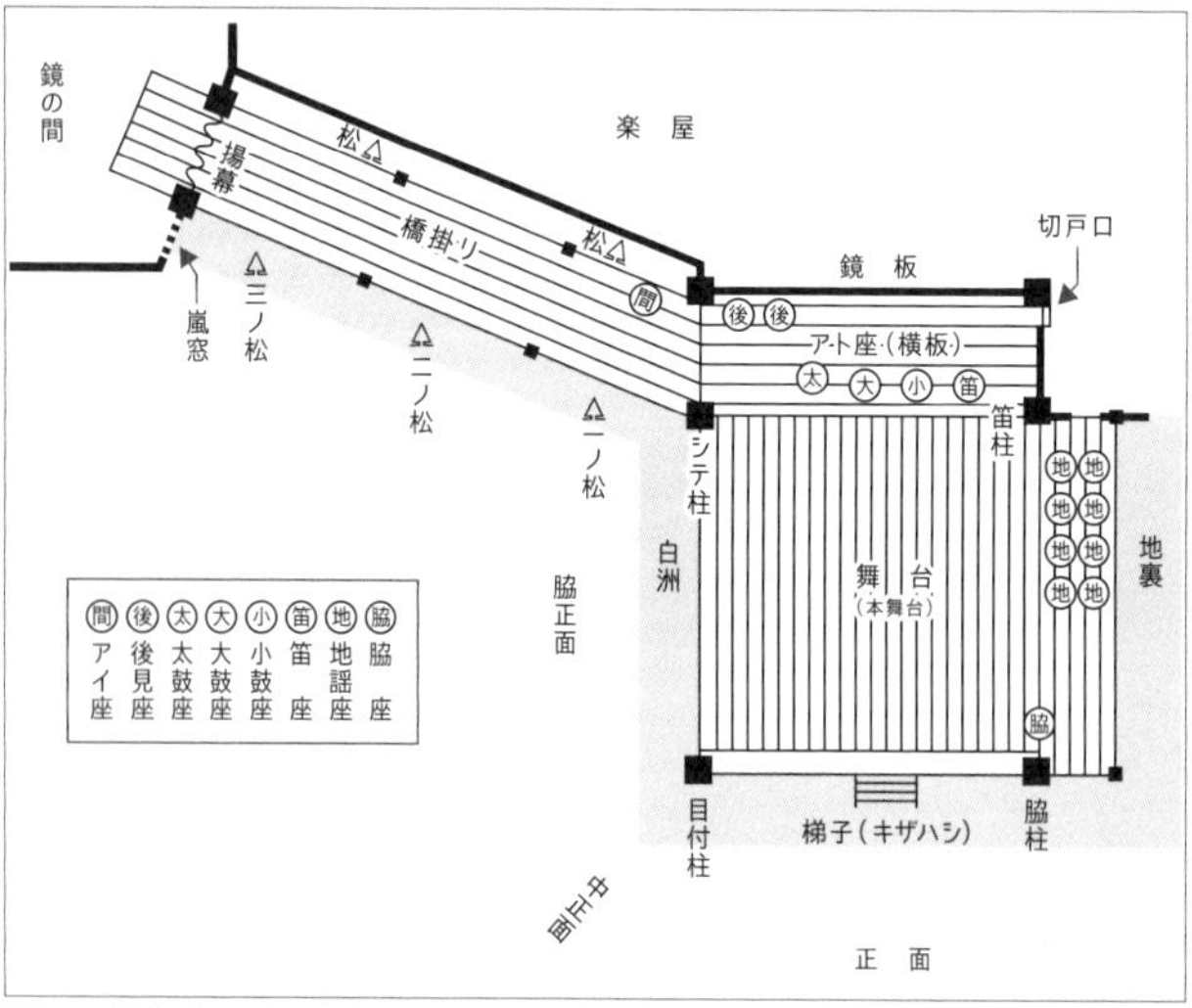

図4　能舞台

の松のルーツとも言われる。アト座の切戸側には同じく竹が描かれている［図4］。

・**鏡の間**＝大きな鏡があるのでこの名がある。演者は、楽屋で装束をつけたあと、鏡の前で精神を統一し、最後に面をかける。

・**幕**＝登場人物は原則的にここから出入りする。結びつけられた二本の竹により上げ下げをする。囃子方は「片幕」と言って幕は上げず、幕の脇を少し開けて登場する。

・**シテ柱**＝物語の序盤、シテは主にこの柱のそばに立ち、ワキ柱のそばに立つワキと対角線上に向かい合って会話するのでこの名がある。

・**角柱《すみばしら》・目付柱《めつけばしら》**＝客席に突き出た角にあるので角柱、また、目印として最も重要な柱なので目付柱とも言う。

・**ワキ柱**＝ワキは原則的にこの柱のそばにあってシテと対峙するのでこの名がある。

・**笛柱《ふえばしら》**＝笛座《ふえざ》のそばなのでこの名がある。「道成寺」で鐘を吊るす際使われる金具が付いている。

・**アト座**＝前方に囃子方、後方に後見《こうけん》が座る。板が横に張ってあるので横板《よこいた》とも言う。

・**切戸口**＝地謡・後見はここから出入りする。曲中で死んだ役や、その後無用の役が目立たないように退場する際にも使われる。

能の役籍

能には役籍、つまり担当する役が決まっており、それぞれ専業である。

❶シテ方

・**シテ（仕手・為手）**＝主役のこと。演じ手という意。

・**ツレ（連）**＝シテの助演役。シテに連れられて出てくることが多いためこの名があるがそうでない場合もある。

・**子方**＝子どもが演じる少年・少女の役。天皇や義経《よしつね》なども子方が担当する。

・**地謡**＝登場人物の役謡以外の部分を担当。情景描写や登場人物の言葉を代弁したりする。

・**後見**＝舞台の進行を補佐する役。作り物の出し入れや、演者の持ち物を替えるなど、舞台の進行をサポートする。プロンプターでもあり、演者が急に倒れたときには代わりを勤めるなどその責任は重い。

❷ワキ方

・**ワキ（脇）**＝脇役。シテの相手役。能は登場人物が少ない曲が多く、シテとワキ二人という曲もある。シテは多くが亡霊や神、鬼など異世界の人体であるのに対し、ワキは必ず生きている人間で、男である。そのため、能面をかけることはない。多くの場合、最初に舞台に登場し、時代、場所、季節など舞台設定をし、シテから話を聞き出し、舞台を進行する役を担う。観客の代表として異世界の人体と対峙していると見ることもできる。シテの多くは成仏できずにいる霊魂等であり、これを供養するため僧であることが多い。

- **ワキヅレ（脇連）**＝ワキの助演役。

❸囃子方

笛方・小鼓《こつづみ》方・大鼓《おおつづみ》方・太鼓《たいこ》方がおり、それぞれ専業である。

❹狂言方

- **シテ**＝主役
- **アド**＝助演役
- **間（アイ）狂言**＝能の中で狂言方が担当する役。前半と後半でシテが装束を替えている間を埋める役を担うことが多いのでこの名がある。ひょうきんな役や嫌な役も担当する。

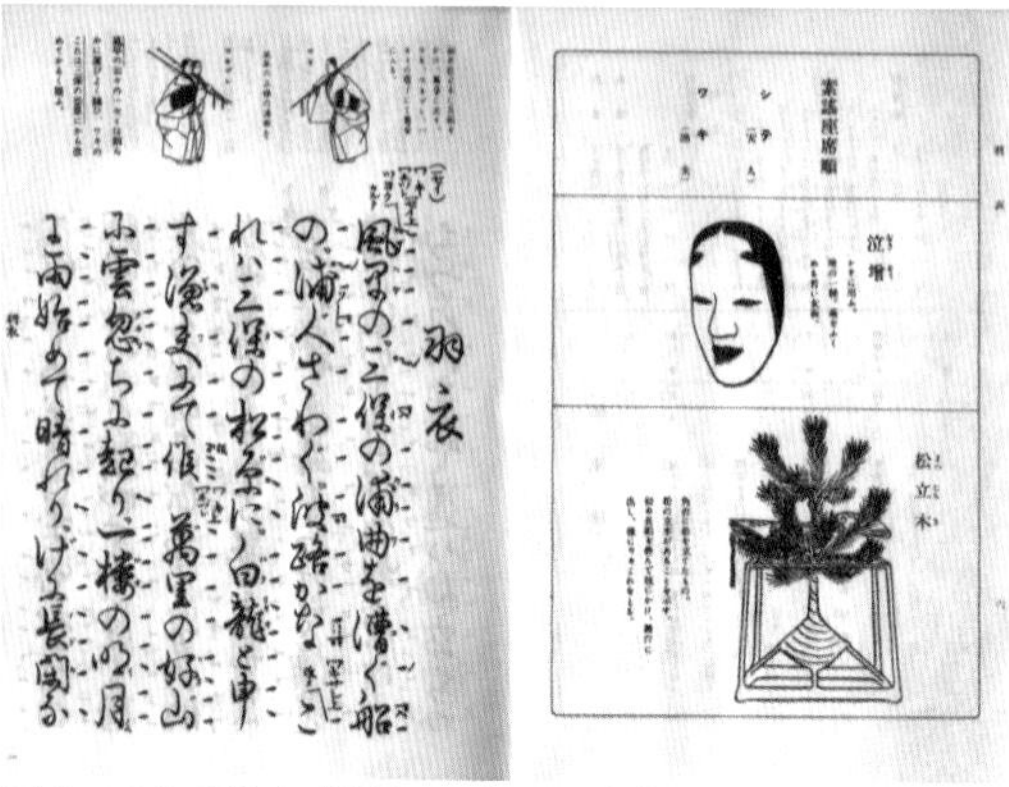

図5　宝生流謡本『羽衣』　わんや書店

それぞれに流派がある。シテ方の場合、観世流・宝生流・金春流・金剛流・喜多流の五流派があり、謡本・所演曲（レパートリー）・演出・謡い方・声の出し方・袴の紐の結び方・扇の扱い方などが違う。囃子方の場合、手組や掛け声、打ち方などが違う［図5］。

能の演目

所演曲（レパートリー）は流派によって違うが、宝生流の場合一八〇番である。

能には五番立《ごばんだて》という考え方があり、演目を五種類に分類し（演目によっては中間に位置するものもある）、別格とされる翁に続いて五種類の演目を演じることが正式とされた。これは江戸時代にできたもので、五流が一番ずつ担当するためでもあった。能の間にはそれぞれ狂言が入った。

- **翁《おきな》**＝能にして能にあらずと言われる。国土安穏・五穀豊穣《ほうじょう》を祈る。翁猿楽にルーツを持ち、古態を残す。
- **初番目物（神）**＝神が登場するおめでたい爽やかな曲。翁に続いて演じられたので脇能と呼ばれる。
- **二番目物（男）**＝源平の武将の亡霊が登場し、颯爽と優雅に、あるいは力強く舞う。死後修羅道に落ちた苦しみを物語るので修羅能と呼ばれる。

- **三番目物（女）**＝美女や貴公子、草木の精がしっとりと優美に舞う
- **四番目物（雑・狂）**＝ほかに属さない物。子を慕う母親を描く狂女物《きょうじょもの》、現世での行いにより地獄に落ち亡霊となって現れる執心物、平家物語や曽我物語の一場面を見せる現在物など。
- **五番目物（鬼）**＝鬼や天狗が豪快に動きまわる華やかでにぎやかな能。一日の最後に演じられるので切能と呼ばれる。

演目紹介

◆『翁』

シテは、素顔で舞台に登場し、深々と礼をしたあと、舞台上で御神体とも言うべき翁面をかけ、国土安穏・五穀豊穣を祈り舞う。続いて黒い翁面をかけた三番叟《さんばそう》が舞う。ストーリー

翁　シテ　宝生和英　宝生能楽堂

はなく、呪術的・儀式的な演目。鏡の間には祭壇を設け、翁面を納めた面箱が祀られ、神酒などが供えられる。出演者は身を清めてから舞台に上がる。特にシテは、別火《べっか》精進《しょうじん》といって、穢れを避けるために、一定期間、炊事の際に家族と別の神聖な火を用いて舞台に望むのが本来とされる。翁の舞の囃子は笛一人に小鼓三人で、諸役の座る場所、扮装も異なるなど、ほかの曲とは一線を画す。

◆『高砂《たかさご》』

初番目物。九州・阿蘇《あそ》の宮の神主が播《はり》磨国《まのくに》（現在の兵庫県）高砂の浦に着くと、老夫婦と出会う。老夫婦は高砂

高砂　シテ　佐野登　宝生能楽堂

と住吉の松は相生《あいおい》の松、つまり一心同体であると語り、自分たちは松の精であると明かして姿を消す。神主が船で住吉へ渡ると、今度は住吉明神が現れ御代を寿《ことほ》ぎ颯爽と舞う。相生の松のごとく仲睦まじい夫婦となるよう祈って、結婚式でも謡われる。新郎新婦の席が高砂席と呼ばれるのはこのためである。

安宅　シテ　佐野由於　石川県立能楽堂

◆『安宅《あたか》』

四番目物。平家滅亡の後、頼朝《よりとも》から追われる身となった義経一行は、山伏姿となり奥州へ逃れようとする。その途中、加賀国《かがのくに》（現在の石川県）安宅の関で関守《せきもり》の富樫《とがし》に怪しまれ、本物の山伏ならば勧進帳を読むよう迫られると、弁慶《べんけい》は持ち合わせた巻物を勧進帳に見立てて朗々と読み上げる。今度は変装した義経が見とがめられると、主君でありながら「お前が義経に似ているせいだ」と言って金剛杖で打ちつけ、その気迫により無事関所を突破する。

勧進帳を読み上げる場面は、シテと囃子方の気迫と技術が高い次元でぶつかり合う聴かせどころとなっている。歌舞伎の『勧進帳』のもととなった。

葵上　シテ　小倉健太郎　ワキ　宝生欣哉　宝生能楽堂

◆『葵上《あおいのうえ》』

四・五番目物。病に伏せってしまった光源氏の正妻・葵上《あおいのうえ》。その原因を探るべく、巫女が梓の弓を使い口寄せをすると、六条御息所《ろくじょうのみやすどころ》の生霊が現れる。葵上への嫉妬の恨みを述べ、

図6 【囃子方】右から笛（藤田貴寛）・小鼓（鵜澤洋太郎）・大鼓（柿原弘和）・太鼓（金春惣右衛門）

枕元に迫り思いをぶつける。葵上の容態がますます悪化したので、横川の小聖《こひじり》を呼んで祈祷をさせると、生霊は鬼女の姿となって現れる。

能の囃子

能の囃子は笛・小鼓・大鼓・太鼓の四拍子で構成される[図6]。演目により太鼓は出ない場合もある。雛人形の五人囃子は能に由来し、四拍子に謡を加えて五人となっている。音色とともに大事なのが掛け声で、これによりほかの囃子や地謡と意思疎通をとっている。

開演前には、囃子方が幕内で「お調べ」をし、これが開演の合図となる。いわばチューニングのようなもので、それぞれの楽器の調整・確認を行う。

• **笛**＝能の笛は能管とも呼ばれる。材質は竹。歌口と呼ばれる息を吹き込む孔《あな》が一つと、七つの指孔がある。唯一の旋律楽器であるが、実際は旋律を吹くわけではない。能管は長さや指孔の位置が一本一本異なるのと、「喉《のど》」と呼ばれる竹管を仕込むことにより音程をわざと狂わせ、その分

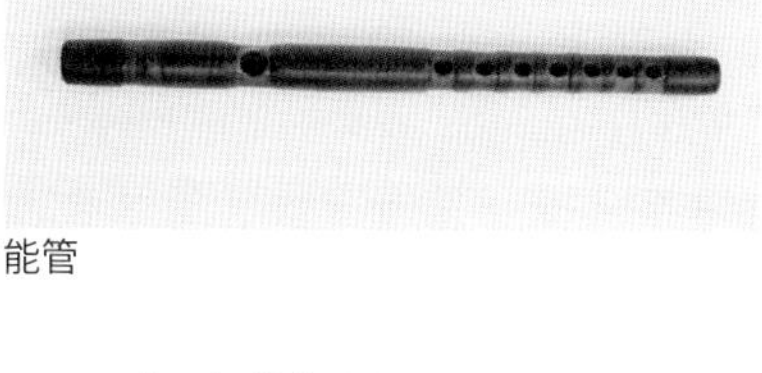

能管

幅広い音が出るようになっている。

- **小鼓**＝小鼓は、胴は桜、革は馬の革の柔らかい部分が使われる。左手で持ち右肩に乗せ、右手で打つ。湿気を好み、柔らかい音が特徴。大鼓と違い革は長く使うほどいい音が出るので、漆《うるし》で装飾がしてある。調べは緩く締めてあり、左手の握り具合と、打つ場所、打ち方により音色を変えることができる。

小鼓

- **大鼓**＝胴は桜、革は馬の革の堅い部分が使われる。左足に乗せ右手で打つ。小鼓と対照的に乾燥を好み、硬質で高い音が特徴。出番の約二時間前に楽屋に入り、革を焙《ほう》じて水分を飛ばす。その革を調べで堅く締めあげるので、音色は限られ、革の消耗も激しい。それゆえ大鼓の革は小鼓のような装飾がない。乾燥させた革は大変硬くなっているので指皮と呼ばれる和紙を固めたものを付けて手を保護する。太鼓がいないときは大鼓が囃子をリードする。

大鼓

- **太鼓**＝胴はケヤキなど、革は牛、革の中央に貼られた撥《ばち》革《かわ》は鹿の革である。台に載せた太鼓を撥で打つ。演目により太鼓が入るもの（太鼓物）と入らないもの（大小物）とある。神・亡霊・鬼など、この世の者ではない人体が登場する演目は太鼓が入ることが多い。一曲のうち、打つ場面は多くないが（後半だけという場合が多い）、打っている間は太鼓が囃子をリードする。

太鼓

能面

（↓52頁「能面の種類」参照）

能は仮面劇である。能楽師は能面のことを「おもて」あるいは「めん」と呼ぶ。能面の多くは檜《ひのき》で作られ、「面打ち」と呼ばれる人々により作られてきた。「翁」で用いられる「白色尉《はくしきじょう》」と「黒色尉《こくしきじょう》」は顎《あご》が切れており、紐で結ばれている。演者が謡うと顎が動く仕組みで、古い形を残している。古くはさまざまな面が作られたが、年月をかけてふさわしい型というものが定まってくると、同じような型の面が作られるようになっていく。桃山時代までに一通りの面が出そろい、それ以降は「写《うつ》し」と言って、それ以前の能面の型を写すことが主となる。

能面をかけるのは原則的に女、老人、あるいは神や鬼、幽霊などこの世の者ではない存在を演じるときである。生きている男の場合などは素顔で演じる。「直面《ひためん》」と呼ばれ、演者は自分の顔がそのまま面であるつもりで演じ、顔で演技してはいけないことになっている。

演者からの一言

能は伝統芸能だから、世阿弥の頃から変わらず同じものをずっと演じてきたに違いない、そう思っている方も多いのではないか。しかし、決してそうではない。**【歴史】**の項で述べた通り、世阿弥の頃はもっと演能時間も短く、式楽となった江戸時代に格式が重んじられて演能時間は長くなったものの、無駄なものが削ぎ落とされ、研ぎ澄まされて今の能になった。むしろ時代に合わせて変わり続けてきたと言ってもいいかもしれない。

しかしながら、それはそれぞれの時代の役者がより良い芸を求めて努力した結果で、本質は変えることなく洗練を重ねてきたのである。能役者だけではなく、将軍や公家、明治の華族、財閥などの実業家が鋭い鑑賞眼を持ち、能を育てたという側面も忘れてはならない。

このように、能は、先人たちの美意識の結晶とも言うべきものであるが、高尚で堅苦しいもの、難しいものと思って敬遠する人が多いのは残念である。確かに、能は一度見て簡単に理解できるものではないかもしれない。日本人は、つい何を言っているか聞き取ることに意識がいきがちだけれども、まずは能の世界に身を委ねることをお勧めしたい。神社仏閣を尋ねたときや、美術館で名画を鑑賞するとき、クラシックの演奏を聴くとき、そんな感覚で初めは見ていただくのがいいのではないかと思う。

明治以降、モースやフェノロサ、イェーツ、クローデル、アインシュタインなどたくさんの外国人が能に感銘を受けている。能の虜になるのに、謡を聞き取れるかどうかは関係ない。能の世界観、様式美、動く彫刻とも言われる研ぎ澄まされた所作や身体表現、演能中の緊張感、演者の気迫や静寂に響く囃子の音色に感動を覚えたのである。睡魔が襲ったときには周囲に迷惑をかけなければ寝ても構わない。そんな気持ちで、まずは能楽堂に足を運んでいただけたら幸いである。

参考文献
・『新版 能・狂言事典』（平凡社、二〇一一年）
・岩波講座『能・狂言』（岩波書店、一九八七年）

写真提供
・宝生会、金沢能楽会、東京能楽囃子科協議会
撮影
・吉越研、酒井博史

能面の種類

写真提供：宝生会

白色尉（はくしきじょう）

翁専用面。顎が切れて紐で結ばれ、目は白目の部分まですべてくり抜かれている。

古尉（こじょう）

気品のある老人の面。神が仮に老人の姿で現れる際に用いられる。

中将（ちゅうじょう）

貴公子や平家の公達の霊に用いられる。在原業平がモデルとされる。

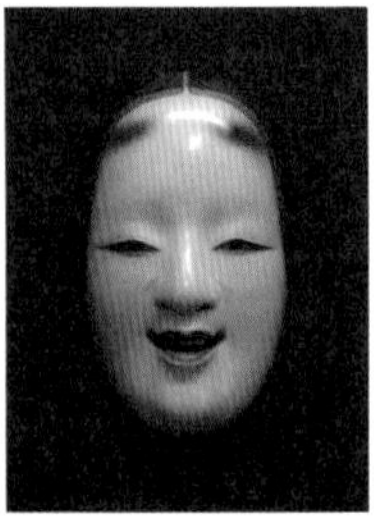

小面（こおもて）

うら若い女性の面。宝生流ではツレに多く用いられる。

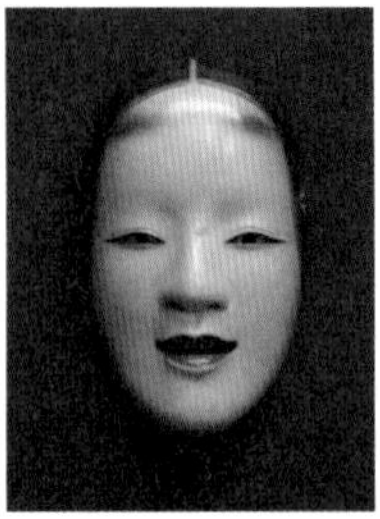

節木増（ふしきぞう）

妙齢の女性の面。宝生流の名物面で、多くのシテに用いられる。増阿弥が作った増と呼ばれる面の一種で、鼻の付け根に節があることからこの名がある。

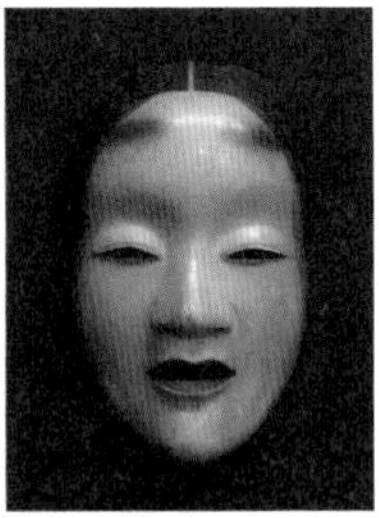

曲見（しゃくみ）

中年の女性の面。子を失い狂乱となった母親などに用いられる。

般若（はんにゃ）

嫉妬により鬼となった女性や、安達ケ原の鬼女などに用いられる。

大飛出（おおとびで）

蔵王権現など荒々しい神に用いられる。

大癋見（おおべしみ）

天狗に用いられる。口をへの字に結んでいるので声が通りにくい。

Column

世阿弥の能楽論と「花」

文●亀井広忠（葛野流大鼓方十五世家元）

室町時代前期の能役者、世阿弥《ぜあみ》は、父の観阿弥《かんあみ》の跡を継いで能を大成しました。すぐれた曲を残した世阿弥は、多くの能楽論を残したことでも知られます。世界初の演劇のテキストブックというべきもので、著名な『風姿花伝《ふうしかでん》』をはじめ、『花習内抜書《かしゅうのうちぬき》』『花鏡《かきょう》』『拾玉得花《しゅうぎょくとっか》』『至花《しか》道《どう》』『却来華《きゃくらいか》』などがあります。これらに共通する「花」は、四季の移ろいを大事にする日本において、自然の美しさを象徴するものといえます。能楽の芸の魅力を「花」にたとえて説明した世阿弥の能楽論には、他の道にも通じる含蓄のある言葉が残されています。ここではそのいくつかを紹介しましょう。

「初心忘るべからず」（『風姿花伝』）

現在もよく使われる言葉ですが、「初めての頃の気持ちを忘れないように」ということではなく、「その時々の初心を大事にしなさい」という意味になります。体の中に培ってきたこれまでの経験を生かし、毎回、新鮮な気持ちで稽古や演技に向き合いなさい、という教えです。それまでに蓄積したデータをリセットせず、毎回アップデートさせ、リスタートさせることが大事であり、常に新鮮な気持ちをもつ必要があります。

「時分花《じぶんのはな》」「まことの花」（『風姿花伝』）

これは、二つの言葉をセットで考えるとわかりやすいです。「時分の花」は見た目が華やかで美しい、新鮮な魅力をもった役者のことです。でも本当の魅力をもった「まことの花」ではない。「まことの花」を目指して、自分自身精進しなさい、ということです。

「秘《ひ》スル（が）花」（『風姿花伝』）

演技方法論というべき言葉です。「秘スル」は大事にしまっておくということ。演者の手の内を、簡単に相手に見せてはいけない、という考えです。それは現在でも同じです。例えば新しい作品の上演前にはメディア向けのプレスリリースが行われますが、その場で演じ方を明かすことはしません。隠しておいた大事な技術をお客さまの前で披露する、それが舞台で演技するということなのです。

「離見《りけん》の見《けん》」（『至花道』・『花鏡』）

自分自身のことを客観的に見つめなさい、ということを述べた言葉ですが、『至花道』と『花鏡』では世阿弥の境地が異なっているようです。『至花道』では、常に自分がどう見られているかを意識して演技、演奏しなさい、演技する自分を客観視して演じなさい、という論でした。それが『花鏡』ではもう少し突っ込んだ内容になります。その場で客観視するだけでなく、明日、もしくは一年後、十年後、百年後――にも続くあとあとの感動を意識した上で演技しなさい、というように時間軸の意識がプラスされた、より深い意味合いへと変化しています。

「万能綰一心事《まんのうをいっしんにつなぐこと》」（『花鏡』）

すべての技術を一つの心でつなぎなさい、という言葉です。世阿弥はこの論の中で「せぬ隙《ひま》は何とて面白きぞと見る所」と述べています。隙は、動作などの合間を指します。何もしない隙、つまり言葉と言葉の間、音楽と音楽の間、演技と演技の間――その間こそ心でつないでいきなさい。そうしないと一つ一つの技術や言葉が単発のものになってしまう、そのためには自分の内面を充実させることが必要になります。

「一調《いっちょう》二《に》機《き》三声《さんせい》」『花鏡』

『花鏡』の最初に挙げられる、発声方法に関する秘伝。「調」、「機」とは、一つの「調（子）」、すなわち声や動きを生み出すために「機（機会）」をうかがう、すなわちタイミングのこと。実際に声を出し演技をする前に、タイミングをはかってから声を出せ、ということです。こうした考えは、スポーツにも通じることではないでしょうか。

世阿弥の能楽論

- **『風姿花伝』** 応永七～九年（一四〇〇～〇二）頃の成立。父、観阿弥の教えをもとに、能楽に関する修業や演出の心得などについて述べた能楽論書。俗称「花伝書」。
- **『至花道』** 応永二十七年（一四二〇）成立の能楽論書。能の本質、構造を説く。
- **『花鏡』** 応永三十一年（一四二四）成立の能楽論書。世阿弥の長男、観世元雅《かんぜもとまさ》に相伝したもので、世阿弥自身の四〇～六〇歳前後までの体験を題目六か条、事書《ことがき》十二か条の秘伝として記す。

以上、世阿弥の能楽論の中から、重要な言葉を抜き出して紹介しました。舞台をつくり上げるための心得は、今なお生き続けています。

能は音楽性の高い芸能だといわれま

す。音楽のリズムというのは国によって異なりますが（たとえば、スペインは六拍子、韓国は三拍子が主です）、日本のリズムは、四拍子や八拍子です。これは、日本の和歌のような七五調の言葉をあてはめるのに適しているのです。能の詞章も七五の十二文字を一文とするのが基本で、それを八拍子にあてはめて謡います。そのリズムを生みだすのは楽器だけではなく、鼓を打つ際に「ヤァー」「ハァー」などの声を掛けますが、それも音楽の一部となります。

　能は六百五十年におよぶ長い間、継承されてきました。日本は過去の歴史や文化を崩したり、壊したりしてこなかったといえます。古くは『古事記《こじき》』にも記載がある天岩戸《あまのいわと》の故事から、現代のアイドルグループまで、時代を超えた芸能同士が喧嘩することなく共存している、これは特筆すべき日本文化の特徴です。世阿弥は「幽玄《ゆうげん》」という言葉を用いました。「美しく柔和なありさま、非日常の美しさ」を指す言葉ですが、その実体がないようなものをとらえる感受性を磨くことが、日本の伝統を深く理解することなのではないでしょうか。自国の文化を意識し、自分の口から語ることができる、それが真の国際人といえるのだと思います。

撮影：前島吉裕

狂言

文●藤澤　茜

◆世界的に珍しい、滑稽さを基調とした喜劇
◆中世庶民の日常を描き出したセリフ劇として発展
◆主人公は太郎冠者《たろうかじゃ》——親しみやすいキャラクター

歴史 （↓「能」歴史も参照）

能と同じく猿楽をルーツとする狂言は、猿楽の滑稽芸《こっけいげい》としての性格を強く受け継いで、「笑い」を基本としたセリフ劇として発展した。

芸の原形ができた当初、狂言は「をかし」と呼ばれていた。狂言劇の最古の記録は、建武元年（一三三四）四月、丹後《たんご》（現在の京都府）国分寺金堂供養試楽《こくぶんじこんどうくようしがく》（舞楽の予行演習）の際に行われた僧侶が演じる延年《えんねん》（法会《ほうえ》の後で行われた遊興の芸能）におけるものとされる。

世阿弥《ぜあみ》の能楽論『習道書《しゅうどうしょ》』『中楽談義《さるがくだんぎ》』（永享二年〔一四三〇〕）には、狂言の役者が猿楽座《さるがくざ》（猿楽の興行の独占権を与えられた集団）の一員として活動していたこと、能と狂言が交互に演じられていたこと、能におけるアイ（間《あい》狂言）が存在していたこと、『翁《おきな》』で狂言師が三番叟《さんばそう》を担当したことなどが記されており、現在の狂言師の役割の基本が、この時期に形成されていたことがうかがえる。

一四〇〇年代後半には、現行の曲と共通の演目があったことが確認されるが、この頃の狂言はまだ即興劇としての要素も強く持っていた。十六世紀後半の『天正《てんしょう》狂言本』（天正六年〔一五七八〕の日付がある。現存最古の台本）でも百曲の簡単なあらすじが記されるが、所作やせりふは流動的であったと思われる。江戸時代には能とともに武家の式楽《しきがく》（儀式に用いる音楽や舞踊を指す）とされ、幕府のお抱えとして大蔵《おおくら》流と鷺《さぎ》流（大正期に廃絶）、尾張《おわり》徳川家に仕えた和泉《いずみ》流が活躍をおさめた。

「狂言」という言葉

中国から伝わったとされる「狂言」という言葉には多様な意味がある。もとは「常軌を逸した言葉」とい

う意味であったが、唐代の詩文集である『白氏文集《はくしもんじゅう》』に見える「狂言《きょうげん》綺《き》語《ご》（きょうげんきぎょとも。道理に合わない言葉やむやみに飾り立てた言葉。仏教、儒教の立場から、小説や物語の類についていう）」という言葉が伝わると、「戯《たわむ》れ事」といった意味も付加された。次第に滑稽という要素も持つようになり、特定の芸能のジャンルを指す言葉としても定着した。また江戸時代には「曽我《そが》狂言」「狂言作者」など、歌舞伎の演目や脚本を指す言葉としても用いられるようになった。

特色

❶コメディ・せりふ劇としての要素

狂言の大きな特徴は、世界的にも珍しく「喜劇」として一つのジャンルを形成しているということである。能と狂言を合わせて「能楽」と称するように、両者は密接に関わり発展してきたが、音楽性、舞踊性に富み、悲劇としての要素を持つ能に対し、滑稽な物まねからせりふ劇へと発展した狂言は、喜劇として多くの作品を生み出した。

能と同じく能舞台を使用し、舞台装置を用いない狂言では、明瞭なせりふ回しや無駄を省き大きく誇張された動作など、観客に何をしているのか明確に伝わるよう演じることが求められる。例えば、水に投げ込んだ石が立てる音を「ドンブリ」、その石が深く沈むときには「ズブズブズブ」など、狂言師が擬音語を発しながら演技をするのも特徴の一つである。

狂言では「今日は」を「こんにった」と発音するなど特有の表現があるが、基本的に室町時代に実際に使われていた話し言葉であり、そのせりふ回しは江戸時代の歌舞伎にも影響を与えている。

❷上演形式の特徴——能と関わって発展

狂言の興行の形式は、独立して演じられる本狂言と、能の曲中に演じられる間狂言に大別される。先述のように、世阿弥の頃にはすでにこの形式での上演が確認できる。

- **「間《あい》狂言」**＝能の一曲の中で、主にシテの中入り（装束や面を替えるためいったん幕に入ること）に登場し、物語の主題を語るナレーターの役割を果たすことが多い。狂言方が受け持つ役は、「アイ」と称する。
- **「本《ほん》狂言」**＝狂言固有のストーリー性をもつ演劇。能と同じように「シテ」とよばれる主役と、「アド」とよばれる脇役によって演じられる。一般的に「狂言」といわれるのは、この本狂言を指す。

❸太郎冠者《たろうかじゃ》、次郎冠者《じろうかじゃ》——親しみやすいキャラクター

能の主人公には合戦で敗れた武将などが多いのに対し、

狂言では現実を生きる庶民を主人公とした作品が多く、中でも大名に仕える第一の家来、太郎冠者（二人以上が登場する演目では次郎冠者、三郎冠者がいる場合もある）がシテとなる作品は注目され、親しみやすいキャラクターや、主人（大名など）をだまそうとして失敗する様子などが笑いを誘う。

狂言の登場人物は、役柄の類型に従って装束が決まっている。大名や主は刀を差し長袴、又は半袴を穿《は》き、太郎冠者は帯刀しないなど、扮装を見るだけで身分や職業・性別・状況などがわかるようになっている。女性の役の場合は面を付けず、ビナン（美男鬘《びなんかずら》。長い白い布を頭に巻き左右に垂らして帯にはさむ被り物）をつけるのも、狂言の特徴である。

❹演目にみるさまざまな分類

狂言には多様な演目の種類があるが、能とは異なり、主人公が生身の人間である場合が多い。また、特別な演目として能楽の儀式芸で演じる『翁』が挙げられ、能のシテ方が翁（白色尉《はくしきじょう》）を舞い、狂言方が三番叟（黒色尉《こくしきじょう》）を舞う決まりがある。

狂言の演目（『能楽大事典』参照）

- **脇狂言**　＝能の脇能に続いて演じられる、めでたい曲。
- **神物**（神がシテとなる曲。『夷毘沙門《えびすびしゃもん》』『福《ふく》の神《かみ》』など）。**果報者物《かほうもの》**（大資産家がシテとなる曲。『末広《すえひろ》かり』[図1] など）。**百姓物**（お百姓がシテとなる曲。『筑紫奥《つくしのおく》』『佐渡狐《さどぎつね》』など）
- **大名狂言**＝大名がシテとなる曲（『靭猿《うつぼざる》』『萩大名《はぎだいみょう》』『粟《あわ》田口《たぐち》』など）。
- **太郎冠者狂言**（大蔵流では「小名《しょうみょう》狂言」）＝太郎冠者、もしくは主人がシテとなる曲（『棒縛《ぼうしばり》』『附子《ぶす》』『富士松』など）。
- **聟《むこ》狂言**　＝聟がシテとなる曲（『二人袴《ふたりばかま》』『舟渡聟《ふなわたしむこ》』など）。
- **女狂言**　＝女が活躍する曲（『千切木《ちぎりき》』『花子《はなご》』など）。
- **鬼狂言**　＝鬼がシテとなる曲（『神鳴《かみなり》』〔和泉流では『雷』〕『節分』など）。
- **山伏《やまぶし》狂言**＝山伏が出る曲（『柿山伏《かきやまぶし》』『蝸牛《かぎゅう》』など）。
- **出家《しゅっけ》狂言**＝出家がシテの曲（『泣尼《なきあま》』『薩摩守《さつまのかみ》』など）。
- **座頭《ざとう》狂言**＝盲人がシテとなる曲（『川上《かわかみ》』『月見座頭』など）。
- **雑狂言**　＝分類しにくい曲、集《あつめ》狂言とも。スッパ物（詐欺師がシテとなる曲。『磁石《じしゃく》』など）、盗人物（『瓜盗《うりぬす》人《びと》』など）、酔狂人物（『悪太郎《あくたろう》』など）、親族物（『伊《い》呂《ろ》波《は》』など）、獣類物（『釣狐《つりぎつね》』[図2] など）など。
- **舞狂言**　＝夢幻能の構成に準じた曲（『通円《つうえん》』など）。
- **替間《かえあい》狂言**＝能の替間（間狂言を特別な趣向で演じる）を独立させた曲（『鉢叩《はちたたき》』など）。

❺狂言面を使う演目がある

基本的に狂言は、女性を演じる際にも面をつけず「直《ひた》面《めん》」で演じるが、能と同様に神や鬼などの超越した存在や動物、また人間でも極度の老爺や醜女、尼など通常とは異なる特徴を強調したい役の場合には面をかける。

- **神仏面**＝夷・大黒・毘沙門・福の神など
- **人間面**＝祖父《おやじ》・乙御前《おとごぜ》・尼など
- **亡霊面**＝舞狂言に用いる。楽阿弥《らくあみ》など
- **鬼類面**＝鬼・武悪《ぶあく》・神鳴《なるかみ》など
- **動植物面**＝猿・鳶《とび》・犬・狸・狐（『釣狐』［図2］）など

（右）図1　月岡耕漁《つきおかこうぎょ》画「狂言図絵　末廣カリ」明治三十二（一八九九）年
（左）図2　月岡耕漁画「狂言図絵　釣狐」明治三十二（一八九九）年

❻狂言の流派と演目

室町時代の大和《やまと》猿楽の狂言方より大蔵流が誕生し、江戸時代に鷺流、和泉流を加えた三大流派が確立された。

- **大蔵流**＝最も古い流派で、十一世大蔵弥右衛門《やえもん》は、織田信長から「虎」の字を拝領して「虎政《とらまさ》」と名乗った。この頃より大蔵流の芸が確立していく。江戸幕府のお抱えとして隆盛。
  現在、大蔵家（宗家）・山本家・茂山《しげやま》家（茂山千五郎家・茂山忠三郎家）・善竹《ぜんちく》家の四家がある。
- **鷺流**＝江戸幕府のお抱え。シテ方の観世座つきとして活躍。大正期に廃絶。
- **和泉流**＝慶長（一五九六～一六一五）の頃に山脇和泉守元宣《もとよし》が尾張徳川家に仕えて流派を確立。尾張、京都、加賀地方で勢力をふるう。現在、野村又三郎家・三宅藤九郎家・野村万蔵家がある。

現在大蔵流、和泉流あわせて約二六〇番の演目がある。『棒縛』（**【演目紹介】**参照）のように、同じ演目で流派によって異なる部分もある。

演目紹介

◆『萩大名』

大名狂言。上洛中の遠国《おんごく》の大名（シテ）が知人の庭の萩

見物に行く。太郎冠者はその庭で詠む和歌として「七重八《ななえや》重《え》九重《ここのえ》とここそ思ひしに十重《とえ》咲き出づる萩の花かな」を教えるが、覚えられない大名のため、扇の骨の数で「七重八重」などを示し、「萩の花」は自分の脛脛《すねはぎ》（足のすね）を見せることを合図と決めておく。大名は「七本八本」などと間違え、太郎冠者が逃げ出してしまうと下の句を思い出せず「太郎冠者が向《むこ》う脛」と言って追い出される。無風流な人物と失敗による笑いを題材とした、狂言らしい作品。

●『佐渡狐』

百姓狂言。京にいる領主のもとへ年貢《ねんぐ》を持って上洛する越後《えちご》の百姓と佐渡《さど》の百姓（シテ）が道連れになり、佐渡に狐がいる、いないで口論となる。互いの刀を賭《か》けて、都の奏者《そうしゃ》（取次役）にその真偽の判定をゆだねる。本当は狐がいないのに、いると主張した佐渡の百姓は、奏者に賄賂《わいろ》を渡して狐の姿の特徴を教えてもらい、何とか判定に勝つ。最後に狐の鳴き声を聞かれて答えられず、賭けに勝って得た刀を取り返されてしまう。

●『棒縛』

太郎冠者狂言。留守中に家来が酒を飲んでしまうことに気づき、一計をめぐらせた主人は、太郎冠者（シテ）を後ろ手に縛り、次郎冠者の両手を棒に括《くく》り付けて外出する。二人はそれでも酒蔵に行き、盃を持ちお互いに酒を飲ませ合う。帰宅した主人は酔っぱらって踊る二人に驚き、太郎冠者を追い詰めるが、両腕に縛り付けられた棒を巧みに使う次郎冠者に追われることになる。以上は大蔵流のあらすじで、和泉流では太郎冠者と次郎冠者が入れ替わる設定となる。

●『柿山伏』

山伏狂言。修行帰りの山伏（シテ）が空腹から道端の柿の木に登り、その実を食べ始める。見回りにきた柿の木の主は、木の陰に隠れた山伏をこらしめるため、柿の実を食べるのは烏《からす》か、犬か、猿かというと、山伏はそれぞれの鳴きまねをしてやり過ごそうとする。最後に主が「あれは鳶だ、鳶なら飛ぶだろう」というと、山伏はトビの鳴き真似をして柿の木から飛び降り、腰をしたたかに打つ。その後の結末は、台本や流派により異なる。

参考文献

・『新編　能狂言辞典』（平凡社、二〇一一年）
・『能楽大事典』（筑摩書房、二〇一二年）
・茂山千五郎監修『狂言のデザイン図典』（東方出版、二〇〇五年）
・服部幸雄監修『日本の伝統芸能講座　舞踊・演劇』（淡交社、二〇〇九年）
・三浦裕子『学校で教えない教科書　面白いほどよくわかる能・狂言』（日本文芸社、二〇一〇年）
・田口和夫編『カラー百科　写真と古図で見る　狂言七十番』（勉誠出版、二〇一四年）
・諏訪春雄『能・狂言の誕生』（笠間書院、二〇一七年）

Column

古典ではない、最も新しい演劇

文●石田幸雄（和泉流狂言師）

狂言と能は性格が相当違う兄弟

私が所属する和泉流《いずみりゅう》には二百五十四の曲があり、その他、能の中に百を超える役（間狂言）があります。

能と狂言は、能舞台で上演される点、発声や動き方などの基本は全く同じですが、大きく違うのは「悲劇的」と「喜劇的」という点です。

撮影：吉越研

たとえば狂言には、カラスとスズメが親子という逸話が登場する『竹生島参《ちくぶしままいり》』という演目があります。スズメが「チチ（父）」と鳴くとカラスが「コカ、コカ（子か、子か）」と確認するのだと、こういうことを堂々と演じるのが狂言です。

また狂言では演者自身が音響係になることも多く、扇をのこぎり代わりにして垣根を切る際は「ズカズカ、メリメリ」と擬音語を口にしながら動きます。能も狂言も、基本的には舞台上には何もありませんので、観客が各自で好きにその場を想像することができます。舞台上で伝えたいことが十あるとすると、能は四～五、狂言は六～七しか表現しません。残りの部分を観客が想像してはじめて、よい舞台が成立するのです。これは能狂言で一番大事なことなのです。

動きの基本は、摺《す》り足と肘《ひじ》を張るということ。余計なことは一切せず、伝えたいもの以外の情報を入れずに動作を行います。女性役を演じる際も、能のように面をかけません。ターバンのような「ビナン」というものをつけ（あごの輪郭が隠れるので多少柔らかく見えます）、やや高めの声で柔らかく発声するだけで、むしろ内面の充実を大事にします。

狂言はカメラワーク

人物の登場を例にとると、狂言で舞台をどのように使っているかがわかります。橋掛《はしが》かりから本舞台へ進むことで役者がクローズアップされ、一歩後ずさり「このあたりの者でござる」と自己紹介します。一度前に出てから引くことで、観客に興味を持ってもらう効果が生まれます。

また要所、要所で舞台を一回りして、場面が変わったことを表します。

太郎《たろう》冠者《かじゃ》物《もの》の場合、最後は主人が太郎冠者を追いかけて「やるまいぞ、やるまいぞ」と言いながら橋掛かりを退場することが多いのですが、幕に入った後で、この二人はシェイクハンドしているのでは？ と言った海外の劇評家がいました。言いえて妙なことで、主人と太郎冠者が日常的に同じことを繰り返しているように感じます。

猿に始まり狐に終わる

狂言には、修行の段階に応じて取り組むさまざまな演目があります。『那須与《なすのよ》一《いち》』という、狂言修業の過程では大学入試にもたとえられる演目では、発声や動き（型）の基本をマスターします。舞歌の集大成である『三番叟《さんばそう》』で、狂言の基礎となる動きや呼吸を会得します。

和泉流では、狂言の初舞台は『靭猿《うつぼざる》』という演目の猿を演じる場合が多く（大《おお》蔵《くら》流では『痺《しびり》』『以呂波《いろは》』など）、三才から習い始めます。猿の役はたえず動いていることが求められます。親が稽古するととかく厳しくなりすぎるので、祖父が教えることが多いですね。

狂言の大曲といえば、『那須与一』『三番叟』『釣狐《つりぎつね》』『花子《はなご》』などがあります。

『釣狐』は芸の集大成といわれる演目。野村家では、「猿に始まり狐に終わる」という言葉があるくらい重要な作品で、大学の卒業論文にあたります。

狐を演じる際に、足を一切上げるな、肘を張るな、など、狂言の基本といわれていた動作をすべて封じられることにより、いわば一度リフレッシュされるストイックな役です。

『花子』は恋愛の美しさ、切なさが、情緒あふれる謡と所作によって描き出される大曲です。狂言にはさまざまな演目がありますが、人物設定は明確で、物語に入り込みやすいのです。

劇場とスクリーンの違い

生の舞台は観客と共に一つのものを創り上げます。楽しんでいる観客が多ければ、演者との相乗効果により、結果として密度の濃い舞台になります。しかし映像で鑑賞する場合には、舞台全体だけでなくクローズアップが入るなど、カメラワークによる編集がなされ、撮影する側の視点で観ることになってしまいます。

日本の伝統文化は、たとえば茶道でも華道でも、習う人がいないと成り立ちません。伝統芸能も同じで、観てくださる方がいるからこそ続いていきます。芸能の継承と普及、そしてさまざまな新しい試みに挑むことを三本の柱にして、私たちは日々狂言と向き合っています。狂言は、小さな出来事を丁寧に表現することで、人間が持つ内面の大きな喜びを感じることができる芸能だと思います。ぜひ、生の舞台を鑑賞できる能楽堂へ足を運んでみてください。

第三章　文楽《ぶんらく》

文楽

文●森谷裕美子（学習院大学非常勤講師）

◆大坂で生まれ、はぐくまれた芸能
◆「太夫《たゆう》」「三味線」「人形遣《づか》い」の三業《さんぎょう》で成り立つ舞台
◆世襲制度ではなく、師匠と弟子

歴史

文楽は、義太夫節《ぎだゆうぶし》に合わせて人形を操る、人形浄瑠璃《じょうるり》といわれる芸能である。興行師の植村文楽軒《うえむらぶんらくけん》にちなみ、現在、公演を行うときには文楽、あるいは人形浄瑠璃文楽と称されている。

◆義太夫節について

義太夫節は、竹本義太夫《たけもとぎだゆう》が創始した語り物（口承《こうしょう》文芸の中、物語に節を付けて語る物）で、浄瑠璃の一つの流派である。浄瑠璃というのは三味線を伴う音曲のことで、義太夫節のほかに清元《きよもと》、常磐津《ときわず》、豊後節《ぶんごぶし》などがある。ただ長唄《ながうた》などは唄物と言われ、浄瑠璃には含まれない。狭義では、ことに大阪では、浄瑠璃といえば義太夫節を指す場合が多い。

◆義太夫節の誕生

竹本義太夫が大坂の道頓堀《どうとんぼり》［図1］で竹本座を創始した

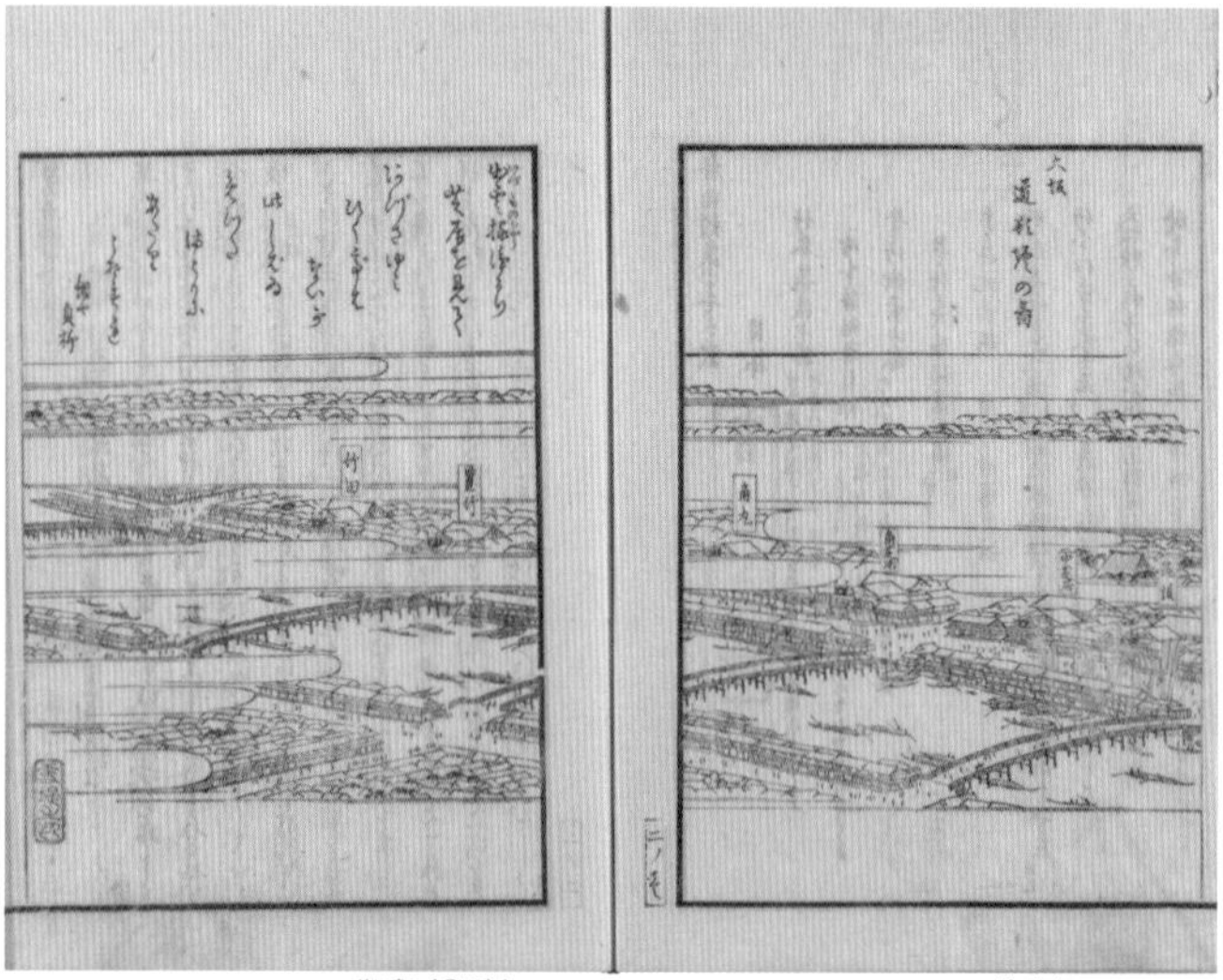

図１【大坂道頓堀】『声曲類纂《せいきょくるいさん》』弘化４年（1847）刊。斎藤月岑《げっしん》著　国立国会図書館蔵　人形浄瑠璃の歴史や事跡をまとめた書。いろいろな資料を用い、原資料を月岑が写した挿絵も多数収録されている。上は「大坂　道頓堀の図」。芝居小屋が建ち並んでいた。

のは貞享元年（一六八四）のことである。義太夫節は、大坂で生まれ、はぐくまれた。ただ、それより以前から、いわゆる人形浄瑠璃は上方でも江戸においても上演されていた。浄瑠璃という言葉の由来は、『浄瑠璃御前物語《じょうるりごぜんものがたり》』（『浄瑠璃姫物語』『十二段草子《じゅうにだんそうし》』などとも）からと言われる。これは三河国《みかわのくに》（現在の愛知県）矢作《やはぎ》の長者の娘、浄瑠璃御前《ごぜん》（浄瑠璃姫）と牛若丸（源義経《みなもとのよしつね》）との悲恋の物語である。浄瑠璃が語られた早い例は、文明七年（一四七五）の文書の裏側に見い出すことができ、中世から続く芸能であることがうかがわれる。

その後、京都、江戸、大坂を中心にさまざまな地で浄瑠璃は語り継がれ、そうした歴史の基盤の上に竹本義太夫による義太夫節が誕生した。

◆人形浄瑠璃から文楽へ

竹本義太夫が竹本座を旗揚げした時に語った作品は『世《よ》継曽我《つぎそが》』で、作者は近松門左衛門《ちかまつもんざえもん》である。ただ『世継曽我』は、もともと義太夫の先輩にあたる太夫のために書かれた旧作で、貞享二年（一六八五）上演の『出世景清《しゅっせかげきよ》』が、近松が義太夫のために新しい作品を提供した最初といわれる。近松門左衛門は竹本筑後掾《ちくごのじょう》（義太夫は受領《じゅりょう》〔皇族などから名誉称号を与えられること〕して筑後掾と改名）とともに元禄十六年（一七〇三）に『曽根崎心中《そねざきしんじゅう》』［図2］を世に送り出した作者

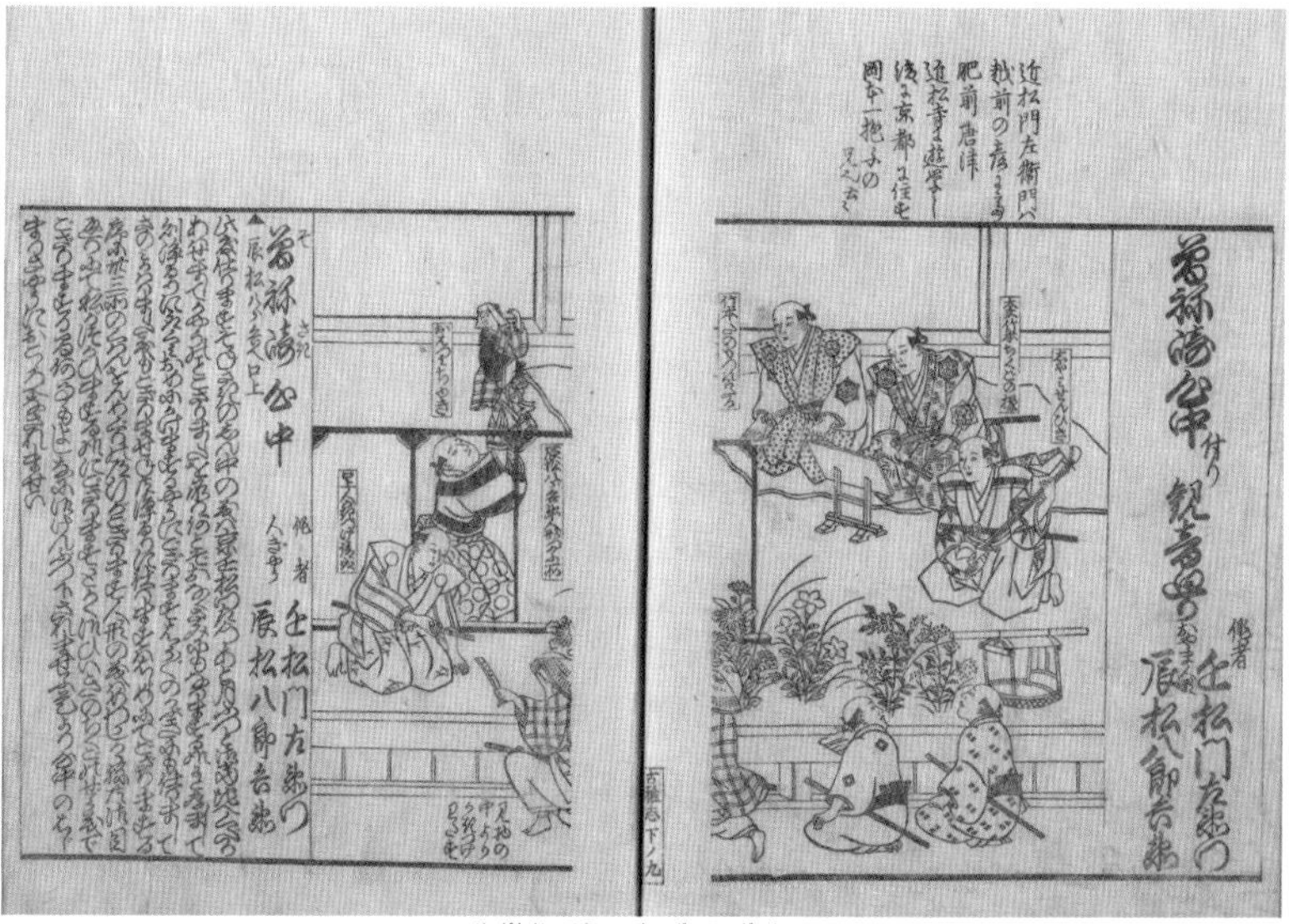

図２【『曽根崎心中』のお初】瀬川如皐《せがわじょこう》『牟芸古雅志《むぎこがし》』所収。国立劇場蔵　近松門左衛門作『曽根崎心中』の上演の様子。お初の人形を一人で遣う辰松八郎兵衛は女方の人形遣いの名手として知られた。

として名高い。竹本座は宝永二年（一七〇五）に竹田出雲《たけだいずも》が座本（興行の責任者）となり、座付作者に近松門左衛門を迎え、新しい体制を整える。筑後掾は正徳四年（一七一四）に没した。近松は、その後も三年越し十七カ月ものロングランを続けた『国性爺合戦《こくせんやかっせん》』や『心中天の網島《しんじゅうてんのあみじま》』等の傑作を残し、享保九年（一七二四）に世を去る。

宝永期（一七〇四〜一七一一）頃には、義太夫の門弟の若《わか》太夫《たゆう》が豊竹座を旗揚げし、座付作者として紀海音《きのかいおん》が活躍した。竹本座と豊竹座は、この後、競合して、竹本座の西風、豊竹座の東風の言われるように、おのおのの座の風を確立してゆく。

享保の末頃からは、それまで一体の人形を一人で操る一人遣いであった人形が、一体の人形を三人で操る三人遣いへと移行していく。享保十九年（一七三四）上演の『蘆屋《あしや》道満大内鑑《どうまんおおうちかがみ》』から三人遣いは始まったといわれるが、一人遣いから三人遣いへの移り変わりは、おそらく徐々に進んでいったと考えられ、一人遣いの見せ場も明和期頃（一七六四〜一七七二）までは残っていたようである。

近松没後は、一つの作品を数人の作者で分担して執筆し作りあげる、合作が主流となる。そして、延享三年（一七四六）に『菅原伝授手習鑑《すがわらでんじゅてならいかがみ》』、延享四年『義経千本桜《よしつねせんぼんざくら》』、寛延元年（一七四八）『仮名手本忠臣蔵《かなでほんちゅうしんぐら》』といった、今日においても人気の高い名作を次々と生み出した。

しかしその後は、宝暦七年（一七五七）『祇園祭礼信仰《ぎおんさいれいしんこう》記《き》』のように、三年越しの上演を続けたと言われる作品はあったものの、衰退して明和二年（一七六五）には豊竹座が、明和五年には竹本座が、人形浄瑠璃の座として存続できない状態となった。ただ、そのような状況下においても、近松半二《ちかまつはんじ》や菅専助《すがせんすけ》らの作者により明和四年（一七六七）『染模様妹背門松《そめもよういもせのかどまつ》』（菅専助ら作）、明和八年（一七七一）『妹《いも》背山婦女庭訓《せやまおんなていきん》』（近松半二ら作）［図3］、安永二年（一七七三）『摂州合邦辻《せっしゅうがっぽうがつじ》』（菅専助ら作）等の傑作が作り出されている。天明期（一七八一〜一七八九）以降は、新しい作品が上演されることは少なくなったが、天明三年（一七八三）『伊賀越《いがごえ》道中双六《どうちゅうすごろく》』（近松半二ら作）、寛政十一年（一七九九）『絵本《えほん》太功記《たいこうき》』等の現在でもよく上演される作品が作られている。

寛政期（一七八九〜一八〇一）頃、初代植村文楽軒が淡路《あわじ》から大坂へ出てきて、浄瑠璃の稽古場を開く。文化二年（一八〇五）には、人形浄瑠璃の劇場を設けた。文楽軒は代を重ね、六代ほど続いたとされる。劇場の場所を変えながら明治期まで人形浄瑠璃の興行を続けた。たとえば明治五年（一八七二）、遊廓のあった大阪の松島に文楽座が作られたが、明治十七年（一八八四）に船場《せんば》の御霊《ごりょう》神社境内に移った。これが御霊文楽座である。

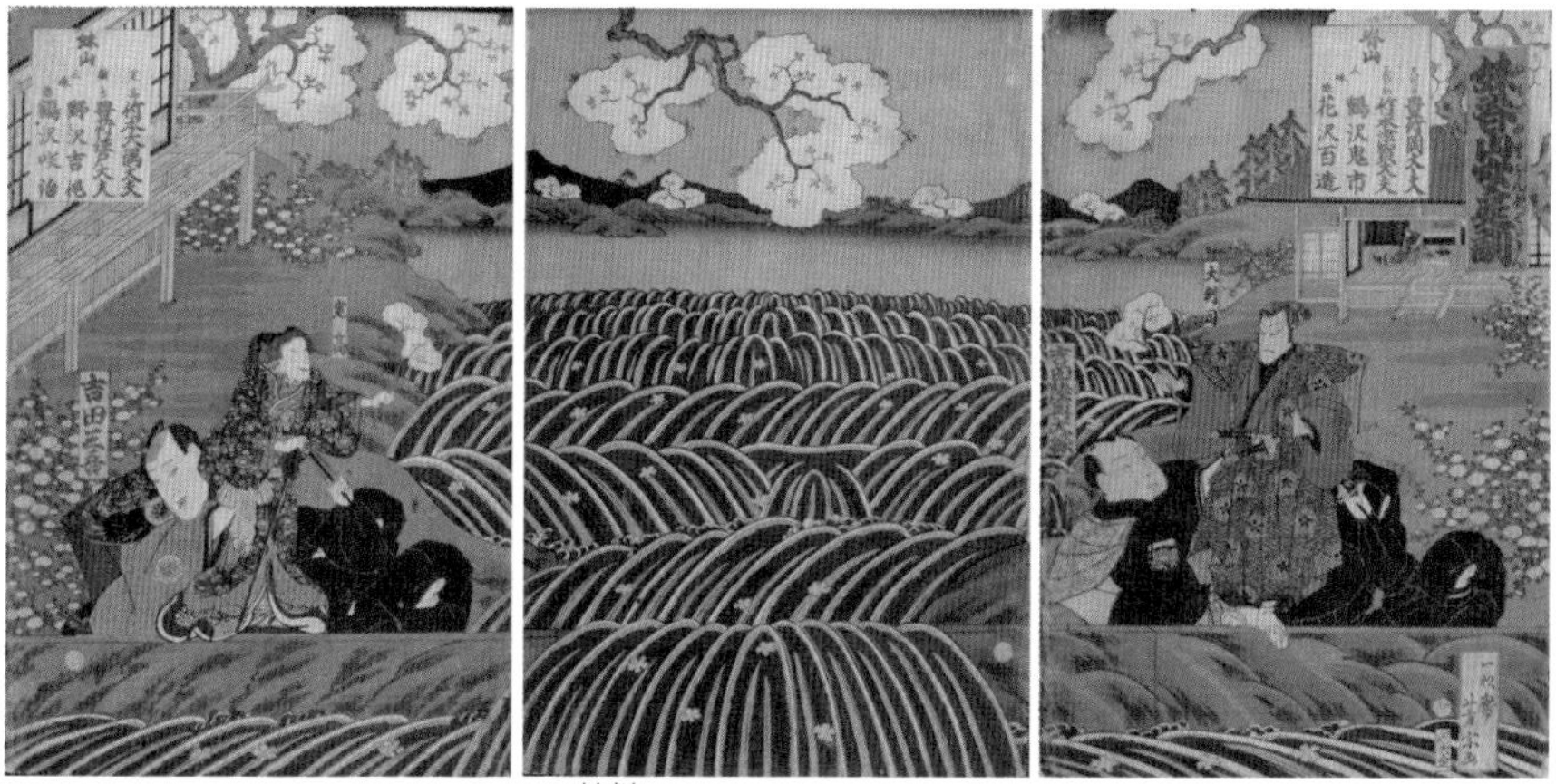

図3　【江戸時代の人形浄瑠璃】歌川芳宗《よしむね》画「妹背山婦女庭訓」（山の段）　慶応2年（1866）　国立劇場蔵　幕末の上演。三人遣いの様子がよくわかる。

明治四十二年（一九〇九）年、植村家は、松竹《しょうちく》合名会社に文楽座を譲渡する。明治期には彦六《ひころく》座など、文楽座以外の劇場もあったが、大正期（一九一二〜一九二六）に至り、ほかの人形芝居の劇場が絶えてしまったために、文楽の劇場が人形浄瑠璃を代表する座となり、大正期以後、あるいは昭和に入ってから人形浄瑠璃は文楽と称されるようになった。

　御霊文楽座は大正十五年（一九二六）末に焼失、道頓堀にあった弁天座で仮興行をし、昭和五年（一九三〇）に四ツ橋文楽座を建てた。四ツ橋文楽座も、第二次世界大戦で焼失したが、再建された。その後、昭和三十一年（一九五六）に道頓堀文楽座に移り、後に朝日座と改称された。

　昭和二十三年（一九四八）から二十四年にかけて、文楽は組合側の三和会《みつわかい》と、松竹側の因会《ちなみかい》の二派に分裂する。各派は別々の劇場で公演を行っていたが、昭和三十八年（一九六三）に文楽協会が発足して、両会は合併した。現在も文楽公演に出演する技芸員《ぎげいいん》は、文楽協会に所属している。

　文楽が二派に分裂していた頃、松竹側の因会は、おびただしい数の新作を舞台にかけている。現在まで上演され続けている作品はわずかであるが、その中で最もよく上演されるのは『曽根崎心中』であろう。昭和三十年（一九五五）に初演されて以降、千回以上もの上演回数を誇《ほこ》る。しかし、話の筋はそのままであっても、文章は近松門左衛門の原作とは異なるところがある。わかりやすくするという名目のもとに、原文にはない文章が使われ、近松門左衛門作『曽根崎心中』の原作通りとは言いがたい。

　昭和五十九年（一九八四）四月、大阪の日本橋に国立文楽劇場が開場した。現在、大阪では国立文楽劇場で、東京では昭和四十一年（一九六六）に竣工した国立劇場の小劇場で（国立劇場は令和五年（二〇二三）十月より閉場し建て替え工事に入る）、年に数回ずつ公演を行っている。そのほかにも、日本国内の地方巡業や海外公演も行っている。また、独立行政法人日本芸術文化振興会では歌舞伎、文楽、能楽等の研修生を募集、養成しており、文楽でも研修生出身の技芸員がかなりの人数を占めるようになった。

　平成十五年（二〇〇三）、ユネスコにより文楽は「人類の口承及び無形遺産に関する傑作」として宣言され、平成二十年（二〇〇八）に「人類の無形遺産の代表的な一覧表」に記載されている。

特色

❶大阪の芸能

　文楽は大坂（近世の表記は大坂）発祥の芸能である。従って義太夫節は大坂の言葉で語ることが求められる。

❷世襲ではない

世襲ではなく家元制度もないので、文楽に入り師匠のもとで修行をして実力がつけば、重要な役を勤めることができる。

❸三人遣い

　主要な役割を担う人形を三人遣いで遣う。三人遣いは、人形の動きを人間に近づけて繊細な表現を可能にし、芸術性を高めている。

❹俯瞰する効果

　人形が演じることにより、作品の中における人間の営みを、より俯瞰して見る効果を生み出している。『妹背山婦女庭訓』の中の「畢竟《ひつきやう》親の、子のと名を付けるは人間の私《わたくし》。天地《てんち》から見る時は同じ世界に湧《わ》いた虫。（つまるところ、親の子の名を付けたのは人間の私事、天地から見る時は、同じ世界に湧いた虫）」という文章は人間を虫にたとえているが、人形がこの言葉を発することにより、人間の存在そのものが、広大な自然や世界の中で、実は思っている以上に小さなものであることを感じさせる。しかし一方で、あらがえない運命の下で、懸命に生きる人間を、感情豊かに描出する。

❺義太夫節と人形

　義太夫節に合わせて人形を遣う文楽。人形でありながら、人間が演ずる以上に人間の生きざま、奥深い感情を表現することがある。それが文楽の魅力であろう。

用語解説

・**三業**《さんぎょう》＝文楽は義太夫節を語る太夫、三味線を弾く三味線方、人形を遣う人形遣いという三つの職種から成り立っている。太夫、三味線、人形遣い、これを三業という。

・**太夫**＝太夫は義太夫節を語る人のことをいう。表記は江戸時代以来「太夫」と記していたが、昭和三十年頃（一九五五～）から、「大夫」と記すようになった。ただ平成二十八年（二〇一六）四月から、再び「太夫」という表記に戻している。

・**三味線**＝文楽では主として太棹《ふとざお》三味線を用いる。太棹という名前の通り、棹が太く、胴《どう》（皮を張っているところ）は大きく、撥《ばち》にも厚みがあり、音色は低く重い音で大きく響く。太夫の伴奏ではなく、三味線の音色によって、その場の情景を表現する。

・**人形**＝現在の文楽では、一体の人形を三人で操る、三人遣《づか》いが主流である。主遣いは人形の首《かしら》と右手、左遣いは人形の左手、足遣いは人形の足を、それぞれ受け持って遣う。役名がついている登場人物は、たいてい三人遣いである。しかし、捕り手（罪人などを捕える人）や百姓、女官といった、いわゆるその他大勢の役は、一人一体の人形を持つ。首もツメという表情の動きのない、簡単な作りのものを使う。

・**技芸員**＝文楽の舞台に出演する人。三業に携わる人のことを技芸員という。

・**時代浄瑠璃と世話浄瑠璃**＝時代浄瑠璃は、作品の中の時代設定を近世（同時代）以前にとり、歴史的な事件を題材にしたものが多い。江戸幕府に差し障りがあると考えられるときには、人物名を微妙に変える。たとえば『仮名手本忠臣蔵』では、史実の大石内蔵助《おおいしくらのすけ》を、劇中では大《おお》星由良助《ぼしゆらのすけ》にするなど、史実と異なる人名にすることもある。基本的には五段構成をとる。

世話浄瑠璃は、時代設定を近世（同時代）にとり、登場人物も町人などを主人公にするものが多い。『曽根崎心中』は世話浄瑠璃の最初の作品。語り方も、世話浄瑠璃の方が軽快であることが多い。基本的には三巻構成。

演目紹介

◆**『曽根崎心中』**［図2］

元禄十六年（一七〇三）大坂、竹本座初演。作者は近松門左衛門。本作は世話浄瑠璃の初作であり、この作品の大当りにより、竹本座は積年の借金を返済したといわれる。

醤油屋の手代《てだい》徳兵衛《とくべえ》は、天満屋の遊女お初《はつ》と慕い合う仲であった。徳兵衛は叔父にあたる醤油屋の親方から縁談を勧められ、徳兵衛の継母は、徳兵衛の縁談に際して、すでに親方から大金を受けとっていた。徳兵衛はその縁談を断り、継母から親方の金を返してもらう。しかし、友人の九平次《くへいじ》が金を貸して欲しいと懇願し、徳兵衛は貸す。九平次は金を返さず、借金の際に渡した証文の印は、自分が以前に紛失した印であると、逆に徳兵衛に言いがかりをつける。天満屋でお初と徳兵衛は、互いに心中する気持ちであることを確認しあい、曽根崎の森で心中する。

　縁の下に忍ぶ徳兵衛が、縁先に座るお初の足を自分の喉に当て、心中する覚悟のあることを伝える場面は有名。ただし、前述の通り、原作の文章を変えているところがある。

●『菅原伝授手習鑑』［図4］

　延享三年（一七四六）、大坂、竹本座初演。作者は竹田出雲、並木千柳《なみきせんりゅう》（宗輔）、三好松洛《みよししょうらく》、竹田小出雲《こいずも》。時代浄瑠璃。五段構成。

　書道に優れ、菅丞相《かんしょうじょう》と敬われる菅原道真《すがわらのみちざね》をめぐる物語。右大臣の道真は、左大臣の藤原時平《ふじわらのときひら》と敵対する。梅王丸《うめおうまる》、松王《まつおう》丸、桜《さくら》丸という三つ子のうち、松王丸は時平方に、梅王丸と桜丸は道真方に仕えていた。桜丸が道真の養女、刈《かり》屋《や》姫《ひめ》と帝《みかど》の弟、斎世《ときよ》の宮との密会の仲立ちをしたため、謀《む》反《ほん》を疑われた道真は太宰府へ左遷されることになる。道真と刈屋姫との父娘の別れ、桜丸の切腹、時平に仕える松王丸が、道真の子、菅秀才《かんしゅうさい》の身替わりに、自分の息子の小太郎を犠牲にする場面などが心を打つ。道真を慕って梅が太宰府へ飛ぶ、飛梅《とびうめ》伝説も織り込まれる。太宰府へ流された道真は、時平の謀反の企《くわだ》てを知り、雷となり虚空へあがる。そして、時平が成敗された後、天神としてあがめられる。

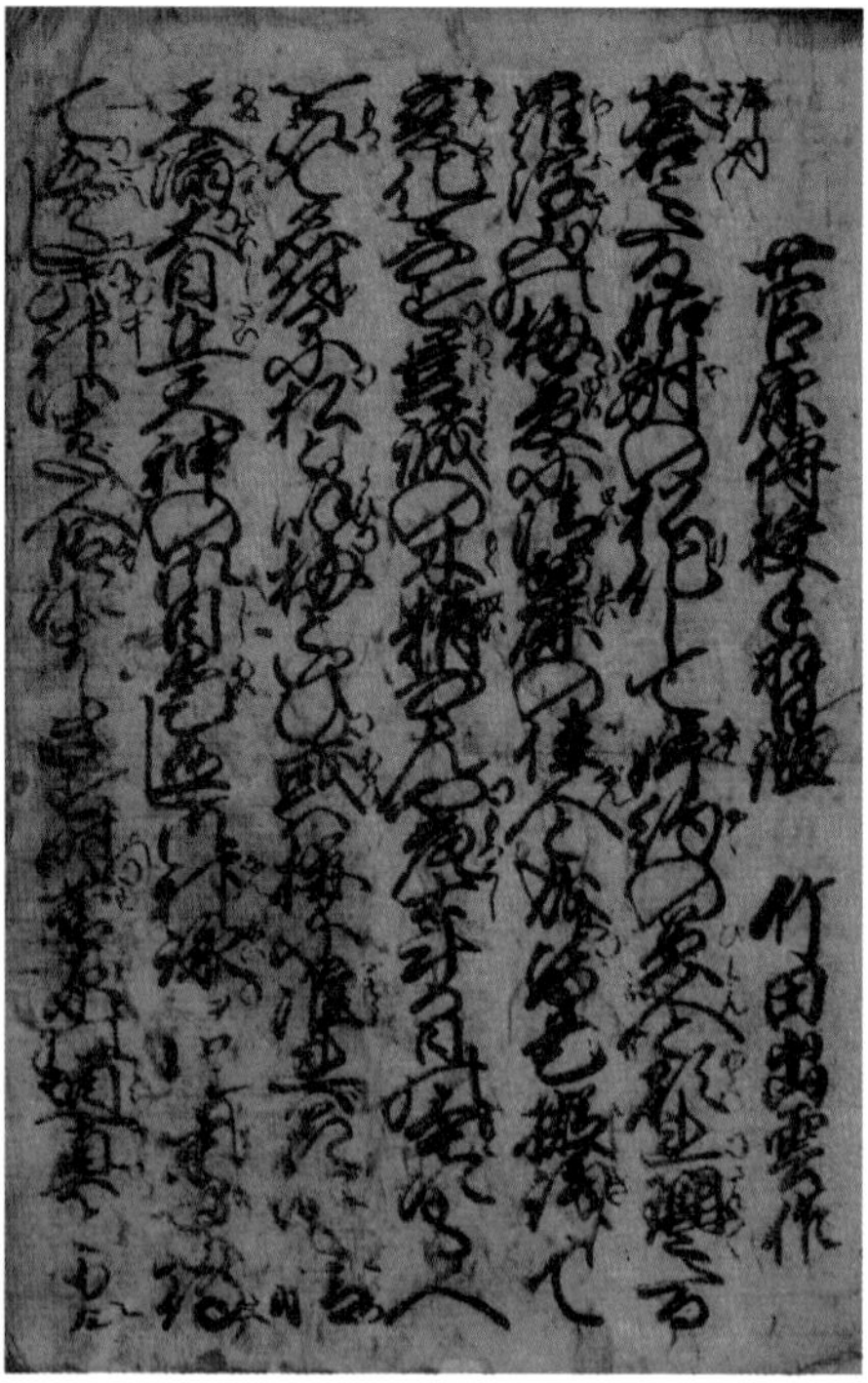

図4　【浄瑠璃本の最初の頁】『菅原伝授手習鑑』園田学園女子大学近松研究所蔵　題名と作者名が記されている。作者は複数いるが、ここには竹田出雲の名前だけが書かれている。

◆『義経千本桜』［図5］

延享四年（一七四七）、大坂、竹本座初演。作者は竹田出雲（二代目）、三好松洛、並木千柳（宗輔）。時代浄瑠璃。五段構成。

平家滅亡後の源義経と頼朝《よりとも》との関係を背後に置きながら、平知盛《たいらのとももり》、維盛《これもり》、教経《のりつね》、そして安徳《あんとく》天皇らが、実は生き残っていたという設定の物語。

義経は、後白河法皇より初音《はつね》の鼓《つづみ》を賜る。義経は、静御《しずかご》前《ぜん》と別れる際、また会うまでの形見として初音の鼓を預ける。静が鼓を鳴らすと、佐藤忠信《さとうただのぶ》が現れるが、実は狐が忠信に化けていたのであった。両親を鼓の皮にされてしまった源九郎狐は、両親を慕いつつ静や義経を折々に守護する。

一方、知盛、維盛、教経らは、身分を隠し、困難な状況の中を生き永らえている。知盛は船問屋の主人に、維盛は鮓屋《すしや》の弥助に、教経は横川《よかわ》の覚範《かくはん》に姿を変えている。結果的には、願いむなしく知盛や教経は義経や源氏方に討たれ、維盛は仏門に入ることになるが、各人が生き延びてゆく過程において、周囲にいる人々との交流、哀しみや喜び、さまざまな感情が交錯し写しだされる。

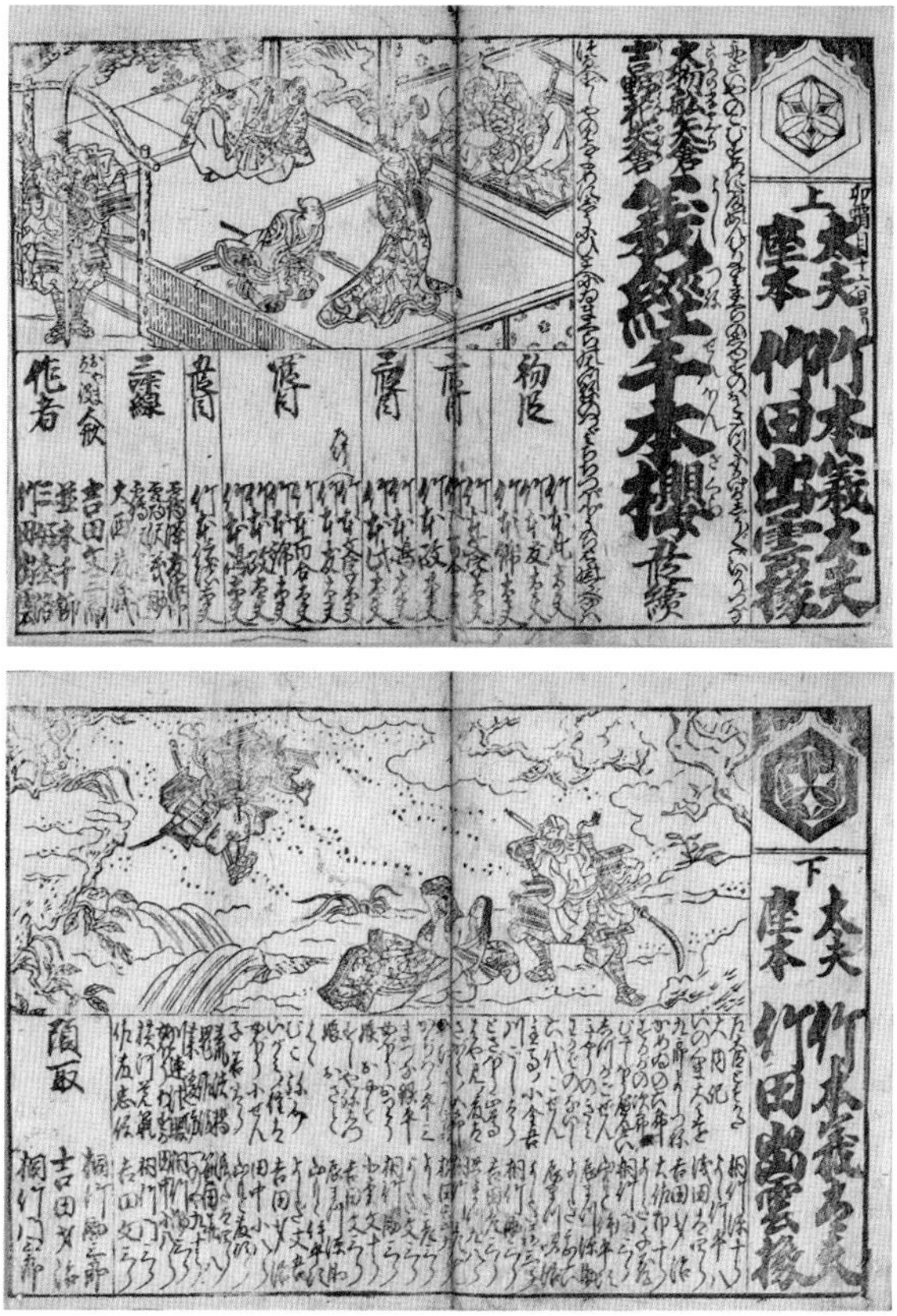

図5 『義経千本桜』初演時の番付　延享4年（1747）　西尾市岩瀬文庫蔵（『竹本筑後掾番付集』90-11）

参考文献

・祐田善雄『浄瑠璃史論考』（中央公論社、一九七五年）

・『岩波講座　歌舞伎・文楽』第七～十巻（岩波書店、一九九七～一九九八年）

Column

太夫と三味線

文●豊竹睦太夫（文楽太夫）・鶴澤友之助（文楽三味線方）

太夫《たゆう》の語り——基本は大阪弁

大阪発祥の文楽では、太夫の語る言葉は大阪弁が基本です。三味線のメロディーも実は、大阪弁のイントネーションに合わせて決まっています。演出の中には、武士をそれらしく表現するために、あえて江戸の言葉（武士訛《なま》り）を使うこともあります。

太夫は見台《けんだい》の上に床本《ゆかほん》を置き、尻引《しりび》きをしいてつま先を立てた状態で座ります。正座よりも中腰に近い状態のほうが、しっかりとした声が出しやすくなります。さらに腹帯を巻き、懐《ふところ》にオトシ（砂利や小豆《あずき》を入れる）を入れ、下腹に力が入るようにします。語る際にはさまざまな登場人物の身分や状況、感情を語り分けていきますが、たとえば笑いにもいくつか種類があり、時代物と世話物でも異なってきます。時代物の「大笑い」は権力者が周りを見下してするもので、誇張して表現しますが、世話物の笑いは日常のリアルな笑い方になります。「笑い三年、泣き八年」というくらいに、感情を表現するのは難しいとされています。

床本は一ページに五行と決まっており基本的に自分で書きます。赤い印「朱」は太夫が語る際のさまざまな情報を示す記号です［図1］。たとえば「詞《ことば》」は三味線の演奏がない部分、「地《じ》」とある部分

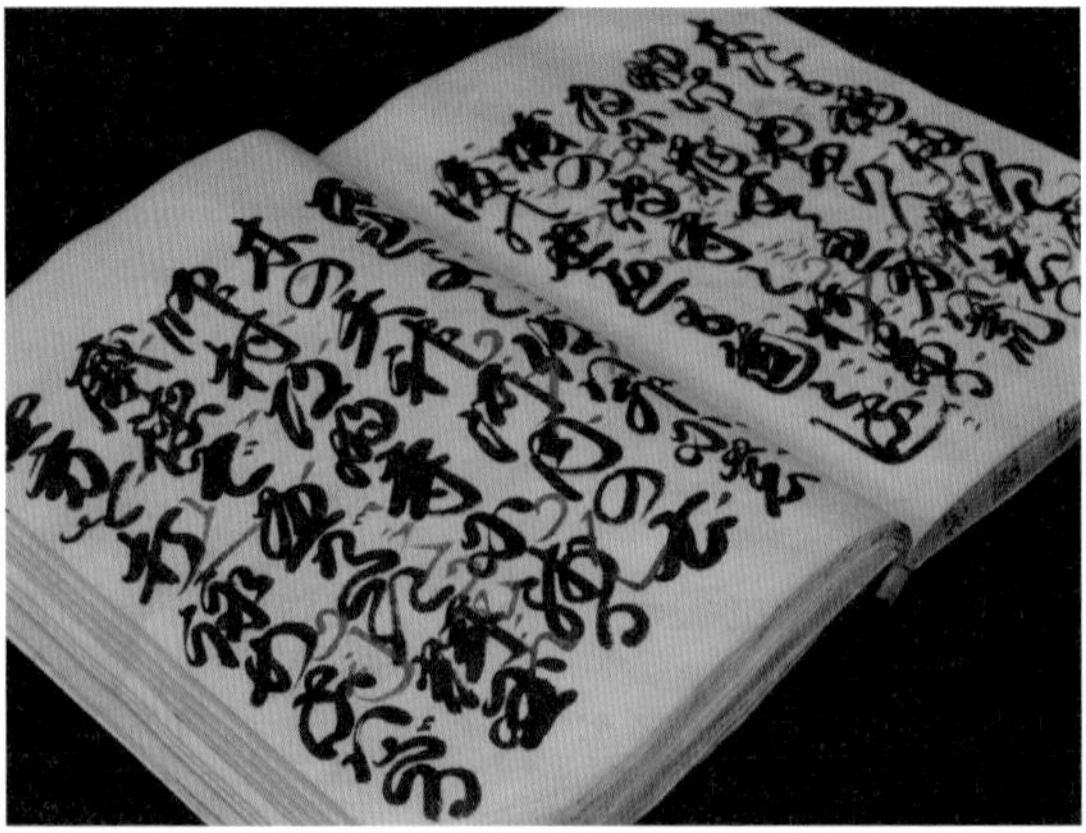

図1　床本　国立劇場蔵

からは三味線が加わります。「ハルフシ」など旋律を示す言葉も含まれます。

見台は浄瑠璃の流派によって決まりがあり、義太夫節は全体的に作りが大きく太い房のついたものを使用します。太夫はすべてを覚えていますが、万が一文章を飛ばしてしまうと舞台の進行に大きく影響するため、舞台上でも床本を置いています。

三味線の工夫と弾き分け

三味線という楽器は、棹《さお》（ギターでいうネックの部分）の太さにより、太棹、中棹、細棹に区別されています［図2］。太棹は義太夫節や津軽に用いられ、響きのあるどっしりとした低音が魅力なのに対して、細棹は長唄《ながうた》、小唄などに使い、繊細で美しい高音が出ます。文楽の三味線弾きはお尻を床につけるように、重心を安定させるような座り方をします。撥《ばち》は象牙でできており、太夫の大きな声にも負けない迫力ある音が出るように、先まで厚みのある大きなものを使用します。

文楽の三味線は単なる伴奏ではなく、太夫が老若男女、喜怒哀楽を語り分けるのと同じように、「弾き分け」という作業をして音で観客に情報を伝えます。音量やスピード、音色を変えることでそれぞれの人物や場面に応じた演奏をします。たとえば男性の登場シーンでは、メロディーやテンポはほぼ同じでも、町人なのか侍なのかによって演奏の仕方が変

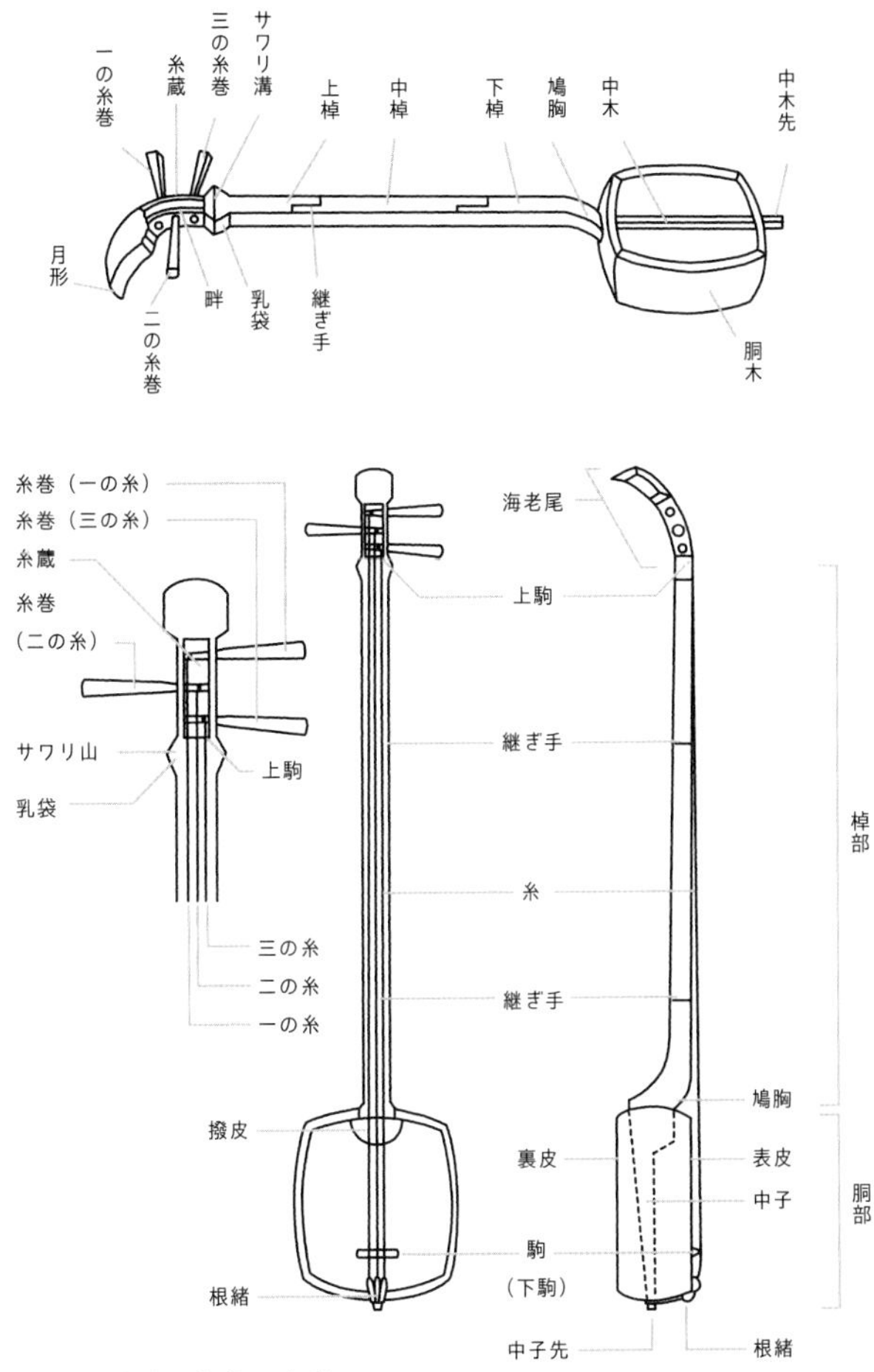

図2　三味線の部位の名称

わります。町人の場合は、荒くならず丁寧な弾き方になりますが、侍の場合は、大きな撥で弦を強く打ち付けて打楽器のような音を出して、力強さを表現します。これは「打ち撥」と呼ばれる奏法で、人

太夫と三味線　平成二十三年四月『女殺油地《おんなごろしあぶらのじ》獄《ごく》』河内屋内の段　写真提供：国立文楽劇場

物の動作の勢いや、怒りを表現する際に効果的に使われます。同じ怒りでも、それがお姫様の場合は、荒々しさと同時に姫らしい美しい様子も表現しなければなりません。また三味線では人物だけでなく、動物の鳴き声も表現します。猿回しが登場する『近頃河原達引《ちかごろかわらのたてひき》』という演目では、「キッキッ」と猿の鳴き声も演奏で表現しています。

文楽は人形の動きも大きな見どころですが、太夫の声と三味線の音を聞いてもらうだけでも、どんな人物がどんな感情でどんな動作をしているのかがわかると思います。三味線弾きは、太夫と絶対に合わせなければならない箇所以外は、無理に合わせたりしません。タイミングが合い過ぎると、お互いに打ち消しあってしまい、文章が観客に伝わらなくなってしまうからです。

ピッチャーとキャッチャーの関係

太夫と三味線は、舞台上手の床でそろいの肩衣《かたぎぬ》と袴をつけて演奏します。肩衣と袴は太夫が用意します。太夫と三味線は公演ごとに組み合わせが異なりますが、両者は、野球のバッテリーのような関係です。太夫がピッチャーとして投げかける球を、三味線が受け止める、そしてキャッチャーである三味線は実は太夫を導く存在でもあるのです。たとえば、太夫は語る際に息継ぎをしますが、三味線の演奏がそれを助ける役割もしており、三味線弾きは曲をよく理解して太夫が充分に息を吸えるように注意して演奏します。また場面転換の際には、三味線が一気に空気を変えて観客を物語に引き込む役割をするのです。

演目鑑賞「夕顔棚《ゆうがおだな》の段」鑑賞ポイント

ここで、実際の太夫、三味線の工夫を知るために、『絵本太功記《えほんたいこうき》』「夕顔棚」の場面を例に見てみましょう。『絵本太功記』時代物。十三段。近松柳《ちかまつやなぎ》、近松湖《こ》水軒《すいけん》、近松千葉軒《せんようけん》の合作。寛政十一年

(一七九九)大坂若太夫芝居で初演。太閤秀吉の立身出世を題材にして大人気を博した読本『絵本太閤記』(一七九七〜一八〇二)の影響を受け、光秀の謀反を中心に抜き出して脚色。六月一日から十三日までの一日ごとの展開を十三段で構成した点に特色がある。武智(明智)光秀が真柴久吉《ましばひさよし》(羽柴秀吉)を討とうとして、誤って母を刺す十段目(夕顔棚の段・尼ヶ崎《あまがさき》の段)の「尼ヶ崎の段」は「太十《たいじゅう》(「太功記十段目」の略)」という通称でも親しまれる著名な場面で、現在も人気が高い。

「夕顔棚の段」のあらすじ

主君、尾田春長《おだはるなが》(織田信長)を討った武智光秀《たけちみつひで》。その母の皐月《さつき》は謀反を起こした息子を恥じ、尼ヶ崎に閑居している。そこに光秀の妻操《みさお》と息子十次郎の許嫁の初菊《はつぎく》が見舞いに訪れる。操は、父に従って初陣に出たいという十次郎の願い出を、皐月に取り次ぐ。そこへ真柴久吉(秀吉)が光秀討伐のため旅の僧に姿を変え、皐月の家に一夜の宿を求める。久吉を追ってきた光秀に気づいた皐月は、風呂を沸かして旅僧《たびそう》にすすめ、出陣前にあいさつにきた十次郎と初菊に祝言をあげさせようとする――。

「夕顔棚の段」冒頭の場面

「南無妙法蓮華経《なんみょうほうれんげきょう》　南無妙法蓮華経」
御法《みのり》の声も媚《なまめ》きし、尼ヶ崎の片ほとり。
誰《た》が住む家と夕顔も、おのがまゝなる
軒の褄《つま》。あたり近所の百姓ども、茶碗
片手に高咄《たかばなし》し

まずは尼ヶ崎の情景描写から始まります。「南無妙法蓮華経」の部分は、舞台袖で若手の太夫が声を出し、舞台効果として別の場所から声が聞こえるようにしています。この後、登場した二人の百姓が会話をしますが、一人目は声を高めに元気に、次は年かさをイメージして、というように語り分けています。三味線もここは軽やかに、武士の場面で用いる打ち撥などは使わずに演奏します。

光秀の嫁の操が、息子十次郎とその許嫁の初菊を伴い、皐月を訪ねる場面となりますが、ここでは皐月、操、初菊と年代の異なる三人の女性の語り分けが大事です。皐月は老女ですが、見舞いに参上したという操たちに次のように厳しく言い放ちます。

「オ、珍らしい嫁女孫嫁《よめじょまごよめ》。はるばるの
道ようこそようこそ。さりながら倅《せがれ》光
秀、当月二日本能寺にて、主君を害せ
し無法者。同じ館に膝並ぶるも先祖の
恥辱《ちじょく》身の穢《けが》れと、館を捨てゝこの在所
へ、身退《みしりぞ》きしこの婆を、見舞ひとはお
こがましい。善にもせよ悪にもせよ、
夫につくが女の道。操の前は武智十兵
衛光秀が妻、そなたはまた孫の十次郎
が嫁でないか。生死分らぬ戦場へ、赴
く夫を討ち捨てゝ浮世を捨てた姑《しゅうとめ》に、
孝行尽くすは道が違《ちこ》ふ。妻城《つましろ》に留まっ

て、留守を守るが肝要ぞや。モウ寡婦《やもめ》暮しの楽しみには、夕顔棚の下涼み、捨《す》つべきものは弓矢ぞ」と、言ひ放したる老女の一徹、後は詞《ことば》もなかりけり。

皐月の場合は、単に老女を表現するだけでなく、芯の強い人物だとわかるように心がけています。

光秀の息子の十次郎が、皐月に初陣の許しを得たがっていると聞き、涙する皐月。そこに旅の僧（実は真柴久吉）が現れて一夜の宿を乞うのですが、語りにも三味線にも工夫が必要です。

「諸国修行の一人旅。近頃申《もう》し兼ねたれど、お宿の報謝《ほうしゃ》に預りたし。押しつけながら」
と言ひ入れる。

声を老母が聞き取って
「見苦しうござりますれど、お心置きなう御一宿《ごいっしゅく》」
「それは千万忝《せんばんかたじけ》ない。左様《さよう》ならば御遠慮なしに御免《ごめん》、御免」
と上がり口、腰打ちかくれば二人の女、草鞋《わらじ》の紐を解きかゝれば
「ア、勿体ない勿体ない、構うて下さりますすな。旅しつけた坊主の気散《きさん》じ、木《き》納屋《なや》の隅でもついころり。蚊帳《かや》も蒲団《ふとん》も入りませぬ。御心遣ひ御無用《ごむよう》」

「それは千万忝ない。左様ならば御遠慮なしに御免、御免」と上がり口、腰打ちかくれば二人の女、草鞋の紐を解きかゝれば」の箇所は文章も旋律もつながっていますが、「腰打ちかくれば」までは男性、「二人の女」からは女性の文章ですので、太夫だけでなく三味線も瞬時に意識して、切り替えています。

「心得がたき旅僧」と。生垣押分《いけがきおしわけ》さし覗《のぞ》き。思はず見合す母の顔

生け垣を押しのけ旅僧がきたことを確認した光秀が、母皐月と目が合ってハッとする場面です。「さし覗き」のところで、太夫、三味線は間をあけて、皐月と目が合ったことを表現します。「間で仕事する」というのですが、間をうまく使うことによってその場面を際立たせる効果があり、ここでは三味線も効果的に入ります。

皐月が旅僧に風呂をすすめると、十次郎がやってきます。

威儀を正して両手をつき
「母様を以《もっ》て御願ひ申せし出陣、御聞届け下されなば、武士の本意《ほんい》」
と十次郎、思ひ込んで願ひける

若侍の十次郎は品の良さ、若さを重視して、重々しくならないよう心がけます。討死に覚悟で出陣を願い出る十次郎の気持ちを汲み、皐月が初菊との祝言を提案してこの段は終わります。登場人物の置かれた状況や心情をふまえた表現が重要です。

Interview

人形遣いの道

文●吉田勘市（文楽人形遣い）

人形遣いとしての一歩

私は佐賀県の出身で、中学生のときに文化庁主催の文楽講座で『曾根崎心中《そねざきしんじゅう》』を観て、人形の動きに魅了されました。理系の大学でエネルギー工学を学んでいるときに国立劇場の研修制度を知り、人形遣いを目指すことにしました。太夫《たゆう》、三味線は芸術家肌の人が合うのでしょうが、人形遣いはどちらかというと技術職で職人気質な部分もあり、理系の自分にも違和感はありませんでした。研修制度では太夫、三味線、義太夫《ぎだゆう》のすべての稽古をして、茶道など伝統文化を学ぶこともできたのもありがたい経験でした。

研修生のときに一番大事だと感じたのは、先生が示す動きの「型」を無条件にまねて、一つ一つ習得していくことです。ちょうど武道や茶道の修行の段階を示す「守破離《しゅはり》」の「守」にあたることです。そのときに学んだことが、後になって重要だと気づくことも多いです。文楽では、基本的に女役の人形は足がありませんので、男女の人形の動かし方の違いも習得していきます。

江戸時代から、人形や遣い方は段階的に発達してきました。初期の頃の資料では、人形遣いは一人で人形を遣っているのですが、可動範囲が狭く、人形の手をどのように動かしたのか不思議です［図1］。三人遣いは『蘆屋道満大内鑑《あしやどうまんおおうちかがみ》』（享保十九年［一七三四］）から定着したといわれますが、試行錯誤は続き、主遣い《おもづかい》が左手で首だけを動かし、左遣いが後ろか

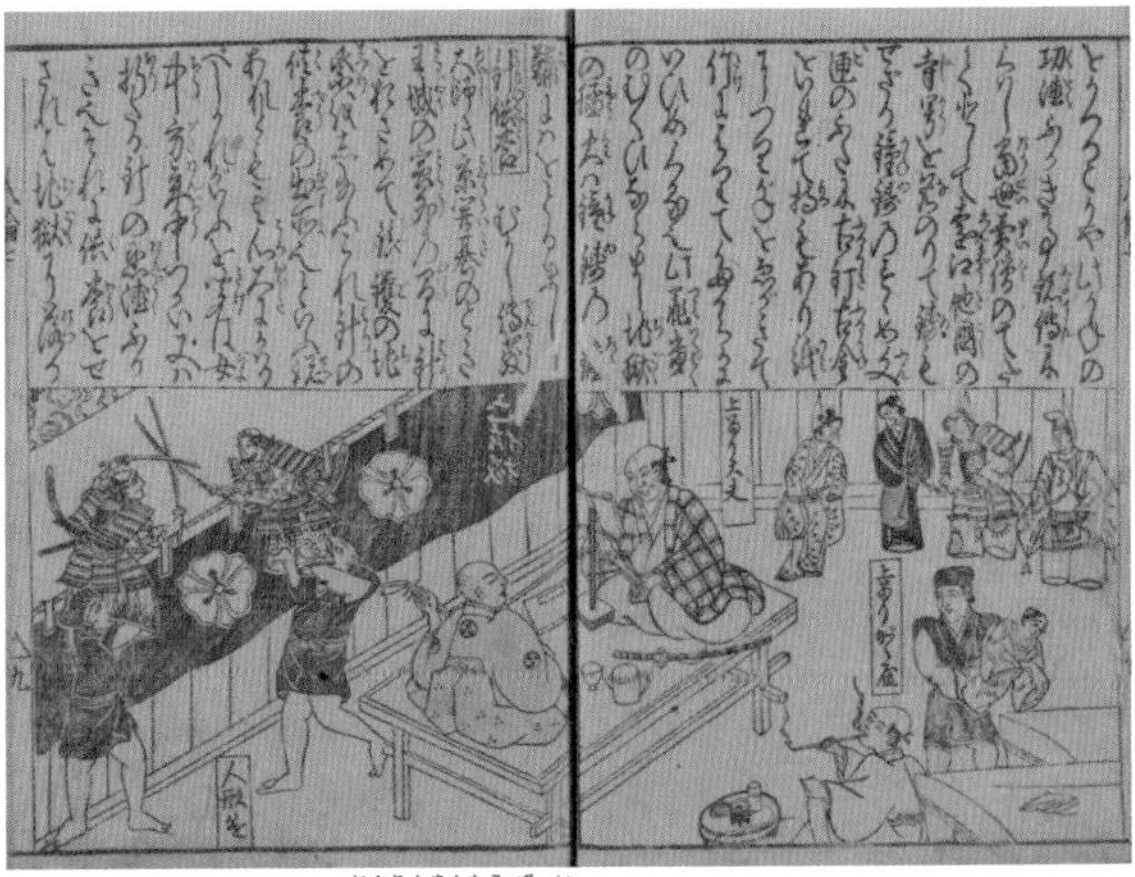

図1 【一人遣い】『人倫訓蒙図彙《じんりんきんもうずい》』元禄3年（1690）国立国会図書館蔵 上方《かみがた》で刊行された、さまざまな身分、職業を図解入りで紹介する風俗事典的絵本。「上《じょう》るりがく屋《や》」とあり、太夫と一人遣いをする二人の人形遣いが描かれる。

ら両手を遣うという、二人羽織のような形をとったこともあるようです。急にすべてが変わるのではなく、長い積み重ねによって現在の形があるのです。

足遣いから左遣い——二次元から三次元へ

三人遣いの動作を習得する上で、足遣い、左遣いを経て主遣いになるという過程は重要です。足遣いの修行は基本動作の座ることから始め、立つ、歩く、と段階を踏んで覚えます。低い体勢を保つ必要があり、若いときにつとめるのが適していることも事実ですが、足遣いを経て左遣いになるのは理にかなっています。

その理由は、人形の足を前後左右に動かす足遣いが主に二次元の動きをするのに対し、左遣いは上下という別の動きが加わり、三次元の動きを習得しなければならないからです。両者の動きには大きな違いがあり、左遣いは可動域も格段に広くなります。左手の担当だけではなく、動く範囲が大きいことや物を出すときのタイミングをはかる必要もある左遣いは、すべての流れを把握していないとできない難しい立場です。能楽の後見《こうけん》のように、主遣いに何かあったときには舞台上で代わりをつとめられる実力も必要です。

三人遣いは、三人の呼吸が合わないとできません。公演ごとに主遣い、左遣い、足遣いの組み合わせが変わるため、相手に合わせる必要性が高いのです。ずいぶん前ですが、アーティスティックスイミングの選手の方がタイミングの合わせ方を極めるために、文楽のお稽古にいらしたこともあります。

稽古といえば、次の演目が決まっても人形が手元にないことが多く、全員で合わせるのは初日前の舞台稽古だけということもしばしばです。新作や舞踊劇の場合は事前に合わせる回数も増えますが、繰り返し上演されている演目の場合、実は主遣いが動きを理解してさえいれば、三人で息を合わせて人形を遣うことは可能です。それは、主遣いが舞台上で「図（ず）」という合図を出しているからです。

主遣いの「ず」と動き

「ず」には大きく二種類あります。まず腰のあたりによる、足遣いへの合図です。主遣いの左腰と足遣いの右手は密着しており、足遣いは、主遣いの左足の筋肉の張りによって次に出す足を判断します。張りが抜けたほうの足が、次に動くのです。主遣いはその動きの後でわずかに腰を左右に振って、スピードや角度を左遣いに伝えるのです。主遣いは、初めのうちはオンタイムで「ず」を出すことが多いのですが、それぞれの足遣いにどのタイミングで「ず」を出すといいか、見極めながら指示するのも主遣いの力量です。「ず」によって足の動きがわずかに遅れるのは、観客の方には違和感もあるかもしれませんが、実は人形の気持ちよい動きなのです。

二つ目は、人形の首や肩の動きによる、左遣い、足遣いへの合図です。左遣いへの指示の場合、主遣いは首を一旦逆方向に小さくひねり、人形の左側に不安定な空間を作ります。左遣いに「あいた空間を埋めなければ」と気づかせてから、主遣いが「ず」を出します。その「埋めなければ」という本能は、修行によってつくられ、左遣いにはとても重要なものになります（吉田勘市「人形操作の進化と江戸の人形浄瑠璃」『中央区文化・国際交流振興協会だより』二〇一四年参照）。

令和２年（2020）２月　国立劇場小劇場『菅原伝授手習鑑』「吉田社頭車曳の段」　写真提供：国立劇場

人形を遣うということ

人形を遣うときは、それらしく見せることも大事です。複数の人形が話す場面だと、人形同士を向かい合わせるのではなく、観客から会話しているように見える角度を選んで、お客様から見て互いがいかにも会話しているように見える角度で表現します。

文楽の首には役柄に応じたさまざまな種類がありますが、上を向くとうれしそうに、下を向くと憂《うれ》いのある表情になるという、能面の「照らす」「曇《くも》らす」と同じことが求められます。舞台上でどんな表情にもできるよう、首はニュートラルな状態の表情であることが重要です。そのためには、首を作るときに客観的な立場で作業をしなければなりません。首は、目の入っていない達磨《だるま》のようなものだと思います。舞台上で太夫の語りと、人形遣いの動きによって魂を吹き込まれるのです。

人形を遣うときに、たとえば悲しい、うれしいなど、その時々の人形の感情に入り込んで遣う人もいますが、役の感情だけでなく、客観的に状況をとらえることも必要です。役に没頭しすぎてしまうと、無駄に動きが多くなり、また主遣いだと自身の顔に感情が表れてしまうのです。文楽でも所作《しょさ》（踊り）の場面がありますが、人形遣いは踊りの稽古をしないほうがよいともいわれます。舞台で人形遣い自身が踊ってしまうことがあるからです。

役の状況に応じて、この場面ではどう反応するのが一番ふさわしいのか、ということを意識することが大事です。たとえば、良弁上人《ろうべんしょうにん》（『二月堂良弁杉由来《にがつどうろうべんすぎのゆらい》』）や菅原道真《すがわらのみちざね》（『菅原伝授手習鑑《すがわらでんじゅてならいかがみ》』）など、人知を超えたキャラクターの場合、性格上どっしり構えているべきと思いますので、それを念頭に入れなければなりません。その瞬間の人形が「こう見えたら一番いい」というものを探りながら演じていきます。ただ、客観的に見極めるだけでなく、そっけなくなり過ぎないことも大事で、そのバランスをとることも求められますね。

公演ごとの人形の着付けも、人形遣いの仕事です。能楽をもとにしている「船《ふな》弁慶《べんけい》」の弁慶などは大口《おおぐち》（裾が大きく開いた袴《はかま》）の着せ方が特殊なので、能楽の方などに教えていただくこともあります。その他の芸能でも、役に立つと思うことは何でも観たり聞いたりします。必ずプラスになることがあり、役の解釈が変わってくることもあるのです。

文楽の魅力と三重構造

人形遣いの仕事は技術的な部分が大きいですが、「ゆか（床）」（太夫・三味線）には芸術の要素もあり、三業の中でも「太夫という柱」がいて成り立つのが、文楽です。たとえば歌舞伎は役者というたくさんの柱が作り出すため、どんどん広がっていくイメージですが、文楽は太夫、浄瑠璃の創りだす箱の中で、最善を尽くす芸能です。どんなに有名な人形遣いでも、太夫の言葉によってしか人形を動かすことはできません。羅針盤の役割を果たす太夫がいることで、ぶれることなく物語の方向性が決まります。三人で息を合わせて遣う一体の人形、そして複数の人形が同時に出るときの主遣い同士が息を合わせる技、人形と床との調和、その三重構造が文楽の魅力だと思います。

舞台上で人形遣い三人のタイミングが合い、各自がベストの演技をしたときに、お客さんが息をのむ瞬間があります。その瞬間はとても気持ちよいのです。映画やテレビなど、何パターンも試して最良のものを採用していくこととは違い、そのときの全力で演じきることが、生ものの舞台では必要です。お客さんがチケット代を安い、と感じてくれたらいいですね。ぜひ劇場に足を運んでもらいたいと思います。

江戸と上方

文楽は大阪発祥の芸能ですが、江戸で作られた演目もあります。両者には筋立てやキャラクター設定の上での傾向があり、上方では悪役でも悪に徹しきれない人物が多いのですが、白黒つけたい江戸っ子気質を反映してか、江戸では冷徹な根っからの悪という人物も登場します。たとえば江戸で初演された福内鬼外《ふくうちきがい》（平《ひら》賀源内《がげんない》）の『神霊矢口渡《しんれいやぐちのわたし》』（明和七年〔一七七〇〕）の頓兵衛《とんべえ》。誤って刺した娘の頼みですら聞くことなく悪人を貫くのですが、上方の作品ならば悪人に徹しきれず、娘を刺したのち後悔して改心というのが王道のパターンでしょうか。文楽を観る時に、その作品が誕生した地域を調べてみると、作品がさらに理解できるかもしれませんね。

Column

人形の首・鬘・衣裳

文●村尾　愉・高橋晃子・米田真由美（国立文楽劇場）

人形の首・床山・衣裳

現在、国立文楽劇場には文楽人形の製作や管理を専門に行う「文楽技術室」があり、「首係《かしらがかり》」「鬘床山係《かつらとこやまがかり》」「衣裳係《いしょうがかり》」「小《こ》道具《どうぐ》係《がかり》」それぞれの専門技術者が公演前の準備に携わっています。今回は首、鬘床山、衣裳についてお話させていただきます。

人形の構造

人形は首と胴、手足で構成されています。胴は肩板《かたいた》から前後に垂らした布に、竹を輪型に丸めた腰輪を縫い留めたものです。肩板の中央には首の胴串《どぐし》を差し込む穴があり、両肩には乾燥させたへちまを縫い付けて丸みを出します。人形遣いが胴に衣裳を縫い留め、肩板から手足を吊ります。特別な役をのぞいて、女方は足を吊らず着物の裾捌《さば》きで足を表現します。人形の着物は背中の帯あたりに「背穴《せあな》」があり、そこから主遣いが左手を入れて胴串を握り、自身の腕が人形の背骨になるように構えて動かします［図1参照］。

首係の仕事

文楽の首は性別や性格、年齢などによりおよそ八十種類に分類さ

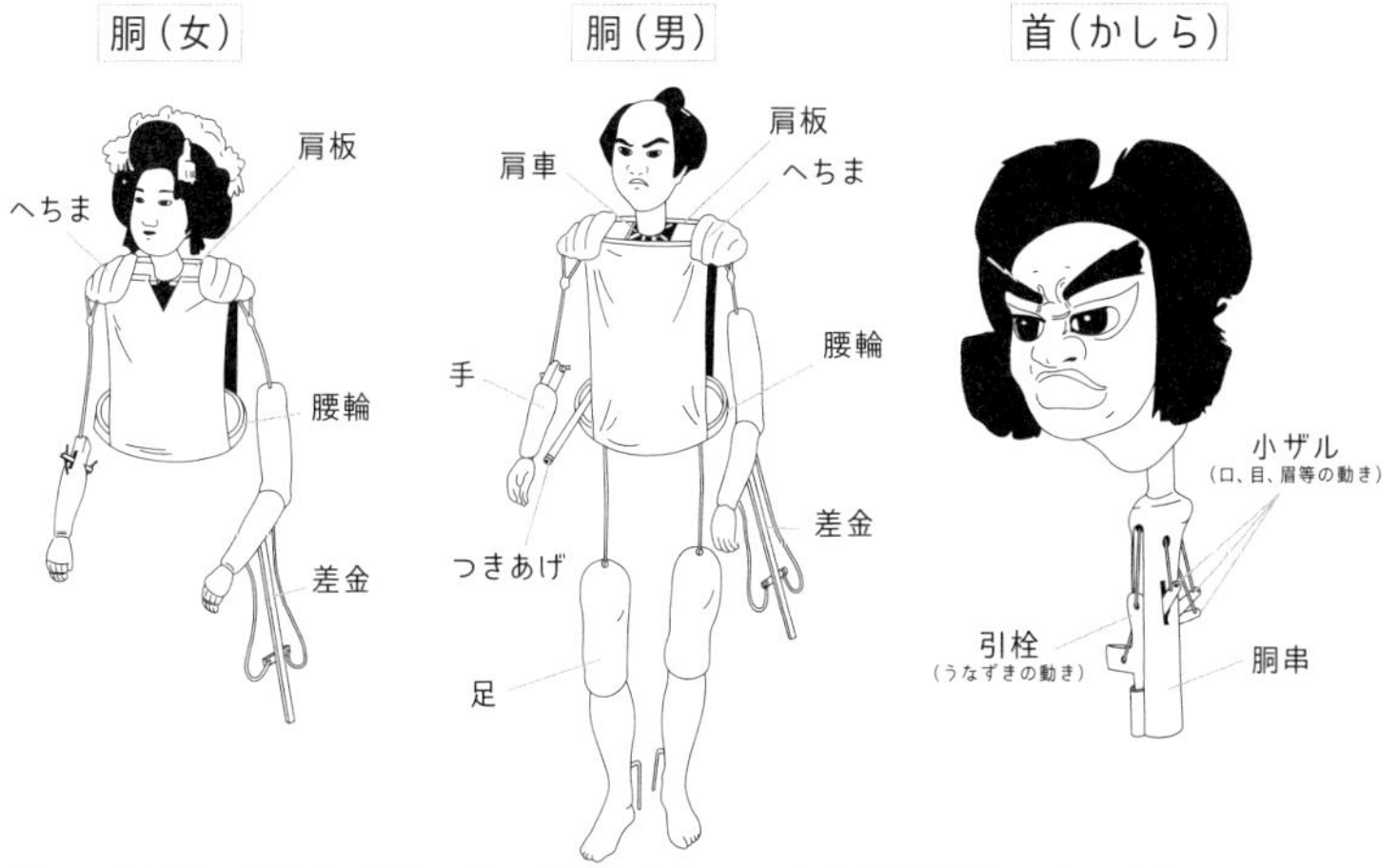

図１　【人形の構造】左遣いが一歩離れたところから遠隔操作できるよう、左手には差し金がついている。

図2　【『傾城反魂香《けいせいはんごんこう》』狩野雅楽之介《かのうたのすけ》】首は源太《げんだ》

れ、公演の演目や配役が決まると「首割《かしらわり》」が行われます。これは「首割委員」（人形遣いから選出）がそれぞれの役に最適な首を割り振る作業です。首係はその都度割り振られた役に合わせて首や手足の塗色や化粧を変え、仕掛け等の調整をします。首は主に劇場が所有していますが、手足は基本的に人形遣いの個人所有で、各自、役が決まるとその役の首に適した手足を用意します。また新作狂言などで、今までにないキャラクターが出る場合は首を新たに作る必要があります。

首を作る

首は「頭部」「のど木」「胴串」の部品で構成され、用いる木材はヒノキ。首に木の芯が入ってしまうと割れやすくなるため、芯を避けるために丸太を四つ割にして使用します。樹齢六十年以上のものが望ましいといわれます。首の種類に応じた寸法に合わせて四角く切り出し、水平、垂直になるようしっかり見きわめます［図3］。

正中線《せいちゅうせん》が曲がっていると、首を組み立てたときに頭部から胴串まで垂直に並ばず、まっすぐうなずけなくなるため、ここが一番時間をかける大事な作業です。

正中線が決まったらノミを使ってざっくり輪郭をとり、彫刻刀で丸みをつけていきます［図4］。彫刻が九割方完成したら、頷《うなず》きの仕掛けを施すため、ナタで耳の前から前後二つに割り、中をくり抜きます。また、首の種類によって表情を動かす仕掛けがあり、仕掛けとそれらを動かすための糸、引いた糸を戻すバネを仕込みます。バネはヒゲクジラの歯にあたる「ヒゲ」とよばれる板状の器官で、中でも最も大型のセミクジラから採られた、長さ二メートル以上あるもの を薄くそぎ、短

図3　四角く切り出したヒノキ

図4　首を作る際は中心線を意識する

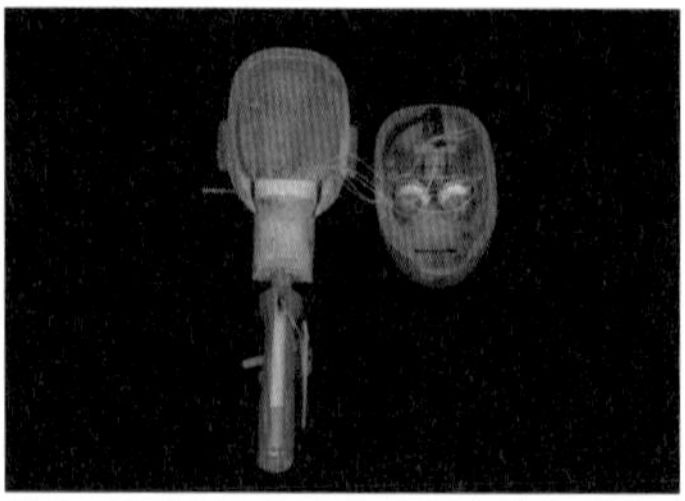

図5　眉や目、口もとなどを動かすために仕掛けを仕込む（図3～5：国立劇場蔵）

冊状に加工したものです。

仕掛けを仕込んだら［図5］、二つに割った首を貼り合わせて色を塗ります。色は日本画でも用いる胡粉《ごふん》（貝殻の粉と膠《にかわ》を練ったペースト状のもの）を七、八回塗り重ね、やすりで形を整え、さらに液状に溶いたきめ細かな胡粉で仕上げ塗りをします。卵色（肌色の人形。昔は薄茶色の卵が多かったので、そこからの名）の場合、ベンガラという酸化鉄の粉を胡粉にまぜて色をつけます。

首の性根

文楽の首はそれぞれに「性根《しょうね》」と呼ばれる性格付けがされています。首割りでは役と性根を照らし合わせて使用する首が決まります。たとえば『勧進帳《かんじんちょう》』の弁《べん》慶《けい》の首は「文七《ぶんひち》」という種類で、苦悩する侍大将の役どころです。眉間に寄せたしわで苦悩を表し、命令するため口を少し開けています。「文七という役者が弁慶を演じている」と考えていただけるとわかりやすいと思います。

また女性の場合、年齢によって性根が異なります。「娘」の首の性根は「笑い」。わずかに口角をあげて作ります。しかし芝居では泣く場面も出てきますから、完全な笑顔にすると場面に応じた表情ができないため、中間的な、少しぼんやりした顔にします。結婚後の女性である「老《ふけ》女方《おやま》」は、青眉《あおまゆ》（眉を剃った状態）でお歯黒をしています。江戸時代の封建社会を反映し、女性が耐え忍ぶ場面も多いため、性根は「泣き」です。「ネムリ目」という、目を閉じる仕掛けを施すのですが、眼球が一段奥に入るので舞台上で照明が当たると、瞼《まぶた》の影が瞳に落ち、より憂いを強調することができます。このように、首の性根にあわせて製作します。

娘と老女方の首にある「口針《くちばり》」［図6］は、泣く場面で着物の袖や手拭いを引っかけ、咥《くわ》えているように見せるためのものです。袖を口針にかけ、うつむけば悲しい泣き、アゴをあげて大きく震わせるようにすると悔し泣きと、首の角度や動きを変えることでさまざまな感情を伝えることができます。

図6　「老女方」の首。性根は「泣き」。既婚者の首のため青眉。でお歯黒をしている。口針をつけ、目を閉じるために「ネムリ目」という仕掛けをつけている。

魂を抜く

舞台上で人形を動かす人形遣いがどのような表情にもできるように、人形を造る側としては、我を入れてはいけない、魂をこめてはいけない、ということを意識します。

たとえば一つの首を集中して作っていると自分の目が慣れてしまい、中心線のゆがみや左右の頬の高さの違いなどに気づかなくなります。そのため九割がた彫り上げたら、その首を見えないところにしまい、一カ月ほど別の仕事をして忘れるようにします。そして再度首と向き合うと、ニュートラルな目で見ることができ修正点に気づきます。それを五回、六回と繰り返すと、自分の我が抜けて「性根だけを入れた首」になります。これが、魂を抜いた状態なのです。魂を抜いた「木偶《でく》の坊」（木偶は人形の意）の状態で、人形遣いが舞台上でかまえた瞬間に、魂が宿ります。そのことを一番重視してこの仕事をしています。

鬘床山係の仕事

鬘を作り、その髪を結うのが鬘床山係の仕事です。国立文楽劇場、国立劇場にはあわせて約四百の首がありますが、多数の狂言に沿って登場人物も多様なため、数に限りがある首を公演のたびに鬘を付け替え結髪して多様な役に対応させます。同じ娘の首でも、お姫様と町娘では髪形もかんざしなどの装飾も全く異なります。町人や武士など、鬘や衣裳を変えればどのような身分の役にも首を変身させることができるわけです。たとえば、お爺さんに白い鬘とヒゲを付け、赤い帽子と衣裳を着せたら、多くの現代人がサンタクロースを思い浮かべるのと同じだと考えればわかりやすいのではないでしょうか。

文楽には、約百二十種類の髪形があります。いろいろな役柄が存在する男役は、首の種類も四十種類ほどあり、それに応じて髪形も約八十種。女役の首は子ども、若い娘、既婚女性、お婆さん、意地悪なお婆さんなどに大きく分類される程度で、髪形の種類も男役の半分の四十種と少なくなります。

また『菅原伝授手習鑑《すがわらでんじゅてならいかがみ》』の松王丸《まつおうまる》のように、一人の登場人物で各場面に応じて、いくつも髪形が変わる役もあります。通し上演だと松王丸の髪形は五回変わるので、それぞれの鬘を付けた五番（五個）の首（文七）を用意します。

鬘に使用する材料は、土台になる銅板と原毛《げんもう》です。原毛は基本的には人毛とヤクの毛を、白・黒・胡麻などの毛色も考えながら製作する鬘の役柄や鬘の部分に合わせ使い分けています。同じ髪形でも、柔らかい人毛を使用して作る鬘と、ゴワッと強いヤクの毛で作る鬘とでは、演じる役柄が全く違うものになるからです。ただ両方ともに天然素材ですので、何度でも熱を加えてクセ直しをして再結髪することが可能です。

鬘を作る工程

鬘は次のような手順で作っていきます。①銅版を刳《く》り形に合わせ切り抜いて首の頭の形に合うよう金槌で叩き台金（鬘の土台）をつくる。②蓑毛《みのげ》を編む。③台金に穴をあけ蓑を縫い付ける。④鬘を首に取り付ける。⑤結髪。

蓑毛は、二本の麻糸の間に必要に応じた本数の毛を結びつけて作ります。ミシンを使った蓑毛もありますが、毛髪が抜

①蓑毛を編む

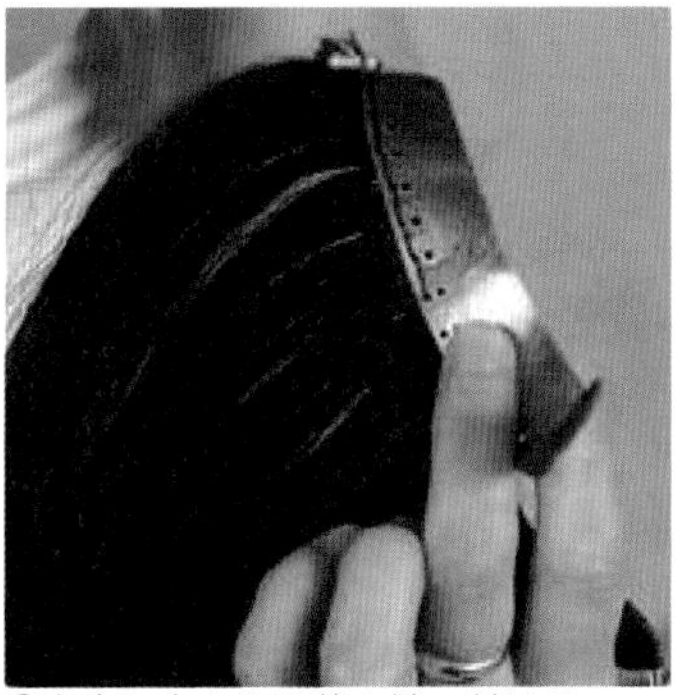
②台金に穴をあけ蓑を縫い付ける

けやすいため、再結髪の多い文楽では使用できません。

通常の日本髪は鬢付油《びんつけあぶら》を付けた髪を結髪します。しかし、ヒノキを彫刻して胡粉を塗って仕上げた首に油がつくと、首の中まで油がしみ込んでしまい、のちのち塗り直すときに絵の具をはじくため、鬢付油を使用しないで結髪します。鬢付油を使わないことと、鬘を首に取り付けてから結髪するのは文楽鬘の特徴です。

床山の仕事

娘の首を「姫十能《ひめじゅうのう》」という髪形に結髪すると「八重垣姫《やえがきひめ》」や「静」に、「文金《ぶんきん》島田《しまだ》」に結えば「濡衣《ぬれぎぬ》」や「お軽《かる》」になります。つまり髪形で具体的な役柄をそろえるのが床山の仕事です。

また舞台上で結い上げた髪をほどく「サバキ」という仕掛けがあります。左遣いが「仕掛《しかけ》の栓《せん》」(クジラのヒゲを串状に削ったもの)を抜くと、髪が自然にばらけるように結っておく髪形です。

『仮名手本忠臣蔵《かなでほんちゅうしんぐら》』の早野勘平《はやのかんぺい》を例に説明してみましょう。塩谷《えんや》家の家臣である勘平は、主人塩谷判官《はんがん》が高師直《こうのもろなお》を斬りつけるという大事なときに恋人お軽と逢引きし、お軽の故郷の山崎に落ちのびて猟師となります。勘平には三種類の鬘(髪形)を使用します。

①油付蒲鉾本多髷《あぶらつきかまぼこほんだまげ》
②しゃぐまむしり振分《ふりわ》け
③仕掛けしゃぐまむしり振分け

①は恋人のお軽と出奔《しゅっぽん》するまでの中級武士の髪形です。②、③はお軽の郷里で猟師となってからの髪形で、この二つは同じ髪形ですが、③は勘平が腹を切る場面で使用するので、仕掛けの栓を抜くと総サバキ(ザンバラ髪)になるように結い上げてあります。油付蒲鉾本多髷からむしりの振分けへの変化で身分が変わったことを、むしりの振分けがザンバラになることで勘平の悲壮感を表す一つの演出になっています。

このように鬘(結髪)は首(勘平は源太)の性格の上に、役柄(武士、猟師)を表現し、芝居を創り上げる(腹切りの悲壮感)演出補助の役目も果たせるように、日々努力しています。

衣裳係の仕事

衣裳係の仕事は、大きく分けると「管理」「前拵《まえごしら》え」「仕立《したて》」に分かれます。

人形の衣裳は、普段は着物、羽織、袴《はかま》等種類ごとに分類し、衣裳部屋に保管しています。公演の三、四カ月前に演目、配役が決まると衣裳附帳《つけちょう》（公演衣裳を記録する帳面）を作成し、衣裳棚から衣裳を選んで準備します。着物、帯、棒衿《ぼうえり》、中衿、前掛けなどその役に必要な衣裳、小物すべてにアイロンをかけ、ひとまとめにして人形遣いに渡します。公演が終わると足遣いが人形をばらばらにし、再び衣裳はひとまとめにして戻ってきます。修理やアイロンがけを施して、また棚で保管するのです。これが「管理」「前拵え」です。

「仕立」に関しては、和裁の技術が基本になっています。衣裳は体のない文楽人形に体つきを与える重要な役割を持っています。そのため生地の材質、色、柄の選択、人形の動きに対応した独特の裁ち方、仕立方が工夫されてきました。

衣裳と役柄

首や鬘と同じく、衣裳も役柄の性別、年齢、職業などによって決まります。人形は着せ付けるのに時間がかかるため、前もって「人形拵え」をしておく必要があります。たとえば一つの役で三回衣裳を替えるのであれば、三体別々に衣裳を着せた状態で準備しておくのです。そのため、一回の公演で五十〜六十体の人形を用意しなければならないのです。二〇一七年に『仮名手本忠臣蔵』を通して演じたときには、百体以上の人形が必要でした。

衣裳の大きな特徴は、背中に主遣いが左手を入れ「首」を持つための「背穴」［図7］があること、人形遣いが人形の手を遣いやすくするため袖底を三分の二ほど、開けて仕立てます。船頭や「夏祭《なつまつり》浪花鑑《なにわかがみ》」の団七《だんしち》など、体を見せる必要がある場合は、首の色と同じ色に染めた木綿を使い、体（丸胴《まるどう》）を作ります。

また体のない人形に立体感を出すため、着物の脇にはマチをつけ、着物を綿入れ仕立にするのも文楽ならではの工夫です。ただ、綿入れの衣裳はクリーニングができません。人形遣いの汗や舞台上の汚れが付着したり、照明焼けをおこすことも多く、絶えず補修や新調を繰り返しています。

綿入れの加減を覚えるのには、時間がかかります。「娘」のふき綿はふっくらと、「老女方」は中くらい、「婆」はうすく、一応基準は決めていますが、綿の伸《の》し具

図7　主遣いが首を持つために使用する「背穴」。

合、生地の種類によっても変わってきます。「手加減」の作業です。

衣裳に使用する生地は、ほとんど別注したものです。一般の反物《たんもの》を文楽人形にふさわしい色柄に染色したもの、日本刺繍を施したもの、決まりものの唐織《からおり》や錦《にしき》は、色柄を指定して織ってもらったもので、とても高価です。

このようにして出来上がった生地で衣裳を新調しても、新しい生地には張りがあり、綿もまだ落ち着かず、微妙な表現が出しにくいため人形遣いには嫌われますが、それを何年も使用している内にしなやかになり、遣いやすくなってきます。しかしその頃には、衣裳としての寿命がきてしまいます。このようなサイクルの繰り返しの中で、受け継がれてきた技術や工夫を発展させ、引き継いでいきたいと思っています。

今後の心配は、着物関連の業者がどんどん減っていることです。手織で唐織を織っていたご夫婦は後継者がなく、大きな「湯のし」（蒸気を使って反物のしわを伸し幅をそろえる加工）の工場や、羽二重を織っていた新潟の会社も廃業したと聞いています。伝統産業の保護も、大きな課題です。

「手作り」の意義

以上が文楽の首係、鬘床山係、衣裳係の仕事です。

現在、作業効率がよくなる道具等は積極的に導入しています。しかし「文楽という伝統芸能を継承する」という観点から、材料と基本的な製作手順は変えることはできません。また大量生産品ではなくほぼすべてが一点物であること、日々異なる舞台現場に即時対応する必要性から、人間の手による技術伝承は欠かせません。いずれは3Dプリンター等の機械を使用する可能性もありますが、現在の技術力ではまだ導入は難しい状況です。これまでに培ってきたやり方を人から人へと伝授するほうが効率もよく、円滑に作業をすることができます。作る過程も含めて、継承していかなければならないと思っています。

文楽の首の種類

写真提供：国立劇場

文七（ぶんひち）

立役の代表的な首。太い眉、大きな眼が特徴。敵役も含め、主役級の役に用いられる。

検非違使（けんびし）

時代物の大名や軍師など、中年の実役に用られる。敵役には使用しない。

源太（げんだ）

十代の元服後の青年から二十代後半までの二枚目役に広く用いる。写真は目をつぶる仕掛けのある「眠りの源太」。

若男（わかおとこ）

元服前の若い男性役に用いられる。しかけを施したものはない。

団七（だんひち）

ふてぶてしい役顔立ちの首。図の大団七は時代物の豪快な役に用いる。ほかに世話物に用いる小団七がある。

娘（むすめ）

時代物、世話物ともに、十代半ばから後半にかけてのお姫様や若女房に用いる。

老女方（ふけおやま）

二十代から四十代までの既婚女性に用いる。眉を剃り、お歯黒をつける。右の写真は目をつぶった様子。

がぶ

妖怪変化や怨霊に用いられる。もとは左の写真のような美しい顔の首で、右の写真のように角が出たり、目が変化したりする仕掛けがある。

第四章

歌《か》舞《ぶ》伎《き》

歌舞伎

文●藤澤　茜

◆語源は「かぶく」――浮世絵とならぶ江戸庶民文化の華
◆演技・音楽・舞台・衣裳などの総合芸術
◆女方芸に見られる伝統

歴史

歌舞伎は、先行する音楽や踊り、セリフ劇の要素を集大成した演劇で、能、人形浄瑠璃とともに日本の三大古典と称される。歌舞伎の語は、お国によって演じられた奇抜な演出が「傾《かぶ》く（変わった身なりや行動をする）」と形容されたことによるといわれ、現在用いられる漢字は当て字だが、歌（音楽）、舞（踊り）、伎（わざ）を基本とするこの演劇の本質がよく表されている。

❶歌舞伎の成り立ち――「傾《かぶ》く」役者たち

歌舞伎は四百年以上の歴史があり、お国《くに》歌舞伎［図1］に始まる。慶長《けいちょう》五年（一六〇〇）、京都の公卿・近衛信尹《このえのぶただ》の屋敷に、国、菊という者をはじめ十名ほどの「ややこ踊り（幼女による踊り）」の一座が招かれたといい（『時慶卿記《ときよしきょうき》』）、史書『当代記』には三年後の慶長八年（一六〇三）の項に国という女性による「かぶき踊り」の記述がある。お国は先行する能の舞台や楽器を使用したが、男装し遊廓での茶屋遊びを演じて見せるなど、「傾く」演出は庶民向けの新しい演劇として人気を博した。

お国歌舞伎は、遊女による華やかな群舞の女歌舞伎（遊女歌舞伎とも。遊廓で使用された三味線を導入）、元服《げんぷく》（成人）前の少年による舞や軽業《かるわざ》中心の若衆《わかしゅ》歌舞伎へと発展、三都（京都、大坂、江戸）へと広がり、寛永《かんえい》元年（一六二四）には、猿若勘三郎《さるわかかんざぶろう》が江戸中橋（現在の日本橋あたり）に常設の劇場、猿若座（後の中村座）を開いた。寛永六年（一六二九）、風俗を乱すとの理由で女役者が禁止され若衆歌舞伎が台頭したが、若衆も売色をかねたため、承応《じょうおう》元年（一六五二）に禁止された。これを機に役者が若衆の象徴である前髪を剃り、成人男性の髪型である野郎頭《やろうあたま》となったことから、野郎歌舞伎とも称される。以後、役者は男性に限られ、立役《たちやく》（男

図１　【お国歌舞伎】『阿国歌舞伎図屏風』京都国立博物館蔵　舞台上で刀をかつぐのが、男装したお国。猿若という道化役を相手に、遊廓での茶屋遊びの様子を演じて見せた。能舞台を使用し、奥の緋毛氈《ひもうせん》の上では四拍子《しびょうし》（笛・小鼓・大鼓・太鼓）による演奏が行なわれている。

性の役）や悪役の一種である敵《かたき》役《やく》、女方《おんながた》などの役柄が生まれた。芝居の筋立ても複雑化し、寛文《かんぶん》年間（一六六一〜七三）には続き狂言（長い物語を複数の場面に分けて上演する作品）が始まった。

❷歌舞伎の発展と江戸社会

庶民が経済的に自立し「元禄《げんろく》バブル」とも称される好況期を迎えた元禄期（一六八八〜一七〇四）には、さまざまな庶民文化が花開いた。歌舞伎も大きく発展し、近松門左衛門《ちかまつもんざえもん》など専門の作者が活躍、役者が芸談を残すなど「芸」をきわめる意識も強くなった。上方と江戸で異なる演技形式が人気を得たことも、この時期の特徴である。

- **上方**＝お国歌舞伎の「茶屋遊び」の流れを汲む、初代

図２　【市川團十郎の芸】三代歌川豊国画「象引《ぞうひき》・暫《しばらく》・外郎《ういろう》・六部《ろくぶ》・不動《ふどう》・助六《すけろく》・景清《かげきよ》・五郎《ごろう》」国立国会図書館蔵　初代から八代目までの当り芸を描く。一番右が初代の「象引」、その下に二代目の「暫」が、荒事の隈取を施した姿で描かれる。

坂田藤十郎《さかたとうじゅうろう》による「やつし芸」が人気に。柔弱な男性が演じる濡れ事（男女の情事を演じる）中心の演出は「和《わ》事《ごと》」として発展した。

- **江戸**＝初代市川團十郎《いちかわだんじゅうろう》［図2］による「荒事《あらごと》」の流行。勇猛で超人的な力を持つ主人公が活躍する、身体表現重視の演技様式で、神仏の役もつとめた團十郎は、超越的な存在として江戸庶民に支持された（後に團十郎は「江戸の守り神」といわれた）。役者を大きく強く見せるための隈取《くまどり》や鬘《かつら》、衣裳が考案され、また荒事の大胆な動きに合わせて、同時代の上方よりも舞台の間口が広くなるなど、荒事はこの時期の江戸歌舞伎にさまざまな変化をもたらした。

❸人形浄瑠璃の人気と歌舞伎（享保～宝暦）

歌舞伎は屋外の舞台で上演されていたが、享保《きょうほう》八年（一七二三）には防火のため瓦《かわら》屋根と塗壁《ぬりかべ》を設置した芝居小屋の建築が義務付けられた。やがて歌舞伎は低迷期を迎え、三大名作と称される『仮名手本忠臣蔵《かなでほんちゅうしんぐら》』『義経千本《よしつねせんぼん》桜《ざくら》』『菅原伝授手習鑑《すがわらでんじゅてならいかがみ》』をはじめ、人形浄瑠璃（文楽）の演目を積極的に取り入れるようになる。これらの「義太夫《ぎだゆう》狂言」「丸本物《まるほんもの》」と呼ばれる作品を介して、太夫が情景描写を語り、役者がせりふを述べる形が定着し、複雑な場面展開に合わせて舞台機構も発達をみた（**【歌舞伎の舞台】**参照）。

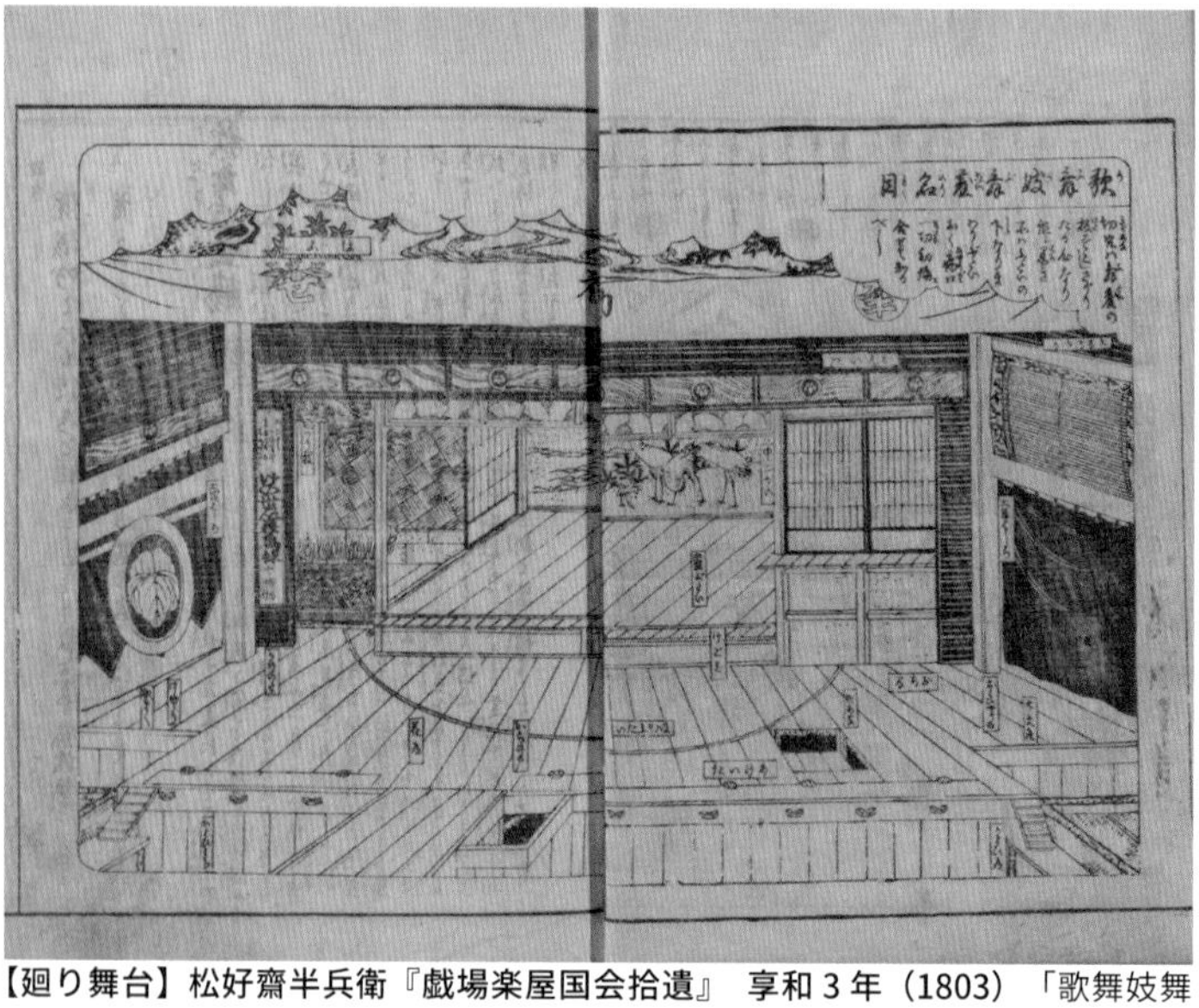

【廻り舞台】松好齋半兵衛『戯場楽屋国会拾遺』享和3年（1803）「歌舞妓舞台名目」と題された舞台図。舞台上の円形に切られた床板（盆と呼ぶ）部分を回転させ、舞台転換を迅速に行う。

宝暦期《ほうれきき》（一七五一～六四）には、独楽《こま》回しに着想を得たという廻り舞台［図3］やセリ、スッポンなども考案され、より複雑な演出が可能になった。またこの時期は長唄が大成し、初代中村富十郎による『京鹿子娘道成寺《きょうがのこむすめどうじょうじ》』（宝暦三年〔一七五三〕）、三代目瀬川菊之丞《せがわきくのじょう》による『石橋物《しゃっきょうもの》』などが上演され、所作事《しょさごと》（舞踊劇）の基礎が確立された。

❹歌舞伎の黄金期――上方から江戸へ

十八世紀後半、再び活力を取り戻した歌舞伎界は、主に江戸でさまざまな発展を見た。上方の作者並木五瓶《なみきごへい》により合理的な作劇法が持ち込まれ、リアルな演技を追及した四代目市川團十郎は「修行講《しゅぎょうこう》」という役者の勉強会を開催し、後進の演技指導にあたった。また現代の歌謡曲ともいうべき浄瑠璃の諸流派が人気を集め、舞台上で大夫や三味線方が姿を見せて演奏する「出語り《でがた》」は浮世絵版画にもさかんに描かれた。常磐津節《ときわづぶし》の『積恋雪関扉《つもるこいゆきのせきのと》』（天明《てんめい》四年〔一七八四〕）、『戻籠《もどりかご》』（天明七年）などの所作事が流行した。なおこの時期には、江戸の共通の言葉「江戸語」が定着し、言葉の基盤ができたと考えられ、演劇や小説などで江戸文化全般が隆盛を迎えた。

❺芸達者な役者たちと鶴屋南北

十九世紀に入ると個々の役者の芸の幅が広がり、上方の三代目中村歌右衛門《なかむらうたえもん》や江戸の三代目尾上菊五郎《おのえきくごろう》が立役と女方などの役柄を「兼ル《かね》」役者として活躍、江戸の三代目坂《ばん》東三津五郎《どうみつごろう》が一人で何役も変わりながら踊る「変化舞踊《へんげぶよう》」を得意とするなど、より複雑な内容の作品が誕生した。江戸の狂言作者、鶴屋南北《つるやなんぼく》が市井の風俗を写実的に描き出す「生世話《きぜわ》」を持ち味として、複数の物語を複雑に組み込む「綯交ぜ《ないま》」の手法を多用し、目覚ましい活躍を見せた。「東《とう》海道四谷怪談《かいどうよつやかいだん》」などの名作が残るほか、「色悪《いろあく》」「悪婆《あくば》」など悪の魅力を表現する新しい役柄も生まれた。多くの新作が誕生する一方で、七代目市川團十郎が「歌舞伎十八番」を制定するなど、家の芸の継承という意識が強くなった時期でもあった。

歌舞伎の主な役柄

- **立役**＝男性の役。初めは舞台で座っている地方《じかた》（演奏者）に対し立っている役者を指す言葉だったが、後に男役の総称となり、特に敵役・若衆方等を除く善人の男役の総称となった。耐え忍ぶ役である辛抱立役《しんぼうたちやく》のような役もある。
- **敵役**＝悪役を指す。天下をのっとるような悪役を「国崩し」、謀反人や大盗賊を「実悪《じつあく》」、色気のある残虐な役を「色悪《いろあく》」と、さらに細かく呼び分ける。
- **女方**＝女性を演じる役。王道の女性を演じる役者を「真女方《まおんながた》」と称する。
- **花車方《かしゃがた》**＝年配の女性の役を指す。

図４【猿若町の芝居小屋】初代歌川広重画「江戸名所　猿若町芝居顔見世繁栄の図」藤澤茜蔵　屋根の櫓《やぐら》は、幕府から興行を許された場合のみ上げることができた。櫓幕に見える角切銀杏《すみきりいちょう》の紋より、中村座を描いているとわかる。

❻幕末歌舞伎と河竹黙阿弥

贅沢《ぜいたく》を禁止し庶民の風俗粛清《しゅくせい》に乗り出した天保《てんぽう》の改革が始まると、江戸の歌舞伎は大きな打撃を受けた。天保十三年（一八四二）には江戸の中心地にあった劇場が浅草猿若町への移転を余儀なくされ、役者や芝居関係者は猿若町に住むことを命じられた［図４］。派手な生活ぶりをとがめられた五代目市川海老蔵《いちかわえびぞう》（七代目市川團十郎）が江戸から追放される異常事態となったが、その息子の八代目市川團十郎や四代目市川小團次《いちかわこだんじ》など名優が活躍し、猿若町時代を盛り立てた。生世話を得意とした河竹黙阿弥《かわたけもくあみ》は、特に盗賊を主人公とする「白浪物《しろなみもの》」を多く手がけ、『三人吉三廓初買《さんにんきちざくるわのはつがい》』や「青砥稿花紅彩画《あおとぞうしはなのにしきえ》（通称「白浪五人男」）」などが七五調の流麗な名ぜりふとともに人気を博した。

❼明治期の歌舞伎――文明開化と天覧劇

明治期には、西欧の合理主義を急速に取り入れようとする世相を反映し、歌舞伎にも変化が起きた。西洋にも通用する演劇として、庶民の娯楽として誕生した歌舞伎をも、「国劇」として位置づけようという動きが生まれ、能とともに、海外からの賓客をもてなす社交の場としての役割が期待された。十二代目守田勘彌《もりたかんや》が座元をつとめる東京新《しん》富座《とみざ》では、明治十一年（一八七八）にガス灯を導入し、役者や裏方が洋装で海外の行使を迎え話題となった。明治

図5 【天覧劇】井上安治《いのうえやすじ》・楊洲周延《ようしゅうちかのぶ》画『貴顕《きけん》演劇遊覧図』 明治20年（1887） 山口県立萩美術館・浦上記念館蔵 五代目尾上菊五郎演じる『土蜘蛛《つちぐも》』の様子。右奥に明治天皇と皇后が描かれるが、実際にはそろっての観劇ではなかった。

十年代後半には歌舞伎の近代化を目指した「演劇改良運動」が起こり、九代目市川團十郎は江戸時代の非合理的ともいえる筋立てを廃し、史実を重視した「活歴物《かつれきもの》」を上演した。政財界の協力も得て、明治二十年（一八八七）に明治天皇、皇后両陛下が観劇する天覧劇《てんらんげき》［図5］が行われたことも、特筆すべき事項である。役者では「團菊左《だんきくさ》」と称された九代目團十郎、五代目尾上菊五郎、初代市川左團次らが活躍。五代目菊五郎は、西欧化していく風俗を反映し、「散切物《さんきりもの》（丁髷《ちょんまげ》が廃止され、男性が髪を散切頭にしたことによる）」を上演した。新派、新国劇などの新しい演劇とも関係しながら発展したこの時期には、坪内逍遥《つぼうちしょうよう》の『桐一葉《きりひとは》』を皮切りに、劇場付の狂言作者以外の文学者による「新歌舞伎」も誕生し、岡本綺堂《おかもときどう》や新派出身の真山青果《まやませいか》らが多くの作品を作った。

❽昭和から令和へ

大正から昭和にかけては、六代目尾上菊五郎、初代中《なか》村吉衛門《むらきちえもん》が「菊吉時代《きくきち》」を築き、古典も新歌舞伎もこなした。昭和三年（一九二八）の二代目市川左團次によるソ連公演（現在のロシア・ロシア革命十周年への招待）をはじめ、海外公演も増えていった。第二次世界大戦後には、GHQにより演目の規制が行われた時期もあったが、昭和二十六年（一九五一）に歌舞伎座が再開し、六代目中村歌右衛門、十一代目市川團十郎、十七代目中村勘三郎《なかむらかんざぶろう》らが活躍した。一九八〇年代に三代目市川猿之助《いちかわえんのすけ》（現市川猿翁《えんおう》）によるスーパー歌舞伎が上演され、平成以降は『ワンピース』『NARUTO』など人気コミックの歌舞伎化やプロジェクションマッピングの使用など、時代に応じた新しい歌舞伎も楽しまれている。

平成十七年（二〇〇五）、歌舞伎はユネスコより「世界無形遺産」に認定された。

特色

❶「型」の芸術

日本文化の基本である、「型」を継承しつつその上に新たな芸を創り上げるという考えは、歌舞伎にも当てはまる。歌舞伎では特に、役者ごとの演技のやり方を「型」と呼ぶ。たとえば『義経千本桜』の狐忠信《きつねただのぶ》という役の場合、尾上菊五郎の音羽屋《おとわや》型と、ケレン（宙乗りや早替りなど技巧的で派手な演出）を多用する市川猿之助の澤瀉屋《おもだかや》型などがある。

また、衣裳や鬘にも決まりがあり、老若男女、善人か悪人かなど、登場人物の性格付けが行われている。その人物の内面を見た目から判断できるような演出になっており、実は悪人だったと素性を現す際などは、悪役に適した衣裳や鬘に瞬時に変化させる工夫もある。

❷役者の名前や「家の芸」の継承

歌舞伎役者は芸名を用い、芸とともにその名を継承してきた。江戸で最も古い芝居小屋である中村座の座元《ざもと》（役者であり興行主）は中村勘三郎を名乗り、先代の勘三郎で十八代を数えた。江戸時代後期には市川團十郎家の「歌舞伎十八番」に代表される「家の芸」という考えも芽生え、明治以降も多くの家の芸が誕生した。

❸女方芸の発達

女方は、一六二九年に女役者が禁じられ、男性のみで演

図6【女方の人気】渓斎英泉《けいさいえいせん》画「美艶仙女香《びえんせんじょこう》　はつ雪や美人のはきの又白し」山口県立萩美術館・浦上記念館蔵　「仙女」は名女方の三代目瀬川菊之丞の俳名。菊之丞のように美しくなれるというコンセプトの白粉。女方役者は、ファッションリーダーのような存在でもあった。

じられてきた歌舞伎ならではの役柄である。元禄期の上方で活躍した名女方、芳沢《よしざわ》あやめの芸談『あやめ草』には、日常生活でも女性らしく振る舞うとあり、女方は「理想的な女性」として男女ともに憧れの対象になった［図6］。見た目も女性らしい、声変わり前の少年のみが女性役を演じたシェイクスピア劇などとは異なり、成人男性が演じる女方の演技は、歌舞伎の大きな魅力のひとつとして継承されてきた。

❹さまざまな演劇からの影響

先行する能楽、同時代に発展した庶民の芸能である人形浄瑠璃など、歌舞伎はさまざまな芸能の影響を受けている。

- **能**＝お国歌舞伎の頃に能舞台、楽器の四拍子を取り入れ、その後も演目（道成寺・安宅《あたか》・土蜘蛛など）の影響を受けている。
- **狂言**＝せりふ劇として「しゃべりの芸」の手本とした。演目（棒しばり・花子《はなご》＝歌舞伎「身替り座禅」等）明治期には、能、狂言を題材にとり、能舞台の様子を模して上演する「松羽目物《まつばめもの》」が流行した。
- **人形浄瑠璃**＝当たりを取った作品を歌舞伎化。義太夫狂言・丸本物という（三大名作の「仮名手本忠臣蔵」・「義経千本桜」・「菅原伝授手習鑑」など）

❺総合芸術としての魅力――スペシャリストの集まり

役者以外も、さまざまな職種の人々が鍛錬した技術を終結させて舞台を完成させるのも、歌舞伎の特色。江戸時代には、六百人ほどの観客を収容できた芝居小屋で、次のような職種の約二百人が働いていたという。

狂言作者・頭取《とうどり》・大道具・小道具・音楽（太夫・三味線・鼓・下座《げざ》）・鬘師《かずらし》・床山《とこやま》など。

それぞれのプロが腕を磨き、技を結集させたことで、江戸中期には廻り舞台（現在、海外の劇場でも使用されている）などの優れた舞台機構も考案された。

❻観客参加型の演劇――掛け声がかかる

歌舞伎独特の習慣として、役者の出入りや見せ場でかけられる「掛け声」がある。初期歌舞伎の頃から、贔屓《ひいき》（ファン）が特定の役者にほめ言葉をかけていた名残とされ、現在は主に「大向《おおむこ》う」と呼ばれる玄人《くろうと》集団の面々により、役者の屋号や代数、役者の住む地名（尾上松緑《おのえしょうろく》の場合、紀尾《きお》井町《いちょう》）のほか、名場面や名せりふの前には「待ってました」などさまざまな掛け声がかけられる。舞踊劇『お祭り』では、「待ってました」の掛け声を受けた主人公が「待っていたとはありがてえ」と返すのも見どころだ。演目により掛け声をかけないこともあるが、ほかの演劇にはない歌舞伎独自の習慣として注目される。

用語解説

❶演目の種類――主題により次の三種類に分類

・**時代物**＝過去の歴史や文学に取材したもの。江戸時代の武家社会で起きた事件を脚色したものも含む。庶民の芸能である歌舞伎では武士の名をそのまま役名として使用できなかったため、たとえば赤穂《あこう》浪士の討入りは『太平記』の世界に置き換えて上演され、浅野内匠頭《あさのたくみのかみ》は塩冶《えんや》判《はん》官《がん》と名を変えて上演される。

・**世話物**＝町人社会を題材にした当代劇。男女の心中や殺人など、実際に起きた事件をすぐに取り入れて上演する場合もあるため「一夜漬け」とも称された。

・**所作事**＝義太夫節や長唄などを伴奏とした舞踊劇。もとは女方役者の見せ場であったが、立役の役者が早替りで踊り分ける「変化舞踊」なども人気となった。

❷歌舞伎に携わる人々

・**狂言方・狂言作者**＝各劇場の専属で、歌舞伎の脚本を担当する作者。初期の歌舞伎では役者が作者を兼ねたが、内容が複雑化するうちに近松門左衛門のような専門の作者が誕生し、江戸後期には鶴屋南北、河竹黙阿弥らが活躍した。現在では柝《き》(拍子木)を打つなど、舞台進行も担当。

・**囃子方**＝音曲の担当者↓**【歌舞伎の音曲】**参照

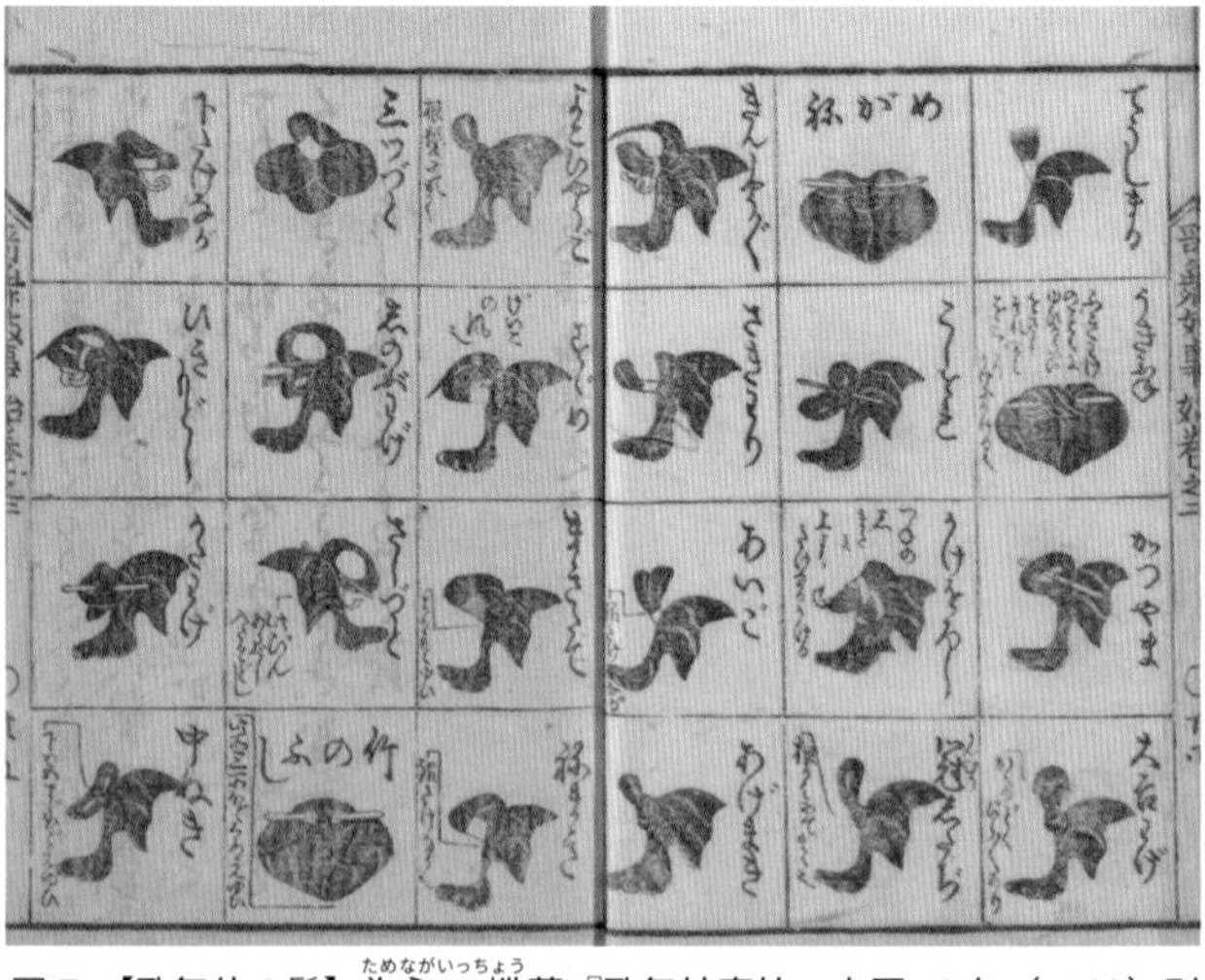

図7 【歌舞伎の鬘】為永一蝶《ためながいっちょう》著『歌舞妓事始』宝暦12年（1762）刊 国立国会図書館蔵 江戸時代には年齢や階層による髪型の区別があり、それが歌舞伎の鬘にも反映されている。役柄ごとに使用する鬘は決まっており、その数は千種類以上。鬘の土台を作る鬘師、それを結い上げる床山が分業して作成する。

・**大道具方**＝舞台に置く道具や背後の幕などを担当。

・**小道具方**＝役者が直接手にするものすべてを担当。

・**衣裳方**＝役者が着用する衣裳を担当。

・**鬘師**＝**床山**：鬘の土台を作る鬘師と、その髪を結い上げる床山が分担して鬘を作る。立役、女方は別々の床山が担当するため、江戸時代には歌舞伎小屋の三階の立役の

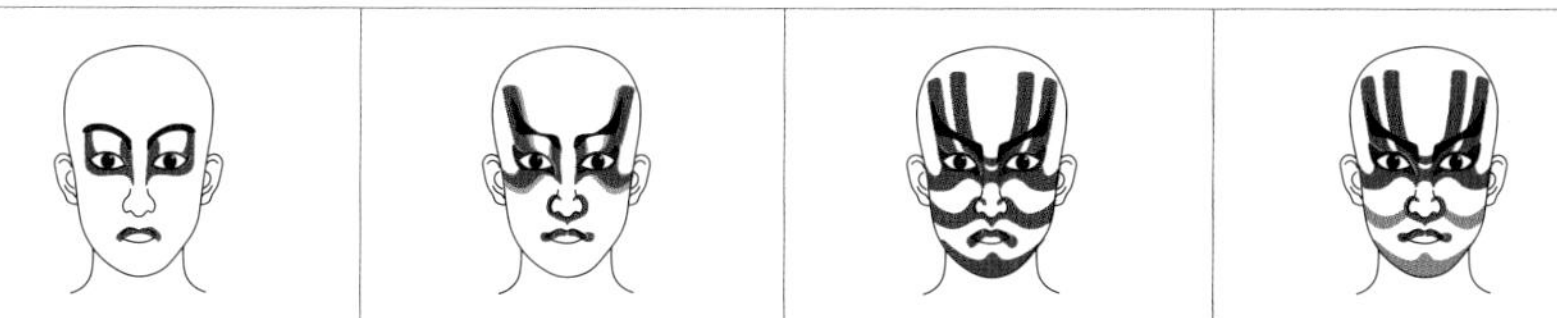

むきみ隈（むきみぐま）	一本隈（いっぽんぐま）	筋隈（すじぐま）	景清の隈（かげきよのくま）
正義感があり、若々しい色気のある役に用いる。『菅原伝授手習鑑』の桜丸、『助六由縁江戸桜』の助六など。	荒事で、やんちゃで暴れん坊な役に用いる。『国性爺合戦』の和藤内など。	超人的な力を持つ役に用いる。『暫』の鎌倉権五郎、『矢の根』の曽我五郎、『菅原伝授手習鑑』の梅王丸など。	景清に用いる。勇ましく、また牢屋に入れられてやつれた様子を表す。上半分は紅の筋隈、下は藍でとる。

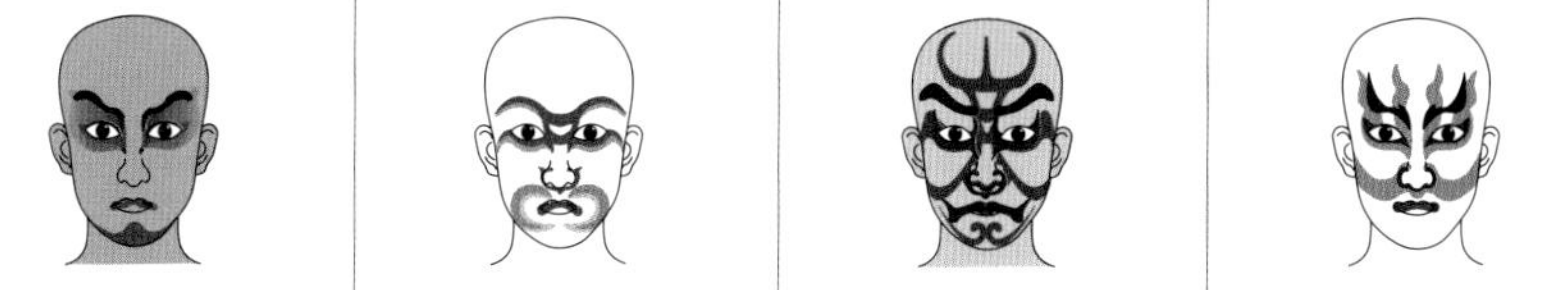

赤っ面（あかっつら）	鯰隈（なまずぐま）	茶隈（ちゃぐま）	公家荒れ（くげあれ）
大悪人の家来などで、思慮の浅い乱暴な敵役に用いる。『暫』の腹出し（ウケの家来、大きく腹を出した衣裳を着用）など。	鼻脇から下部へ、藍で鯰ひげを描くのが特徴。『暫』の鯰坊主に用いる。戯画的に表現される戯れ隈（ざれぐま）の一種。	妖怪や幽霊、怨霊などの役に用いる。『土蜘』の土蜘の精など。	身分が高く、国をわがものにしようとする敵役に用いる。『暫』のウケ（主人公と敵対する敵役）、『菅原伝授手習鑑』の藤原時平など。

図8　隈取の例　主に荒事や時代物の登場人物に用いられる化粧。血管や筋を誇張して表現した化粧がもととされ、紅隈、藍隈、茶隈に大きく分類される。

部屋と二階の女方の楽屋にそれぞれの床山の部屋があった。

歌舞伎の鬘と隈取

歌舞伎では、個々の役柄に合わせて鬘や衣裳、隈取などが決まっており、たとえば善人の振りをしていた悪役がその本性を見顕わす時などは、鬘や衣裳を瞬時に変える工夫もなされる。歌舞伎百科事典ともいえる『歌舞妓事始』には、図7（女方の鬘）のようにさまざまな鬘が紹介されている。また荒事に用いられる化粧の隈取も、正義の人物には紅隈、悪人には藍隈、妖怪変化には茶隈を施すという大まかな決まりがあり、役柄に合わせてさらに細かく分類される。

演目紹介

◆『勧進帳《かんじんちょう》』［図9］

歌舞伎十八番の一。一幕。三世並木五瓶作。四世杵屋《きねや》六三郎《ろくさぶろう》作曲。天保十一年（一八四〇）江戸河原崎座《かわらさきざ》で七代目市川團十郎の弁慶《べんけい》で初演。能の『安宅』をもとに、長唄を地として歌舞伎化したもの。追われる身の源義経《みなもとのよしつね》が、家来の弁慶らとともに東大寺勧進の山伏《やまぶし》と称し、安宅関を通過する苦心談を描く。弁慶が勧進帳を読む「読み上げ」や関守の富樫《とがし》と繰り広げる「山伏問答」、延年《えんねん》の舞や飛び

図9　令和４年11月歌舞伎座上演『勧進帳』 13代目市川團十郎白猿の武蔵坊弁慶　Ⓒ松竹（株）

図10　令和４年12月歌舞伎座上演『助六由縁江戸桜』 13代目市川團十郎白猿の助六・初代坂東彌十郎の意休 Ⓒ松竹（株）

六方《ろっぽう》（片手を大きく振り、花道を勢いよく退場する演出）での退場など、見所も多い。松羽目物の初作で、歌舞伎劇中有数の人気作品。

●『助六由縁江戸桜《すけろくゆかりのえどざくら》』［図10］

歌舞伎十八番の一。一幕。通称「助六」。正徳《しょうとく》三年（一七一三）二代目市川團十郎が『花館愛護桜《はなやかたあいごのさくら》』の名題で初演。主人公の花川戸助六は曽我五郎《そがのごろう》で、名刀の友切丸を詮議している。恋人の遊女揚巻《あげまき》に言い寄る髭《ひげ》の意休《いきゅう》に悪態をつき、意休が所持する刀を奪い返す。初演の二代目團十郎は和事味も持ち合わせ、母満江《まんこう》に喧嘩をしないよう紙衣《かみこ》（和紙の着物）を着せられる場面などにその要素が見られる。粋な江戸っ子の理想像として助六は人気を博し、揚巻は傾城《けいせい》（遊女）最高の役となっている。幕切れ近くに助六が天水桶《てんすいおけ》（防火用の水槽）の水に全身をつける「水入り」まで上演するのが本格的。

●『京鹿子娘道成寺』［図11］

歌舞伎舞踊曲。長唄。宝暦三年（一七五三）江戸中村座で初代中村富十郎《なかむらとみじゅうろう》が初演。藤本斗文《ふじもととぶん》作詞、初世杵屋弥三《きねややさぶ》郎《ろう》作曲、杵屋作十郎《さくじゅうろう》補曲。能『道成寺』（女性が大蛇と化して道成寺の鐘もろとも恋しい男性を焼き殺したという、紀州道成寺に伝わる伝承に取材）をもとにした、女方舞踊の大曲。道成寺の鐘供養に現れた美しい白拍子が、能を模した乱拍子と急《きゅう》の舞（最もテンポの速い舞事）を披露した後、衣裳や小道具を替えながら娘の恋心を表現する。手拭を持ってのクドキ（歌舞伎音楽で恋慕、恨みなどを表現する部分）の場面は見どころの一つ。羯鼓《かっこ》（彩色を施した小鼓を胸につけ打ちながら舞う）、鈴太鼓と小道具を替えて踊り、鐘への執着を募らせて鐘入り（鐘の中に飛び入る演出）となる。

図 11　勝川春英画「娘道成寺」寛政 8 年（1796）　山口県立萩美術館・浦上記念館蔵

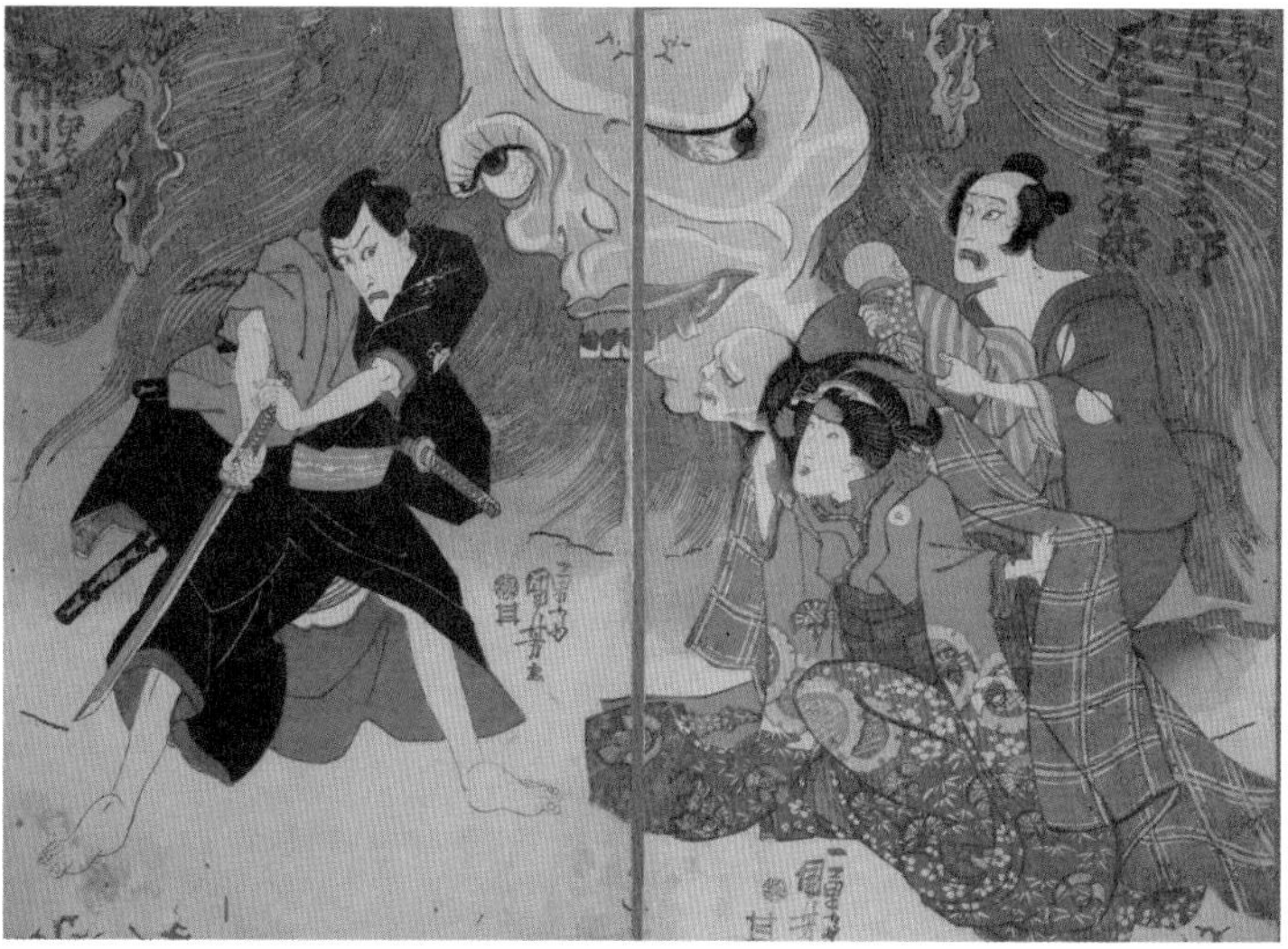

図 12　【東海道四谷怪談】歌川国芳画　天保 7 年（1836）東京都立中央図書館東京誌料文庫蔵　お岩の死後、新しく妻に迎えたお梅の顔がお岩に変わり、錯乱する伊右衛門。怨霊となったお岩の恨みが見事に表現されている。

◆**『東海道四谷怪談』**〔図12〕

世話物。五幕。四世鶴屋南北作。文政《ぶんせい》八年（一八二五）江戸中村座初演。怪談物の代表作。寛文《かんぶん》年間（一六六一～七三）四谷左門町《さもんちょう》に住んでいた田宮又左衛門《たみやまたざえもん》の娘お岩が嫉妬によってたたりをなしたという巷説《こうせつ》などを題材とし、『仮名手本忠臣蔵』の世界に当てはめた人物設定をしている。夫、民谷伊右衛門《たみやいえもん》をめぐる騒動で毒薬を飲まされたお岩の容貌が次第にくずれていく「髪すき」や、伊右衛門に殺された小仏小平《こぼとけこへい》とお岩の死体をくくりつけた戸板が流れてくる「戸板返し」の場面などが人気。

歌舞伎の舞台

お国歌舞伎では先行する芸能である能に倣い、能舞台を使用した。手前に張り出した形式は幕末まで踏襲された。

舞台機構の発達期

- **セリ**（宝暦三年（一七五三）成立）＝舞台を四角く切り抜き建物や人物を登場させる昇降装置。
- **廻り舞台**（宝暦八年（一七五八）成立）＝盆《ぼん》ともいう。舞台を丸く切り抜き回すことで大道具等を早く転換することができる。歌舞伎発祥の舞台装置。
- **スッポン**（宝暦九年（一七五九）成立）＝花道にある切

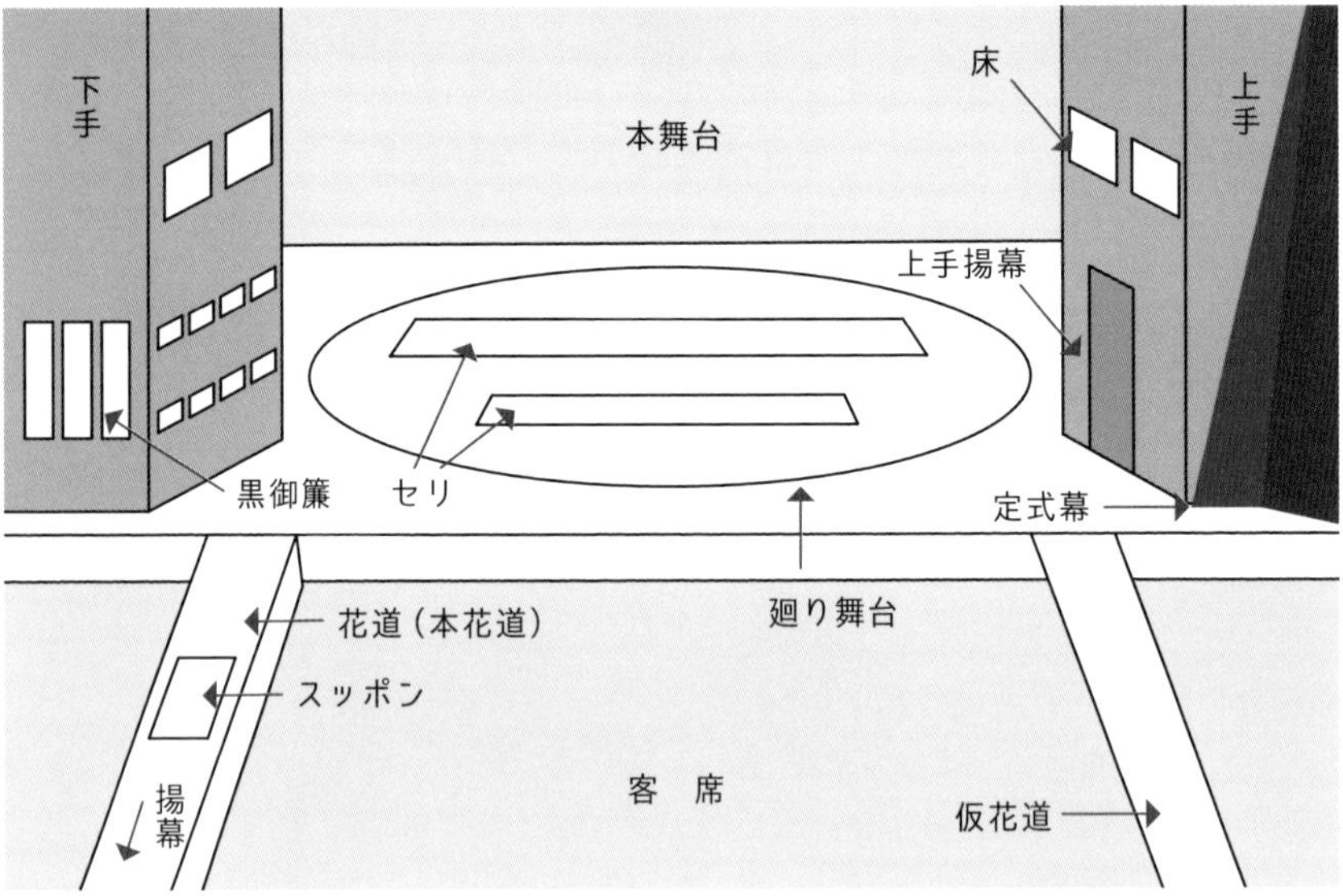

図13　舞台上には回り舞台、セリなどの仕組みがあり、上手には義太夫節の演奏する床、下手には下座音楽を演奏する黒御簾がある。役者の登退場に用いる花道は下手側に常設され、必要に応じて上手側に仮花道が設けられる。

穴で、妖怪変化や妖術使いなどの出入りに用いる。

- **がんどう返し**（宝暦十一年（一七六一）成立）＝大道具を九十度後ろへ倒し、底面を垂直に立てて次の場面に転換させること。どんでん返しとも。
- **引割り**（明和年間（一七六四～七二）成立）＝大道具を二つに分け左右に引入れ次の場面の背景を出すこと。
- **田楽返し**《でんがくがえし》（寛政元年（一七八九）成立）＝背景の一部を切り抜き、上下または左右の中心を軸にくるりと回転させ、背面を出す仕掛け。

歌舞伎の音曲

❶歌舞伎の楽器と演奏者

歌舞伎は、お国歌舞伎の時代から能楽の四拍子（笛・小鼓・大鼓・太鼓）を用い、遊女歌舞伎の頃に遊廓で流行していた三味線も取り入れて、主な楽器として使用してきた。

江戸時代には、音楽の担当者（歌舞伎の伴奏音楽である長唄の唄方、三味線方、打楽器や管楽器を担当する鳴物師《なりものし》）を総称して「囃子方《はやしかた》」と称したが、現在では鳴物師だけを指すことが多くなっている。能楽の囃子方は一つの楽器のみを演奏するが、歌舞伎の場合は小鼓、大鼓、太鼓に加え、下座音楽で使用する打楽器も演奏できなければならない。舞踊劇の出囃子《でばやし》の場合は小鼓の演奏者が立鼓《たてつづみ》となり、コンサートマスターの役割を果たす。

❷歌舞伎音楽の種類

歌舞伎の音楽は主に下座《げざ》音楽、所作《しょさ》音楽に分けられる。

- **下座音楽**＝舞台下手にある黒御簾《くろみす》（下座）で演奏されるもので、三味線に合わせた長唄の「唄」、三味線のみの「合方《あいかた》」、それ以外の鉦《かね》・太鼓・鼓・笛などによる「鳴物」がある。

芝居の幕開き、場面転換や人物の登退場など場面に合わせた情景表現のほか、立廻りの伴奏、雨音や雪音などの自然現象まで多岐にわたる表現がなされる。幽霊や妖怪が登場する際にドロドロと太鼓を打つなど、さまざまな場面で用いられ、その数は八百とも千ともいわれる。胡弓《こきゅう》や尺八《しゃくはち》の演奏が入る場合は、その専門家が加わる。なお舞踊劇において黒御簾での演奏が入る場合は「蔭囃子《かげばやし》」と称される。

- **所作音楽**＝所作事（舞踊劇）の伴奏として演じられるもので、演奏者が舞台上に姿を見せて演奏する「出語り」の形式をとることが多い。義太夫狂言の語りを担当する竹本、所作事の地として演奏される長唄・常磐津・清元《きよもと》などが含まれる。

歌舞伎の伴奏音楽として発達した長唄では囃子方ととも

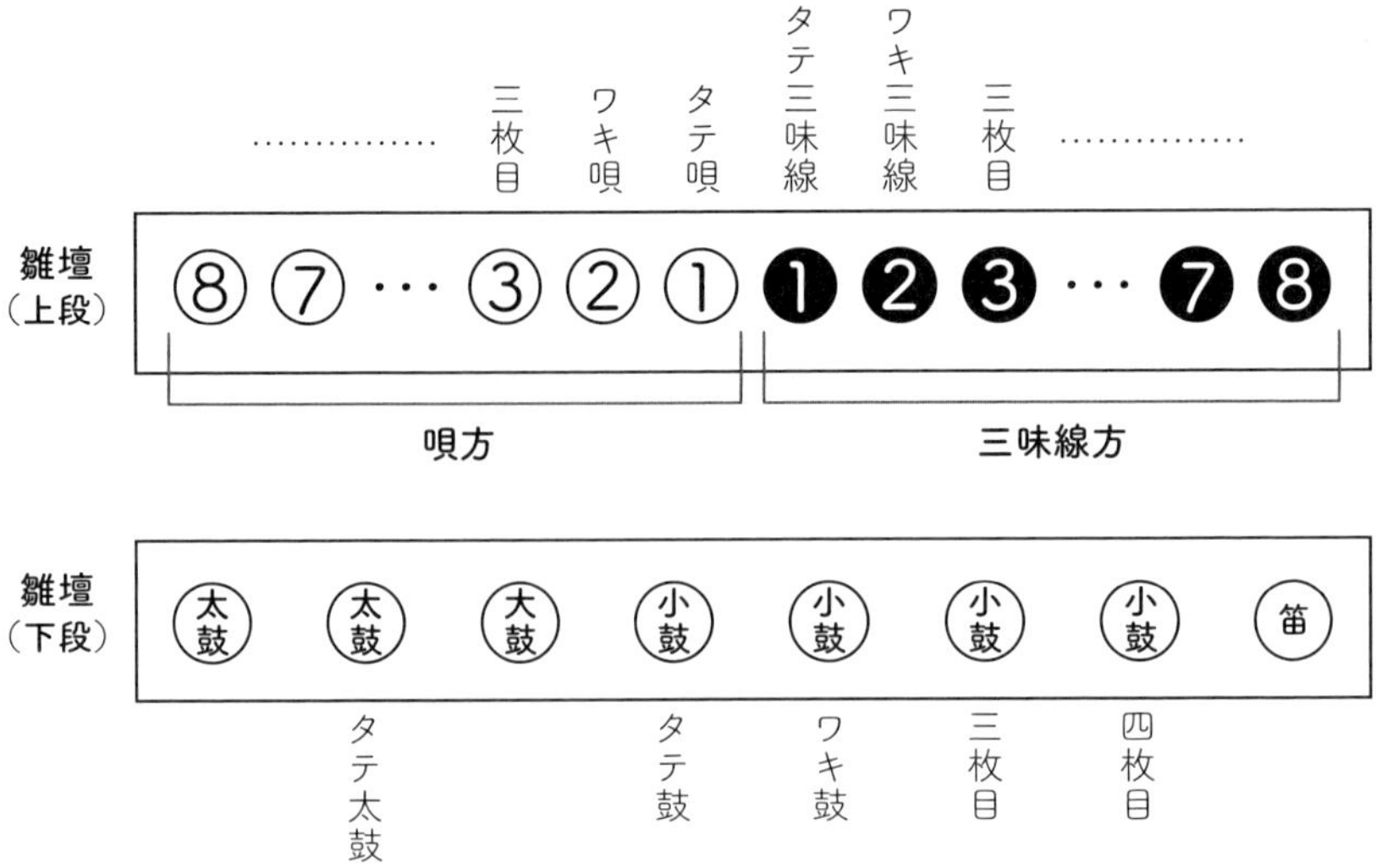

図14　出囃子の演奏形態の一例　上段に三味線方と唄方、下段に鳴物方が並ぶ。それぞれの主演奏者を「タテ」といい、上段中央はタテ三味線とタテ唄の座となっている。唄方の場合、タテ唄からの距離がある一番下手側（⑧）は、タテ唄に次ぐ経験豊富な演奏者がつとめ、「巻軸」「トメ」などと称される。三味線方も同様に、一番上手側（❽）は「巻軸」「トメ」などと呼ばれる。

に演奏する「出囃子」という形式があり、舞台上の雛段の上段に唄と三味線、下段に笛、小鼓、大鼓、太鼓が並ぶ。上段、下段とも中央に主となる演奏者（立唄、立三味線、立鼓）が座るよう配置が考えられている。囃子方は最低四人で、上段の人数に合わせて人数を調整する［図14参照］。

歌舞伎における音曲は、義太夫節を中心とする「語り物」と伴奏音楽の長唄に分類される。

【語り物＝浄瑠璃】

- **義太夫節**＝竹本義太夫が近松門左衛門と組んで始めた流派。人形浄瑠璃の語りとして現在まで継承。
- **常磐津節**＝豊後節より分かれた流派。歌の要素を加味し、半ば唄い、半ば語るといわれる。
- **富本節**＝常磐津節より分派。後にここから清元節が生まれた。常磐津よりも派手な曲調。
- **清元節**＝富本節より分かれた流派。高音をきかせた芸風。

【長唄】

歌舞伎舞踊の伴奏音楽として江戸で誕生。『勧進帳』『京鹿子娘道成寺』など。

歌舞伎舞踊と日本舞踊

❶日本の舞踊とは

日本の舞踊は古く神事や宮廷歌舞として行われた。中世以降は仏教と結びついて、盆踊りのもととされる「踊り念仏」が広まり、それが華美な踊りを見せる「風流《ふりゅう》踊り」へと発展した。「風流踊り」や幼女による「ややこ踊り」の流れの上に、「お国歌舞伎」が誕生したのである。

❷歌舞伎舞踊の特徴と変遷

現在の歌舞伎舞踊の基礎は、若衆歌舞伎の時代に作られたという。元禄年間（一六八八～一七〇四）にはストーリー性をもった舞踊劇である「所作事」が確立され。複数の役に変わって演じる「変化舞踊」も登場した。また享保（一七一六～三六）以降には、長唄の発達にともない長唄舞踊が人気を集め、『京鹿子娘道成寺』や『石橋物』などの名作が生まれた。このころまでは女方が、女性の恋やその執着を演じる内容が多かった。また、初代藤間勘兵衛《ふじまかんべえ》のように、歌舞伎役者ではなく舞踊を指南する踊りの師匠から振付師となり、活躍する者も出た。一八世紀後期には常磐津節が流行、『関の扉《せきと》』など立役中心の舞踊劇も盛んになった。

十九世紀前半には、三代目中村歌右衛門や三代目坂東三津五郎など、立役の舞踊の名手も登場し、男女の様子を演じ分ける変化舞踊も人気を得た。

明治期には能楽をもとにした松羽目物が作られ、大正期には西洋のバレエなどの影響も受けて、歌詞のない舞踊『虫《むし》』が上演されるなど、歌舞伎舞踊も新たな時代を迎えた。

❸日本舞踊の流れと特徴

日本舞踊は、こうした歌舞伎舞踊を土台として発展した。江戸時代から、歌舞伎役者以外にも舞踊をたしなむ人々の裾野は広がっていた。十九世紀には、藤間家や坂東家などの門人で、男子禁制の大奥や大名家に招かれて最新の歌舞伎舞踊を披露し、奥女中《おくじょちゅう》（大奥などに仕える女性）に歌舞音曲を教える、「御狂言師《おきょうげんし》」と呼ばれる女性たちも活躍、一般の庶民に教授する踊りの師匠も増えていった。明治期以降、歌舞伎舞踊から離れて日本舞踊も独自の発展を遂げた。明治末に坪内逍遥が舞踊劇の創作を推奨し、大正期には新しい舞踊作品を創造する「新舞踊運動」が起こり、女流舞踊家が活躍するようになった。現在では、藤間、西川、花柳《はなやぎ》、若柳《わかやぎ》、坂東などの主要流派以外にも、計二百以上の流派があり、それぞれの特徴を生かした活動がなされている。

参考文献
・諏訪春雄『歌舞伎の源流』（歴史文化ライブラリー、吉川弘文館、二〇〇〇年）
・渡辺保『江戸演劇史（上）（下）』（講談社、二〇〇九年）
・藤田洋『日本舞踊ハンドブック 改訂版』（三省堂、二〇一〇年）
・河竹登志夫『新版　歌舞伎』（東京大学出版会、二〇一三年）
・配川美加『歌舞伎の音楽・音』（音楽之友社、二〇一六年）
・服部幸雄『市川團十郎代々』（講談社学術文庫、二〇二〇年）

Column

歌舞伎音楽の伝承

文●田中傳左衛門（歌舞伎囃子田中流十三世家元）

歌舞伎音楽のはじまり

　歌舞伎音楽の起源については諸説あります。歌舞伎の起源が杵築大社《きずきのおおやしろ》（出雲《いずもの》大社《おおやしろ》）の巫女《みこ》、出雲の阿国《おくに》が始めた「かぶき踊り」という興行であると一般的にいわれていますが、歌舞伎音楽の起源も神社や寺で囃《はや》されている太鼓や鉦《かね》・笛などを使用した神楽《かぐら》などの民俗芸能が起源といわれています。

　出雲神楽の大太鼓奏法は、近年一般的な和太鼓のイメージとして定着しつつある、太い撥《ばち》を振りかぶって叩く奏法でなく、大太鼓の打面《だめん》と垂直に立って細長い撥を横に振って打ちますが、現在の私どもも同様の奏法で演奏しており、その時代の名残ともいわれています。

　やがて興行が評判を呼び、たくさんの劇場が並ぶと競い合うのは当然で、より多くのお客を集めるために、さまざまな芸能を取り入れ始めます。

　日本には古来より〈本歌取り《ほんかど》〉の文化もあり、あとの時代の文化が前代の文化を貪欲に摂取していく下地がありました。

　歌舞伎音楽がいち早く吸収したのは、当時海を渡ってきた最先端の楽器である三味線と、すでに室町時代より数百年の時を経て、戯曲も音楽も洗練されていた能・狂言の囃子（笛・小鼓《こつづみ》・大鼓《おおつづみ》・太鼓）とそれらの様式という、新旧の文化でした。

　この二つの文化を融合させたことにより格段に表現の幅が広がり、歌舞伎音楽は民俗芸能から舞台芸術として発達していきます。

歌舞伎音楽概論

　やがてさまざまな劇場で歌舞伎が上演されるにつれ、歌舞伎囃子の役割も「儀礼音楽」・「出囃子《でばやし》」・「下座音楽《げざ》」に大別されていきます。「儀礼音楽」は、序幕の俳優・演奏家がそろったこと、現在では劇場の開場を知らせる「着到《ちゃくとう》」、幕が閉まって幕間《まくあい》（休憩）を知らせる「砂切《しゃぎり》」、

「第二回 古典芸能を未来へ」における『三番叟』小鼓：田中傳左衛門
撮影：渞忠之

当日の公演の終了を知らせる「打出《うちだ》し太鼓」、また、開場前に天下泰平千客万来を祈り、興行の開催を触れた「一番太鼓」があります。

「一番太鼓」は江戸の中橋《なかばし》（日本橋と京橋の間）に中村座があった頃、江戸城登城の触れ太鼓と間違えて大名が登城してしまった事件があり、以来浅草に移転するまでは禁止となり、明治で一度廃《すた》れて、近現代は劇場の開場式などで打たれるくらいになりました。

「出囃子」は、読んで字のごとく舞踊などで舞台上に出て曲を演奏するものです。

前項で触れた三味線音楽は歌舞伎に導入された後、舞台のさまざまな情景を表す唄とともに発展し、それに伴い囃子も専門的な難しい演奏方法が求められるようになりましたが、当時その技術を最も持っていたのは、教養として幼少の頃から茶道と能楽をたしなみ、稽古を重ねていた武士の次男三男など、家督を継がない男子でした。

申すまでもなく歌舞伎は町人の文化、また三味線音楽も町人の文化で、身分の違う武家が公式に同じ舞台に上がることはご法度でした。ゆえに彼らは頭巾や覆面などで顔を隠して楽屋入りし、囃子楽屋入り口の刀掛けに刀を掛けて、決して名前を表に出さずに演奏して謝金をもらって帰る、ということをしていました。

囃子はどの演目でも必ず使用されるにも関わらず、古い文献で表や記録に全く名前が残っていないのはそのような理由も大きく、田中家の累代にも幾人かそのような先祖が居たと伝わっています。

「下座音楽」は黒御簾《くろみす》音楽ともいい、舞台下手《しもて》（向かって左側）にある黒御簾という、オーケストラボックス内で演奏され、古典歌舞伎の音響効果の主体を成しています。

ちなみに江戸後期までの歌舞伎の黒御簾は舞台上手《かみて》（向かって右側）にありました。「出囃子」で触れたように、演奏家に武士の徒弟など外部の者が出入りしており、本来「外座《げざ》」という名称だったのが演奏場所の変遷とともに「下座」の字を使うようになったといわれています。

囃子方は朝の儀礼音楽からすべての演目に必要で、劇場には囃子頭取《とうどり》がいて、ゲストアーティストとしていろいろなジャンルの当時流行最先端の三味線音楽の演奏家たちが集まりましたが、そのうちの一つ「長唄《ながうた》」に多くが吸収され、江戸後期に九代目杵屋六左衛門《きねやろくざえもん》が兄の七代目（四代目とも）田中傳左衛門の早世後に囃子部門も統括しました。現在は再び分業し、囃子の分野が単立しています。

現在の歌舞伎音楽――作調《さくちょう》について

「作調」というのは耳慣れない言葉と思います。これも広義と狭義があり、狭義には三味線音楽に打楽器と笛を付けて曲として完成させることですが、広義にはそれのみならず戯曲全体のサウンドデザインをする意味もあり、歌舞伎囃子の特色でもあります。

「下座音楽」の作調は、江戸期に先人たちがさまざまな当時最先端の音楽と古典の双方を取り入れたように、現代の複雑な戯曲、また古典歌舞伎には存在しない演出家の意向に対応するために、それまで使用してこなかった楽器、あるいは録音やマイクを使用することもあるなど、時代ごとに変遷していますが、一貫して戯曲と俳優の演技、演出家の意向を崩さないように心がけています。

対して「出囃子」の演奏は、古典はもちろん、新作であっても古典のセオリーを崩さず作り、演奏することが大切で、私が幼少の頃から育てていただいた坂東《ばんどう》玉三郎《たまさぶろう》丈、十八世中村勘三郎《なかむらかんざぶろう》丈、舞踊の名人で知られた五世中村富十郎《とみじゅうろう》丈などからは「出囃子のときは演奏が八割、役者は二割。演奏が成立していないと踊れないし、お客にも伝わらない。極論だが役者がいなくても舞台が成立するくらいの演奏をしなさい」と教えられてきました。

九代目市川團十郎《いちかわだんじゅうろう》が『春興鏡獅子《しゅんきょうかがみじし》』を創作し、明治三十一年（一八九八）に大阪で数日間再演した際に、前《まえ》シテだけを踊って後《のち》シテは出ず、お客に演奏だけを聞かせたことがあったという記録もありますが、どちらが主・従などでなく〝不即不離《ふそくふり》〟の心で勤めるようにしております。

芸の継承
──世襲制のメリット・デメリット

世阿弥《ぜあみ》の言葉に「家、家にあらず、継ぐを以《もっ》て家とす。人、人にあらず、知るを以て人とす。」というものがあります。「家はただ継ぐから家ではない。継ぐべきものがあるから家である。人もそこに生まれただけではそこの人とは言えない。その家が守るべきものを知る人だけが、その家の人と言える」という意味です。

日本の伝統芸能のイメージとして、世襲制を思い浮かべる方も多いと思いますが、「家」をより重んじて、実子だけでなく、親族や弟子でも出来がよければ養子にして継がせる例も多く、必ずしも血脈主義だけではなかったようです。

実子への世襲が増加したのは明治維新による伝統芸能全体の没落が大きかったようで、徒弟の規模が縮小して継がせる相手が実子しかいないという状況が多発しました。

現在も「親だけが子を教えては思い入れが強すぎて子どもが潰れて駄目になる」というのが通説で、必ずよそに修行に出しています。「教外別伝不立文字《きょうげべつでんふりゅうもんじ》」という言葉がありますが、そこで残った後継者に、まさに一子相伝の、文字では表せない伝承をし「家」を繋いでいきます。

私も稽古の最初は二歳半で能の八世観《かん》世銕之亟《ぜてつのじょう》師のもとで能の子方《こかた》、能役者としての修行がスタートでした。そこで芸の基礎である「あいさつをする」「大きな声を出す」「舞台上では遠くを見る」「呼吸を深くする」など、さまざまなことを学びました。兄（能楽大鼓方亀井広忠）と弟（歌舞伎囃子方田中傳次郎）がいることも大きなことでした。競争原理が働かないと必ず甘えが出てきます。同時期に彼らと切磋琢磨して互いに支え、あるいは牽制しあうことで成長できた気がします。

世襲は環境と言えますが、環境を生かせることはメリットですし、修行を怠《おこた》り、家名に頼ることはデメリットと言え、本人次第でプラスにもマイナスにもなります。

近年諸外国に公演に出たときに聞かれることが、「日本の伝統芸能では名人と呼ばれる人の子どもも名人であることが多い。西洋の音楽家ではほとんど例がない。なぜか」ということです。確かに、西洋音楽の方がよほどメソッドが確立されて、それらが記載された楽譜などが市販され、気軽に手に入ります。対して日本の伝統音楽は口伝による伝承が大きく、楽譜など非常に入手しづらいうえに暗号のようなもので、初見で完全に演奏しこなすことはほとんど不可能に近いものです。毎年母校学習院大学で講義をするときにこの問を投げかけてあえて回収しませんが、ここに答えがあるように思います。

あとがき

私の家は関東大震災と太平洋戦争と二回焼けており、残念ながら紙の資料はほとんど残っておりません。また、戦後直ぐは曽祖父も祖父もほとんど資料をまとめた形跡がなく、歌舞伎や邦楽のみならず日本の先行きに不安を感じていたことがうかがえます。

記録として書かれた資料が少ないことは学術的な研究面ではマイナスかもしれませんが、譜面や日本の伝統芸能の主な伝承方式の口伝《くでん》は充分に伝承されていて、私も幼少期から数多の先人たちから多くの口伝を伝えられたことは幸せでした。まさに無形の文化財といえますし、今後は自らの研鑽とともに、次世代に伝えることがより大切と思っています。

客席からご覧いただくのも、もちろん勉強してからご覧になるのもよいですが、ご自身の感覚を大切に、さまざまなアプローチで、長く伝統芸能をお楽しみいただければ幸いです。

Column

歌舞伎の「型」と演技

文●今井豊茂（歌舞伎脚本家）

古典芸能でありエンターテインメント

四百年以上の歴史を誇る歌舞伎は、能楽や人形浄瑠璃等と並ぶ、日本を代表する古典芸能です。そのため、古くから継承されてきた古典作品ばかりを上演していると思う方も、多いのではないでしょうか。たとえば、江戸時代に実際に起きた「赤穂浪士《あこうろうし》の討入」を素材に生まれた『仮名手本忠臣蔵《かなでほんちゅうしんぐら》』は、歌舞伎や文楽で繰り返し上演される代表的な古典作品です。しかし、この『仮名手本忠臣蔵』も、当時のセンセーショナルな事件であった赤穂浪士の討入をベースに、竹田出雲《たけだいずも》らの作者が創意工夫を凝らして作り上げた「新作」でした。これが繰り返し上演され、長い年月をかけて洗練されて、今日の古典の名作となっていったのです。

現在、歌舞伎は古典作品を上演すると同時に、新たな作品を次々に創造、上演を重ねています。近年では、コミックを素材にした『ワンピース』、絵本を題材にした『あらしのよるに』、アニメ作品である『風の谷のナウシカ』などが歌舞伎として上演されています。歌舞伎は先人たちが創造した作品、演技、技術を継承し、時代に伝承する「古典」であると同時に、その時代、その時代の感性や技術を取り入れ、時代時代の観客のニーズに応える作品を上演し続ける、エンターテインメントでもあります。

歌舞伎の「型」と演出

私は歌舞伎の脚本家として、ストーリーをわかりやすくする「補綴《ほてつ》」という作業を行っています。この道に入ってから、何度も「規矩《きく》を大事にしない」と言われました。「規」は定規、「矩」はコンパスを指し、考えや行動の基準となるお手本という意味があります。歌舞伎には、演技や演出に関する「型」と呼ばれる決まりごとがあり、現在まで継承されてきました。私自身、シェイクスピアの作品をもとにした『NINAGAWA 十二夜』や『あらしのよるに』などの作品を担当してきましたが、新作をつくる際にこそ、基本となる「型」を意識することが大事になるのです。

文楽から歌舞伎へ

ここでその「型」について、考えてみましょう。

先に触れた『仮名手本忠臣蔵』は文楽が原作です。「大序《だいじょ》」と呼ばれる冒頭部分では、それぞれの人形が下を向いている状態で登場し、太夫《たゆう》に名を呼ばれて初めて目を開けて動き出すという演出をとります。「人形に魂宿る」といいますが、この演出方法は生身の役者が演じる歌舞伎にも踏襲されています。

文楽の演出を下敷きにする一方で、歌舞伎ならではの工夫もなされています。大序の幕開けの場合、文楽では引幕《ひきまく》をすっと開けるのに対して、歌舞伎では下《しも》手《て》から時間をかけて開けていきます。その間に、討入りした四十七士にちなんで、柝《き》（幕開きや終了を知らせるために打つ拍子木）を四十七回打つのが定番となっています。縁起の良い七、五、三のリズムで鼓を打つ、「置《お》き鼓《つづみ》」などの演出も生まれました。

幕が開くと、舞台上には将軍の代参である足利直義《あしかがただよし》と執事の高師直《こうのもろなお》、その下段に饗応役の塩冶《えんや》判官《はんがん》、桃井《ももい》若狭《わかさ》之介《のすけ》がいます。師直は権力をかさに着た腹黒い人物という設定で、黒の衣裳を着用します。下段の二人は、上手《かみて》（舞台に向かって右側）の判官のほうが下手の若狭之介よりも上の立場となります。二人の衣裳の色に注目すると、判官の卵色は穏やかな気質の人物、若狭之介の浅葱《あさぎ》色は竹を割ったようなすがすがしい性質の人物やや短気な人が着用することが通例となっています。居所《いどころ》（立ち位置、それぞれの役のいるべき場所）によって役の身分の上下がわかり、また着用する衣裳の色によってもその性質がわかるのです。

大序の幕切れでは、師直に侮辱された若狭之介が思わず刀を抜こうとします

『仮名手本忠臣蔵』大序を描いた江戸時代の役者絵。安政元年（1854）五月江戸市村座上演　東京都立中央図書館蔵『仮名手本忠臣蔵』大序　中央の烏帽子姿の人物は、足利直義。向かって右（上手）の黒い衣裳は高師直、卵色の衣裳は塩冶判官、下手側の青系統（現在ではもう少し薄い浅葱色）の衣裳は桃井若狭之助。

が、歌舞伎では若狭之介が師直に何度かあいさつをして無視されるという演出も加えて、恨みを募らせる過程を表現していきます。役者がその役らしい演技をすることで、キャラクターの性質を際立たせる効果を生み出します。歌舞伎は「役者を見せる演劇」です。役者の演技を際立たせるように変化させたことで、『仮名手本忠臣蔵』は古典の名作となりました。

「型破り」か「型無し」か

こうした演出だけではなく、歌舞伎では個々の役者における演技の「型」も生み出されました。そこで大事なのは、この「型」をどのようにとらえるかです。

「型」は歌舞伎の基本になりますが、「型通り」「型にはまる」という言葉があるように、「型」の枠の中でのみ完結してしまうのでは、深みのある演技はできません。「型」を守った上で、新たな自分の個性を作り上げていくのは「型破り」といわれます。しかし、基本である「型」を守らずに、ただその枠から出ようとするのであれば、それは「型無し」となってしまいます。

歌舞伎はお客さんに楽しんでもらうことが一番です。お客さんのニーズに合わせ、新作歌舞伎を上演することも大事ですが、その際には特に「型」を意識しなければなりません。「型」を破ることは大事ですが、肝心の「型」を知っていなければ、それはできないからです。

『あらしのよるに』の場合、古典の味わいがある新作歌舞伎として上演するというコンセントがありました。たとえば、花道の「スッポン」は普通の人間ではないものが出入りする舞台機構ですので、その決まりを守って魔法使いがスッポンを使用する形をとりました。主人公はオオカミですが、歌舞伎ではリアルなオオカミに見せることはしません。動物だとわかるけれどそのものではない、それが歌舞伎の見せ方なのです。江戸時代からの手法を用いて、現代のエンターテインメントにして見せる、それが新作歌舞伎の面白いところだと思います。

『あらしのよるに』

平成二十七年（二〇一五）九月京都南座初演。ある嵐の夜、雨風を避けるため壊れかけた山小屋に逃げ込むオオカミのガブとヤギのメイ。二匹は互いを仲間と思い込み、正体を知らないまま友情が芽生えていく。きむらゆういち、あべ弘士による同名の絵本が原作。

Column

赤穂事件と『仮名手本忠臣蔵』――芸能の伝える力

文●藤澤　茜

元禄十五年（一七〇二）に起きた、赤穂浪士による吉良《きら》邸討入り事件は世間の注目を浴び、事件直後からさまざまな芝居に取り上げられました。討入りをした四十七士《しじゅうしちし》にちなみ、討入りから四十七年後に作られた人形浄瑠璃（文楽）の『仮名手本忠臣蔵《かなでほんちゅうしんぐら》』（以下『忠臣蔵』）は、その集大成といえます。すぐに歌舞伎でも上演され、『忠臣蔵』を上演すると集客が見込まれることから、「芝居の独参湯《どくじんとう》（起死回生の漢方薬）」とまで称されました。

現在でも人気演目の『忠臣蔵』ですが、史実と演劇作品とでは人物名が異なるなど、わかりにくい部分もあります。事件を演劇化する際の過程を確認しつつ、分野を超えて影響を与えた点にも注目してみてみましょう。

『仮名手本忠臣蔵』の概要

【題材】赤穂事件。元禄十四年（一七〇一）江戸城松の廊下で、赤穂藩主浅野内匠頭長矩《あさのたくみのかみながのり》が吉良上野介《きらこうずけのすけ》義央《よしなか》に斬りつけた刃傷《にんじょう》事件（内匠頭は留守居番の梶川与惣兵衛《かじかわよそべえ》に抱きとめられ、上野介は助かる。内匠頭は即日切腹、浅野家は断絶）、及び翌元禄十五年十二月十四日に起きた、大石内蔵助《おおいしくらのすけ》ら赤穂浪士四十七人による吉良邸討入り事件。

【初演】寛延元年（一七四八）大坂竹本座上演の人形浄瑠璃。竹田《たけだ》出雲《いずも》・三好松洛《みよししょうらく》・並木千柳《なみきせんりゅう》らの合作。
【構成】全十一段の時代物
【世界】南北朝時代の軍記物『太平《たいへい》記《き》』に設定し、その作中人物の名を一部使用して上演。
【主要登場人物】
・塩谷判官高貞《えんやはんがんたかさだ》＝浅野内匠頭。『太平記』による役名。歌舞伎では「塩冶」と表記
↓将軍の代参、足利左兵衛督直義《あしかがさひょうえのかみただよし》の御馳走役《ごちそうやく》（接待役）。
・高武蔵守師直《こうのむさしのかみもろのう》＝吉良上野介。『太平記』による役名。

↓足利家の執事。権勢に誇り、傍若無人に振る舞う。判官の妻、顔《かお》世御前《よごぜん》に懸想して艶書《えんしょ》を渡す。吉良家が高家筆頭《こうけひっとう》（儀式、典礼などを司る家柄）であったことが重ね合わされている。
・加古川本蔵《かこがわほんぞう》＝梶川与惣兵衛《かじかわよそべえ》。御馳走役の桃井若狭之助《もものいわかさのすけ》の家臣。刃傷の際、判官を抱きとめる。娘の小《こ》浪《なみ》は力弥の許嫁《いいなずけ》。
・大星《おおぼし》由良之助＝大石内蔵助↓塩谷家の家老。討入りの首謀者。
・大星力弥《りきや》＝大石主税《ちから》↓由良之助の息子。

「世界」は、人形浄瑠璃や歌舞伎において、作品の背景となる特定の時代や人物群のことを指します。

　当時の演劇作品では、武家で起きた事件を実名で取り上げるのははばかられ、著名な古典作品の世界を借りることが多かったのです。宝永七年（一七一〇）上演、近松門左衛門《ちかまつもんざえもん》作の人形浄瑠璃『碁盤《ごばん》太平記』をはじめ、赤穂事件は『太平記』を結び付けられることが多く、『忠臣蔵』もその流れの上に成立しました。

　浅野内匠頭が吉良上野介に斬りつけた理由については、諸説ある中で賄賂《わいろ》に関する説がよく知られますが（講談『赤穂義士伝』の「殿中松の廊下」など）、『忠臣蔵』では『太平記』に見られる、高師直が塩冶判官の奥方に横恋慕して拒絶された逸話を巧みに取り入れ、事件の発端としています。

　通常、人形浄瑠璃の時代物は五段構成ですが、『忠臣蔵』は十一段構成とかなり長い作品です。

　大序《だいじょ》から四段目までは、塩谷判官の刃傷、切腹という事件の骨子になる部分で、四段目の判官切腹の場は「通《とお》さん場《ば》」と称され、観客が途中入場できない決まりがあるほど緊迫した場面となります。歌舞伎の海外公演でも共感を集める場面だといわれ、この悲劇のドラマが多くの人の心を打つことがわかります。
　五、六段目のおかると勘平《かんぺい》の物語は芝居のオリジナルで、さまざまな人物に焦点をあてる「銘々伝」の趣向といえます。
　大星由良助が祇園で遊興にふける七段目は、史実を下敷きにしていますが、おかると斧九太夫《おのくだゆう》が密書を同時に読む場面は、計算された構図で観る者を魅了します［図3］。そして、忠義心のない斧九太夫、定九郎《さだくろう》親子の存在は、仇討ちに奔走する四十七士の姿を際立たせています。

歌舞伎に取り込まれる時にどのような工夫があったのか

　太夫、三味線、人形遣いの三業が織りなす文楽の世界と、生身の役者が演技をする歌舞伎とでは、演出にも違いが生じます。このことは、今井豊茂氏のコラム（110頁、大序の演出の違いについて）でも触れられています。

　ここでは五段目の、与市兵衛から財布を奪う斧定九郎役に注目してみましょう

［図2］。文楽では、定九郎はどてらを着た山賊《さんぞく》の姿ですが、歌舞伎では印象がまるで異なります。現在でも定番の、顔を白塗りにして黒羽二重《くろはぶたえ》（絹）の着物を着流しにした浪人姿の演出は、歌舞伎役者の初代中村仲蔵《なかむらなかぞう》が明和三年（一七六六）に始めました。芝居の作者と仲違いをして、下級役者が演じる端役であった定九郎役を当てられた仲蔵は、偶然蕎麦屋で見かけた浪人の扮装《ふんそう》を取り入れて、大評判となったと伝えられています。仲蔵は、財布の中のお金を数える時の「五十両」という名ぜりふも考案。せりふは一言のみで出番も少ない役ですが、これ以降、定九郎は人気役者が受け持つようになりました。こうした、原作と歌舞伎との違いを楽しむのも、芝居を観る醍醐味といえます。

人形浄瑠璃を歌舞伎化する際の工夫

歌舞伎の三大名作『仮名手本忠臣蔵』『菅原伝授手習鑑《すがわらでんじゅてならいかがみ》』『義経千本桜《よしつねせんぼんざくら》』は人形浄瑠璃が原作。人形浄瑠璃を歌舞伎化した作品を義太夫《ぎだゆう》狂言といい、十八世紀前期から中期にかけて多くの作例があります。

人形浄瑠璃と歌舞伎での主な違いは次の通り。

- 義太夫の詞章
  地の文→歌舞伎でも義太夫節の太夫が語る
  せりふ→歌舞伎ではその役を演じる役者が言う
- 役名
  人形浄瑠璃では名前がない場合も歌舞伎では役名をつける
  例）勘平母→歌舞伎では　勘平母おかや

芸能の「伝える力」

『忠臣蔵』の世界は『太平記』だと述べましたが、繰り返し上演されるうちに『忠臣蔵』自体も「世界」として機能するようになりました。『東海道四谷怪談《とうかいどうよつやかいだん》』（102頁）は、お岩さんの幽霊の演出でよく知られますが、塩冶家の浪人の民谷伊右衛門《たみやいえもん》が不忠義の象徴として描かれている点も注目されます。

『忠臣蔵』は話芸にも影響を与えました。落語の場合、大序から十一段目まですべてを題材にした噺があり、先述の中村仲蔵が定九郎役を生み出した逸話をもとにした『中村仲蔵』、『七段目』などはよく知られています。講談『赤穂義士伝』では「赤垣源蔵徳利《あかがきげんぞうとくり》の別れ」などさまざまな人物に焦点をあてた根多《ねた》がありますが、『忠臣蔵』の内容に沿ったものも作られました。

また十一段目の討入りの衣裳にも注目すると、『忠臣蔵』のさらなる影響力がうかがえます。実際の吉良邸討入りでは、赤穂浪士は黒づくめの装束を着用したと伝わりますが、芝居における雁木《がんぎ》模様（山形模様）の陣羽織姿［図4参照］のイメージは広く浸透しました。幕末の新選組が、赤穂浪士にあやかって羽織に雁木模様を染めていたことも知られています。また近年だと『忠臣蔵』を題材にしたバレエ『ザ・カブキ』（東京バレエ団オリジナル作品。モーリス・ベジャール振付、黛敏郎《まゆずみとしろう》作曲）でも、雁木模様を取り入れた衣裳が用いられています。

　さまざまなジャンルに影響を与えた『忠臣蔵』。『太平記』の時代に設定するなど芝居のセオリーに則って作劇されていますが、討入りに至るまでの登場人物の葛藤や悲劇を巧みに描き出した『忠臣蔵』は、赤穂浪士の事件を一つの物語として世に広めました。この作品は、「演劇の持つ力」を現代の私たちに教えてくれています。

『忠臣蔵』あらすじ

　鶴ケ岡八幡宮造替《ぞうたい》の折、将軍の代参の足利直義《あしかがただよし》をはじめ、高師直、直義の御馳走役である塩谷判官や桃井若狭之助が揃う。師直に艶書を渡され困惑する顔世御前をかばい、若狭之助は師直に罵倒される（大序）。若狭之助に師直を討つと打ち明けられ（二段目）、家老の加古川本蔵は進物を渡して師直の機嫌をとる。師直は、顔世御前からの拒絶の文を持参した判官に怒りの矛先を向ける。罵倒された判官は耐え切れずに斬りかかるが、本蔵に抱きとめられる（三段目）。閉門の沙汰を受けた判官は切腹を命じられ［図1］、駆け付けた大星由良之助は仇討ちを誓い、城を明け渡す（四段目）。猟師となった勘平は仇討ちへの参加を希望する。おかるが身売りを決意し、前金の五十両を懐《ふところ》に父の与市兵衛が帰る途中、塩谷家浪人の斧定九郎に金を奪われ殺害される。勘平は誤って定九郎を撃ち、五十両の入った財布を持ち帰る（五段目）［図2］。おかるは祇園《ぎおん》へ売られる。勘平は与市兵衛を殺害したと思い込み切腹するが、遺体の傷口から疑いが晴れ、仇討ちの連判状に名を連ねる（六段目）。祇園で放蕩《ほうとう》にふける由良之助。息子の力弥が持参した顔世御前からの仇討ちに関する密書を、師直方の密偵となった斧九太夫（定九郎の父）と、遊女おかるに読まれてしまう。由良之助は、おかるとその兄、平右衛門に九太夫を討たせる（七段目）［図3］。加古川本蔵の妻、戸無瀬《となせ》と小浪（大星力弥の許嫁）母娘は山科《やましな》を目指し（八段目道行）、由良之助の家を訪れ、力弥との結婚を迫る。由良之助の妻お石は判官を抱きとめた本蔵の首を所望。本蔵は力弥に討たれ婿への引き出物に師直邸の絵図面を渡す（九段目）。堺の廻船問屋、天河屋義平《あまかわやぎへい》は、討入りのための武器を調達。由良之助は討入りの合言葉を「天」「河」に決める（十段目）。師直邸に討ち入った四十七士は、炭小屋に隠れていた師直を討つ。判官の墓所光明寺《こうみょうじ》に報告に向かう「引き上げの場」を上演することもある（十一段目）［図4］。

図1　歌川《うたがわ》芳藤《よしふじ》画「仮名手本忠臣蔵　四段目」文久二年（一八六二）東京都立中央図書館東京誌料文庫蔵

図2　歌川芳藤画「仮名手本忠臣蔵　四段目」文久二年（一八六二）東京都立中央図書館東京誌料文庫蔵

図3　歌川国輝《くにてる》画「仮名手本忠臣蔵　七段目」嘉永期　藤澤茜蔵

図4　歌川国輝画「仮名手本忠臣蔵　十一段目」嘉永期　藤澤茜蔵

Interview

「心」を受け継ぐ歌舞伎

文●中村鷹之資（歌舞伎役者）

――鷹之資さんは子どもの頃から歌舞伎に出演されていて、昨年までは大学に在学なさっていましたね。

私の初舞台は二歳で、六歳で中村鷹之資を名乗りました。子どもの頃は、父の出演している劇場の楽屋で過ごすことも多く、その空気に触れるだけでもよい経験になりました。劇場は、歌舞伎役者が真剣勝負する場です。その緊張感や、舞台の怖さのようなものも肌で感じていましたね。

「これからは役者も学校に行くことも必要だ」と、父が常々申しておりましたので、私は学習院大学の経営学科に進学いたしました。主として学んだ経営やマーケティングは、多くの物事に通じていて、その戦略は社会を動かす力があります。こうした専門分野に加えて、一般的な常識を学ぶことができたのは、一人の人間としても役者としても大きなプラスになりました。というのは、すべての職業に言えることですが、特に役者はよろずに通じているべきだと思います。同じ年代の友人との触れ合いや大学での生活は、自分の視野を広げてくれました。

――お父様は、人間国宝で舞踊の名手と称された故・五代目中村富十郎さんですが、どのようなことを教わりましたか。

父はあまり細かい事は言わずに、子どもの頃は「目を輝かせて、手を綺麗に、堂々とやればいいんだよ」と、申しておりました。

父は私が十一歳のときに亡くなりました。本格的に教えるのは、世阿弥《ぜあみ》の『風《ふう》姿花伝《しかでん》』にあるように十四歳になってから、と常々申しておりましたので、そうなる前に亡くなりましたのはとても残念でしたが、いろいろな形で教えを残してくれました。「役者は常に何かに感動する心を持っていることが大事だ！」というのもその一つです。自分自身が何かに感動する心を持っていなければ、お客様の心を動かすことはできないということですね。また「技術を教える前に芸の心を伝えたい」と言っていたそうです。芸

© TadaoMatsuda
© SHOCHIKU ENTERTAINMENT

に対して素直に、真摯に向き合っていた父の姿から、役者は謙虚でなければならない、そして芸の継承とは先人の「心」を受け継いでいくものだということも教わりました。

直接父からは習うことはできませんでしたが、先輩方から、「お父さんのやり方はこうだった」「お父さんからこう習った」と教えていただくことが多くなりました。こうして芸は継承されていくのだなということを感じております。

―― 令和五年（二〇二三）の二月には、お父様の十三回忌追善興行が行われ、『船《ふな》弁慶《べんけい》』を演じられましたね。

九代目市川團十郎《いちかわだんじゅうろう》さんが初演し、六代目尾上菊五郎《おのえきくごろう》さんが現在の形に作り上げたこの作品です。父が何度も演じた『船弁慶』は、いつかは演じてみたいと思っていた演目でした。昨年、「翔《しょう》之《の》會《かい》」（鷹之資さんの勉強会）で初めて挑戦し、今年は父の十三回忌追善として勤めさせていただき、とても嬉しく、ありがたく思っております。まずは教えていただいたことを素直にやるのみ。毎回毎回違った発見があり、この作品の素晴らしさと難しさを肌で感じ、先人の方々が作り上げられた偉大さを感じました。父もそうだったように、私も生涯を掛けて追及していきたい作品です。

――『船弁慶』のような舞踊とお芝居

『船弁慶』より静御前　撮影：小川知子

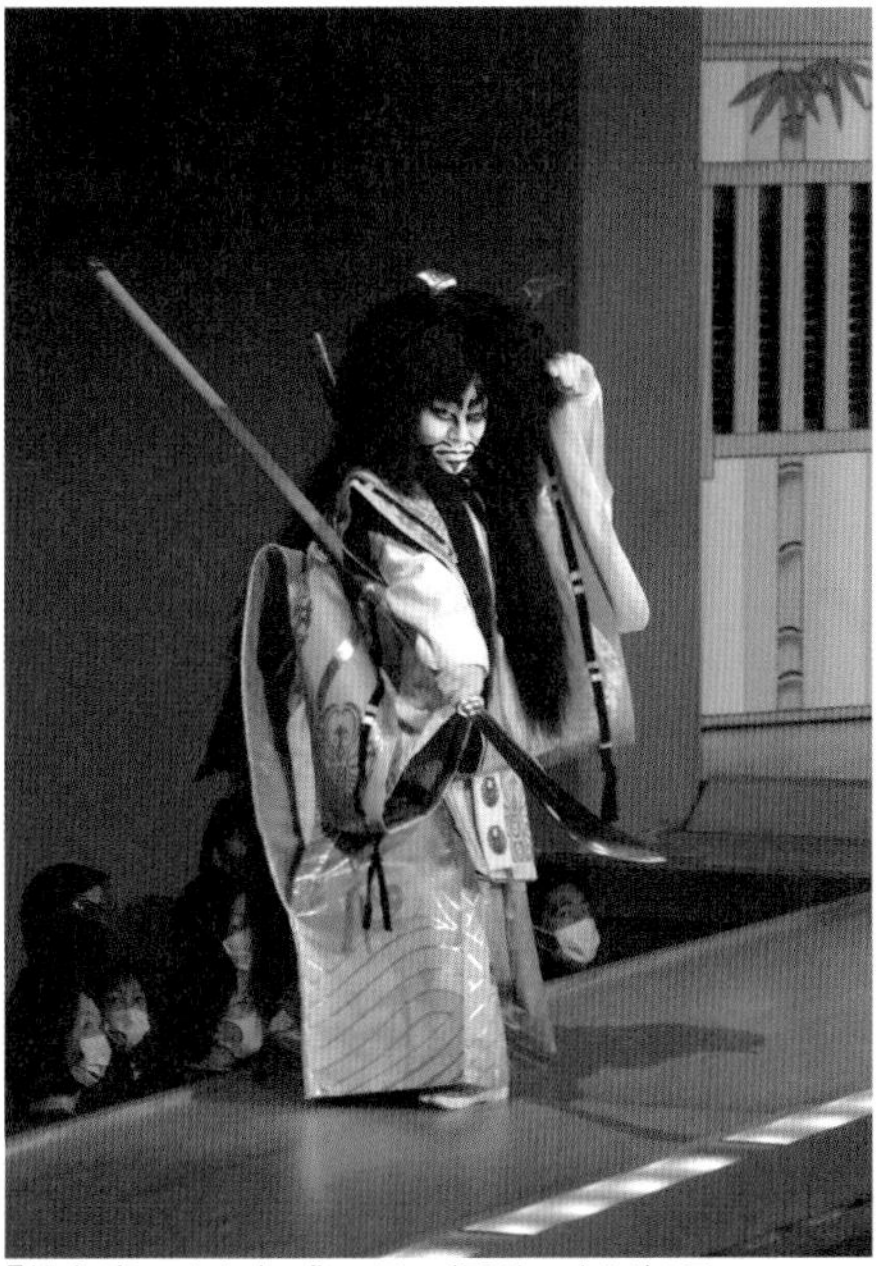
『船弁慶』より知盛の霊　撮影：小川知子

――では、取り組む際に違いはあるのでしょうか？

根本的な役の性根《しょうね》を摑むという点では、特に違いはないです。ただ、舞踊は当然のことながら、振り付けがあって、形で表現するもので、芝居は台詞《せりふ》を聞かせて自然の動きで表現するものと申しましょうか。特に『船弁慶』は能の要素も多く含まれておりますので、そういうところを大切にしております。

――所作《しょさ》（身のこなし）を会得《えとく》するためには、繰り返しお稽古することが必要だと思うのですが。

ですから我々歌舞伎役者は小さい頃から（私は一歳半から）まず踊りの稽古をするのです。歌舞伎役者にとって踊りは基本です。稽古を重ねることはとても大事です。ただ、「百回の稽古より一回の本番」という言葉があるように、いくら稽古だけを重ねても本番の舞台でなければ感じ取ることができないものがあります。私も、「翔之會」という勉強会をさせていただいておりますが、勉強会は一日か二日の開催が多く、こうしてみようという新たな発見があっても、次に生かすことが難しい場合があります。本興行は約二十五日ありますので、試行錯誤して作品を作り上げていくことができます。千穐楽を迎えてから、あるいはその後何日も経って、舞台を離れてから気付くことも実は多いのです。だからこそ、歌舞伎役者は何度もお役を勤めさせていただけることがありがたいのです。役者は死ぬまで、その役者なりの答えを追求していくのだと思います。父もそうやって毎回新たな気持ちで、いろいろなお役に取り組んでいったのでしょう。

『浮かれ坊主』　撮影：福田尚武

――観客というのはどのような存在でしょうか。

舞台は、役者だけで成り立つのではなく、実はお客様と共に作り上げているという実感があります。観客の皆さんにも、舞台との一体感を楽しむ瞬間があるのではないでしょうか。特に作品について詳しい知識などなくても、歌舞伎にはさまざまな要素がありますので、役者の演技だけではなく、意表を突いた演出、三味線の音や美しい衣裳、大掛かりな舞台装置など、個人個人が好きだと思うポイントを見つけて何かを感じていただけたら嬉しいと思います。

これからは若い方にも日本の伝統文化

に直に触れていただき、歌舞伎も楽しんでいただきたいので、若い私たちにできることを積極的にやりたいですね。同年代の役者同士でも、いろいろな試みをしています。令和五年の「三月花形歌舞伎」（京都南座）の公演では、平成生まれの役者が集まって『仮名手本忠臣蔵《かなでほんちゅうしんぐら》』を上演しました。若手世代が古典をどうみせるのか、ということを意識した公演で、SNSのインスタライブをはじめ、わかりやすい解説を用意して観ていただくという取り組みをしました。この公演に出演できたのもありがたいですし、自分だけでなく、観てくださる方のよい機会につながればこんなに嬉しいことはないですね。

歌舞伎は、外国の方もよくご観劇してくださいます。以前は、歌舞伎も海外公演も多く参りましたし、父も随分参加させていただきました。芸術というものは、言葉を越えて伝わるということだと思います。

――どのようなことを心がけて歌舞伎を続けていきたいですか。

私自身は、子どもの頃から歌舞伎の世界におりまして、舞台に立つのが日常のことになっております。ただ、世の中が大きく変化していく中で、この先も続けていくにはどうしたらよいのかということは、常に考えております。先人たちが守り受け継いできたものを、我々も守っていかなければならない。それには、「温故知新」という言葉のように、受け継がれてきたものをきちんと残していくことは絶対に必要ですし、同時に、時代に合った要素も必要だと思います。難しいことですが、歌舞伎は古典芸能であり、エンターテインメントでもあると思うので、その両方を大事にしていけたらと思います。

そのためには、現在のお客様が心を動かされるようなものをお見せしなければなりません。

落語の立川談志《たてかわだんし》師匠が、「現代と大衆と古典とをつなぐことができなければ、落語はなくなる」ということをおっしゃっていました。歌舞伎も同じです。古典のよさを伝え、生涯を掛けて人の心を動かすことのできる役者になりたいと思います。

『船弁慶』

歌舞伎舞踊。長唄。河竹黙阿弥《かわたけもくあみ》作詞、三世杵屋正次郎作曲。明治十八年（一八八五）東京新富座《しんとみざ》初演、九代目市川團十郎が静御前と平知盛をつとめた。新歌舞伎十八番の一。能『船弁慶』を歌舞伎化した松羽目物《まつばめもの》で、静御前（前《まえ》シテ）と知盛（後《のち》シテ）の幽霊を演じ分ける。前半は義経との別れの舞、後半は知盛の妖気漂う演技と勇壮な幕外の引込《ひきこ》みが見どころ。

聞き手／藤澤　茜

Column

明治以降の芸能・演劇

文●赤井紀美（早稲田大学坪内博士記念演劇博物館助教）

新演劇から新派《しんぱ》へ

明治維新は江戸から明治へという大きな変化を社会にもたらしました。明治新政府は富国強兵の目標を掲げ、西欧諸国のような文明国を目指しさまざまな改革を行いました。急速な西欧化が進んだことで、歌舞伎をはじめとする各種芸能は転換期を迎えます。新政府の統制により存続が危ぶまれた芸能もありましたが、結果として多くの芸能が形や制度を変えつつも生き残りました。

その一方で、明治以降の新しい社会のシステム、世相風俗のもと生まれた芸能も数多くあります。その代表的な例が新派とよばれる演劇のジャンルです。新派は明治二十年代に角藤定憲《すどうさだのり》や川上音二郎《かわかみおとじろう》など自由民権運動の壮士《そうし》（活動家）によって行われた、いわゆる壮士芝居《そうししばい》（書生芝居ともいう）がそのはじまりといわれています［図1］。新しい社会のなかで政治的な改革を試みた青年たちが、自分たちの思想を広めるためにはじめたもので、歌舞伎とは異なる新しい演劇でした。

やがて政治的な思想から出発したわけではない役者たちもあらわれます。彼らは明治三十年代の日露戦争前後から明治四十年代にかけて、新聞や雑誌の連載小説を次々に劇化し隆盛期を迎えます。当初は新演劇とよばれましたが、次第に新派という呼称が定着し、歌舞伎（旧派）に対抗しうる新しい演劇ジャンルとして存在感を示すようになります。

男性が女性を演じる女方のシステムをはじめとして、新派は歌舞伎から多くの影響を受けています。現代を舞台にした作品を主に手掛け、女方を中心に据えた、女性を主人公とした作品を数多く生み出しました。『金色夜叉《こんじきやしゃ》』や『不如帰《ほととぎす》』『婦《おんな》系図《けいず》』など悲劇を描いた作品で人気を博し、その時代ごとの新しい文学作品を積極的に劇化し、同時代の生き生きとした感覚や社会の様子を舞台上で表現しました。

女優の登場と新劇の定着

女性が女性の役を演じる、いわゆる女優が本格的に登場するのは明治末になってからです。西欧の近代劇を模範とした演劇を日本に根付かせようとする、いわゆる新劇運動を契機として女優が誕生します（先駆的に川上音二郎の妻貞奴《さだやっこ》が女優として活躍したり、女役者とよばれる歌舞伎を演じる女性役者はいました）。この運動により、新劇とよばれる、現在私たちが一般的に「演劇」と考える演技のスタイルや舞台の形式が日本に定着しました。新劇運動は歌舞伎にも影響を及ぼしており、新歌舞伎とよばれる作品群を生み出しています。

明治四十四年（一九一一）には日本初の本格的西洋劇場である帝国劇場が建設され、付属技芸学校では女優の育成が行われました。帝国劇場ではイタリアで生まれた音楽劇のオペラを本格的に学ぶために歌劇部も創設しました。歌劇部は

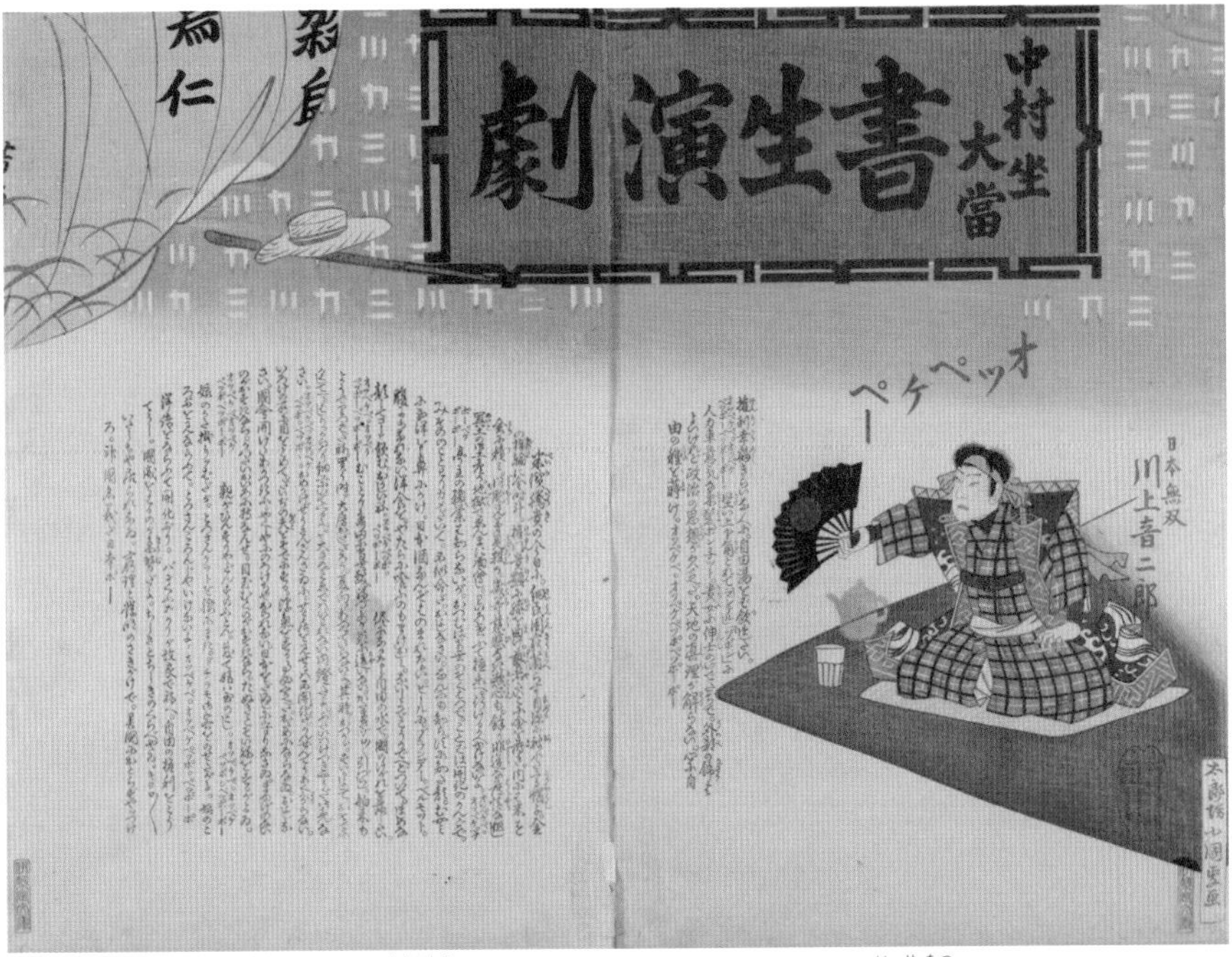

図１　５代目歌川国政《うたがわくにまさ》「中村座大当《おおあたり》　書生演劇」明治 24 年（1891）　伊勢辰《いせたつ》文庫　早稲田大学演劇博物館蔵（所蔵番号：17300-34-13）

早々に閉鎖されますが、西洋オペラの受容は今も人気を誇る宝塚少女歌劇団（現宝塚歌劇団）や、浅草オペラという大衆化された日本独自のオペラ上演の流行を生み出しました。

　明治以降、海外からの影響もあり多種多様な芸能・演劇が生まれますが、同時に江戸時代以来の芸能も併存し、両者は混在していました。日本独特のこうした流れは新しいメディアやテクノロジーとも歩みをともにしています。たとえば、新派は江戸時代にはなかった新聞や雑誌という新しいメディアに掲載された近代小説を舞台化して人気を得ましたが、同時に、新しいテクノロジーによって生まれた映画に題材や人材などの面で大きな影響を与えています。

トーキー映画の誕生

　昭和期に入ると、技術の進化により、それまでは無声だった映画に音声がついたトーキー映画が誕生します。トーキーの出現により内容面にも変化が訪れ、映画界は黄金期を迎えます。新派や新劇などの舞台人が映画と関わるようになったり、落語家のように話芸に特化した芸人や、浅草オペラ出身者のような音声による表現を得意とする役者が映画界に俳優として参入するようになります。映画に主題歌がつけられることもありました。

　この頃にはレコード技術が普及し、一般家庭にも広がりをみせます。レコードの浸透が映画主題歌などのヒットを促しました。歌舞伎や新派などの舞台を吹き込んだレコードや、落語や三味線を伴奏に用いて語る浪花節などの演芸のレコードが販売されました。また、家庭への普及という点でレコードと同じく重要なのがラジオ放送です。大正末にラジオ放送が開始されますが、昭和初期になると政府がラジオ聴取を奨励したこともあり、各家庭にラジオが設置されるようになります。舞台放送や演芸、邦楽がコンテンツとして家庭に流れるようになったことで、地方に住んでいる人も共有できるようになりました。

　日本では能や人形浄瑠璃、歌舞伎、演芸など江戸時代以前の芸能が近代という大きな時代の転換を経てもなお現代に至るまで生き残っていることが特徴的といえますが、各種芸能・演劇がメディアやテクノロジーの変化に対応し広がりをみせたことがその背景にあります。時代の変化にもたくましく対応し、生き延びてきたといってもいいでしょう。第二次世界大戦後はテレビが普及しますが、芸能や演劇はテレビとも深く関わっています。現在、インターネットの普及により、また新しい形で人々は諸芸能に触れる機会が増えていますが、今後も時代の変化に適応しながら芸能や演劇は続いていくと考えます。

Column

己を信じてやり遂げる

文●藤間勘十郎（日本舞踊家）

日本舞踊家としての三大原則

日本舞踊は、江戸時代の歌舞伎舞踊を基本としています。私は宗家藤間《ふじま》流の八世宗家として、一門のお弟子さんや歌舞伎役者の方々に稽古をつけ、また歌舞伎舞踊の振付も担当しています。

現在、歌舞伎の古典といわれる作品の舞踊パートは、実は明治から昭和にかけて作られた演出・構成・振付が多いのです。たとえば『京鹿子娘道成寺《きょうがのこむすめどうじょうじ》』では、時代に即した演出として何度も衣裳替えをするようになりました。これは、今を生きる芸能の在り方だといえるでしょう。

日本舞踊家としての三大原則があります。それは、①踊る、②教える、③創るということです。具体的に、詳しくご紹介しましょう。

①踊る

舞踊、つまり身体表現は、日常生活で行っている動きを音に乗せるのが基本で、ここにさらに、自らの思いを乗せるということが重要です。ストーリーに沿った役の心情を、踊りで観客に伝えなければなりません。

踊りの基礎は、第一に「すり足」です。胸をはっておなかを引くなど、踊る姿勢を保ちながら歩きます。最初は、歩くことだけをお稽古するくらい習得に時間がかかり、すり足で端から端まで動けることが、一人前になった目安になります。

踊りの基礎の第二は「音に乗ること」、つまりリズムに乗ることです。

舞踊の振付は、音楽によって進められていきます。三味線音楽や節回しを覚えるのは大事なことですが、実はとても難しいため、お三味線・お太鼓などお囃子《はやし》も勉強することが必要となってきます。音楽に馴染《なじ》むことも、踊るためにはとても重要なポイントです。

宗家藤間流の大きな特色に「素《す》踊《おど》り」があります。素踊りとは、お化粧をせず、かつらや派手な衣裳をつけずに紋付袴だ

けで踊ること。小道具も最小限とし、あらゆるものをそぎ落として表現するので、観客に想像しながら見ていただくことになります。わかりやすく見た目を変えられるお化粧や衣裳の力を借りることができないため、難しい表現方法です。

②教える

歌舞伎役者の方にお稽古をする場合、踊りは歌舞伎の基礎となりますので、背筋など筋肉の使い方を事細かに指導しています。

　お稽古の際には、教わる側にも押さえておくべきポイントがあります。それは、教えている人間がどういうことをやっているか、自分の目で見て耳で聞いて技を盗むということです。この姿勢がなければ特殊技能は身につかず、教えてもらったことをやるだけでは上達しません。上手な人や面白い振付を見て、そこから芸を盗むのです。言われたことをやるだけではなく、つぶさに観察して必要なことを見出し、疑問を解消していく。これは踊りの世界だけでなく、すべての業界に通じる話ではないでしょうか。

　一方で教える側は、あまり真剣に指導してはいけません。真剣にやればやるほど、自分のよいところだけでなく悪いところもすべて伝わってしまうからです。特に悪い部分は目立つので、相手に吸収されやすい。そのため、真剣になり過ぎず、通り一遍のところから少しずつ掘り下げるやり方に徹するよう努力しています。指導する相手が一番成長する、一番よく見える、そして一番いい形を見出すようにしてあげなければなりません。稽古とは体だけでなく頭脳を鍛える場でもあるため、本人の努力を導く環境づくりと、その中身をつくることが、教える側の最大の任務だと考えています。

③創る

歌舞伎の世界には演出家がいない代わりに、振付師が存在します。振付師は、振付はもちろんのこと、衣裳・かつら・大道具・小道具・照明など舞台構成にかかわるすべてを担っています。

　振付師の仕事で最も大切なことは、踊り手の持っている癖をつかむことです。人間には誰しも癖があり、それを理解して踊りに活かすことが大事です。

　たとえば十三代目市川團十郎《いちかわだんじゅうろう》白猿《はくえん》さんは、じっと座っているだけで観客を魅せられる人。動かずに演じられる『源氏物語』の光源氏にぴたりと当てはまりました。座っているだけで絵になる人というのは、希少です。逆に四代目市川猿之《えんの》助《すけ》さんは、動き回ることでよさが引き立つ人で、テンポよく手数が多い踊りにすると、お客さんも喜んでくださいます。

　このように役者さんの特色をとらえた振付をすることが、私の大事な役目です。

　公演の日数によっても、振付は変わります。たとえば歌舞伎の公演は一カ月間続くので、毎日踊れるような振りを考えます。人間には限界もあるため、その限界を超えないところで面白い振りを創作するのです。

　舞踊の振りは、音楽に乗って進められていきます。あくまでも、どのようにしたらそう見えるのかというイメージをさせることが大事になります。動物ならせわしない動き、妖怪や鬼の場合は妖しい動きをすることで、その雰囲気を出します。動物が主人公の『あらしのよるに』（112頁参照）では、振付を担当しましたが、どのようにしたらそれぞれの動物に見えるのか、衣裳やかつら、化粧等も含めて工夫をしました。一番重要なのは「歌舞伎にする」ということ。歌舞伎の大事な構成要素である音楽と舞踊にこだわり、たとえばヤギのメイがガブと友達になる場面では、そのうれしさが伝わる所作《しょさ》を取り入れました。心情をいかに表現するか、これも大事なポイントです。

舞踊家としてできること

舞踊家歴二十五年、振付師として二十年、演出家として十年たちました。この世界の二十代・三十代はまだ若手で、四十代、五十代から中堅といわれます。いわゆるベテランとされる六十代、七十代が、日本舞踊を踊るには最適の年齢だといわれています。年齢を重ねるほど、まだ身体が動く若い時には習得できなかった深みが出ます。そして八十代以降は、至芸といわれるのです。

　江戸時代の儒学者、細井平洲《ほそいへいしゅう》（一七二八〜一八〇一）の言葉に「勇なるかな、勇なるかな、勇にあらずして何をもっておこなわんや」というものがあります。何かしようとする時には必ず周りからの反発抵抗があるが、それに屈することなく己を信じてやり遂げる勇気が必要だという意味です。

　コロナ禍を経験し、この不安定な世の中では、先を見据えた決意や思いしっかり持って過ごすことが重要だと感じています。皆さんも、ぜひ自身の核となるものをしっかり持って、この時代を生き抜いてほしいと思います。

　本書を通じて、少しでも歌舞伎に興味を持った方は、まず実際に観てみることが大事です。つまらないと思っても、三回までは観てみる。それ以上は無理することはありませんが、一回しか見ないで判断せずに、日本の古典芸能というものを身近に感じてもらえれば幸いです。

第五章

落語《らくご》・講談《こうだん》

落語

文●藤澤　茜

◆歴史は古く、戦国時代末の「御伽衆《おとぎしゅう》」にさかのぼる
◆寄席《よせ》で楽しむ話芸 —— 小道具は必要最低限
◆滑稽噺だけではない、人情噺や怪談噺も

歴史

滑稽な話の最後に「オチ」や「サゲ」のある話しを「落し咄」と呼び、それが明治に「落語」と称され、昭和以降にこの言葉が定着した。

◆オチのある笑い話

落語の源流がつくられたのは十六世紀の戦国時代末、戦国大名が抱えていた「御伽衆」にさかのぼるといわれる。御咄衆、御談判などとも称された御伽衆は、政治、軍事等の学識や、戦の合間の娯楽として大名を楽しませる話術が求められ、豊臣秀吉は八百名の御伽衆を抱えていたという（伝説の人物とされるが曽呂利新左衛門《そろりしんざえもん》は著名）。その噺は江戸時代初期の『戯言養気集《ぎげんようきしゅう》』（一六一〇年代成立）、『きのうふはけふの物語』（一六二〇年代成立）などにまとめられている。落語の祖と称されることもある、京都誓願寺の住職の安楽《あんらく》庵策伝《あんさくでん》は、仏教の説法にも笑いを取り込み、オチのある笑い話を千話以上集めた噺本『醒酔笑《せいすいしょう》』（元和九年〔一六二三〕）を著した。この書は寄席落語の元ネタとしてしばしば参照され、後世に大きな影響を与えた。

◆京、大坂、江戸で生まれた落語家

「落語家の元祖」とされる人物が三都で登場した一六八〇年代には、料金を取って不特定多数の客に聞かせるようになり、落し噺が大衆化され、庶民の娯楽として定着したことがうかがえる。京都の露《つゆ》の五郎兵衛《ごろべえ》は、四条河原や寺社の境内など大道で噺をする「辻噺」で人気を得たといい［図1］、歌舞伎の役者評判記には、芝居を題材にした五郎兵衛の噺に関する記述がある。米沢彦八《よねざわひこはち》は生玉神社の境内で、「当世仕方物真似」と称して役者の物真似などを見せたといい、近松門左衛門の人形浄瑠璃『曾根崎心中』の冒頭、生玉神社の場面に彦八の物真似に関するせりふが

あり、人気のほどがうかがえる。一方、武家の多い江戸で活躍した鹿野武左衛門《しかのぶざえもん》は、武家屋敷や商家の座敷に招かれ「座敷噺」という新しい手法で評判を得た。『鹿野武左衛門口伝ばなし』などの本も出版され流行したが、元禄六年（一六九三）頃に筆禍事件に巻き込まれてとがめを受け、以後の活動は確認できない。

図1　露の五郎兵衛著『かへり花』正徳2年（1712）刊行　国立国会図書館蔵　画中左に座っている人物が五郎兵衛（号を露休《ろきゅう》）。そばの幟《のぼり》に「かる口《くち》はなし　さし合《あい》なし　露休」とある。この時期上方では「落とし噺」「小咄」を「軽口」「軽口ばなし」と称していた

◆江戸落語中興の祖、烏亭焉馬《うていえんば》

上方《かみがた》では米沢彦八の芸統が安永（一七七二〜八一）頃まで続いたといい、大坂では素人が座敷で小咄を披露する「咄の会」が行なわれるようになり、噺を楽しむ人々の裾野が広がっていった。

武左衛門の事件の後、約百年間にわたり落語が下火に

図2　【噺の会】烏亭焉馬編『落噺詞《おとしばなしこと》葉《ば》の花』寛政9年（1797）刊　東京都立中央図書館加賀文庫蔵　「咄の会」の二冊目の咄本。焉馬の「咄の会」に集まる人々を描いたもので、玄関には焉馬が主宰した三升連《みますれん》（5代目市川團十郎の贔屓《ひいき》連）の張り紙も見える。

なっていた江戸でも、再びブームが起きた。そのきっかけは、烏亭焉馬による「咄の会」であった［図2］。はじめて亭号（芸名の苗字。一門や家門を示すもの）を使用したとされ、立川《たてかわ》焉馬、談洲楼《だんじゅうろう》とも号した焉馬は、歌舞伎役者市川團十郎贔屓の大工の棟梁で、狂歌師や戯作者としても活躍した。天明三年（一七八三）柳橋の料亭河内屋での狂歌仲間の会で「太平記巻物」の噺を披露して好評を博し、天明六年（一七八六）に向島の料亭武蔵屋で大田南畝（蜀山人）ら百名を超える文化人を呼び「咄の会」を行なった。ほぼ毎年開催された「咄の会」は、その内容が咄本としても刊行され、後に活躍する初代三笑亭可楽《さんしょうていからく》、立川談笑《たてかわだんしょう》らも参加するなど、江戸落語の隆盛に大きな役割を果たした。またこの時期には、手拭いなどの小道具のみを使用し、座って話す現在の落語に通じる様式も定着したという。

◆寄席《よせ》の隆盛

寛政（一七八九～一八〇一）以降は寄席での興行が盛んになり、咄の種類や演目も増えていった。初代桂文治《かつらぶんじ》が坐摩《いかすり》神社の境内に小屋を作ったのが大坂の寄席の始まりとされ、鳴り物入り、芝居仕立ての「道具入り芝居噺」で人気を博した文治は「上方落語中興の祖」と称された。

江戸では、大坂下りの岡本万作《おかもとまんさく》が、神田豊島町に「頓作（即興で洒落などを言うこと）軽口噺」の看板を掲げ寄席を開いたといい、初代三笑亭可楽［図3］も寛政十年（一七九八）に仲間と下谷稲荷で寄席を開き（現在も「寄席発祥の地」の碑が残る）、後に両国橋のたもとに定席（常に落語をかける寄席）を開いたという。文化元年（一八〇四）、下谷の孔雀茶屋で演じた三題噺《さんだいばなし》（その時のお題は、弁慶、辻君、狐であったという）は人気を博し、幕末にも流行を見た。現在テレビ

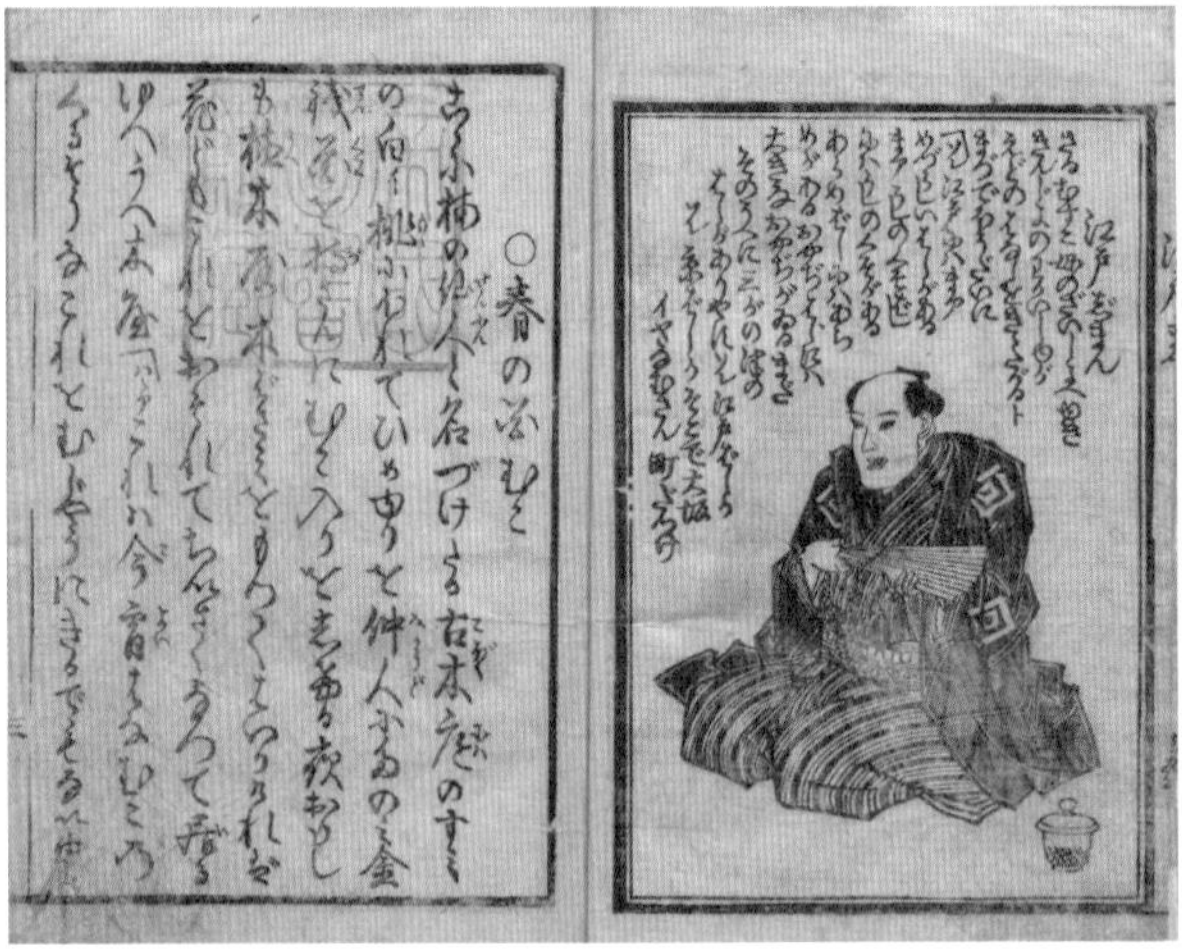

図3　【可楽の肖像】三笑亭可楽　噺本『江戸自慢』　文政6年（1823）国立国会図書館蔵　本書所載の「春の花むこ」は落語『松竹梅』の原話とされる。

などでお馴染《なじ》みの「謎掛け」も得意としたと可楽は「職業的落語家の祖」ともいわれる、一九世紀前半には可楽の門弟で、鳴物や大道具を用いた大がかりな怪談噺で評判をとった初代林家正蔵《はやしやしょうぞう》、芝居噺を得意とした三遊亭圓生《さんゆうていえんしょう》らが活躍した。

【用語解説】落語の種類

・**芝居噺**＝芝居を題材とする噺、または役者の真似をまじえるなど芝居がかりで演じる噺。江戸では初代三遊亭円生、大坂では初代桂文治が創始したという。『親子芝居』『七段目《しちだんめ》』『芝居風呂』など。

・**音曲噺**＝途中で楽屋の三味線や鳴物を伴奏に、演者自身の唄や下座の唄を入れて進行させる噺。初代三笑亭可楽門下の初代船遊亭扇橋《せんゆうていせんきょう》が始めたという。『紙屑屋』『植木のお化け』など。

・**怪談噺**＝怪談を扱った人情噺。初代林家正蔵が祖とされる。話の途中で場内を暗くし、鳴り物や小道具などを用いて演出効果を高める。三遊亭圓朝の『怪談牡丹燈籠《ぼたんどうろう》』『真景累ケ淵《しんけいかさねがふち》』などが特に著名。

・**人情噺**＝オチのない続き物で、人生や社会を描き出す噺。優れた芸が必要とされ真打の演目とされる。上方では司馬芝叟《しばしそう》、江戸では二代石井宗叔《いしいそうしゅく》が始めたといい、三遊亭圓朝が完成させた。現在では『芝浜《しばはま》』『文七元結《ぶんしちもっとい》』など、オチがあっても人情味がある一席物も含める。

・**三題噺**＝客から出された三つの題をもとに、即興的に一つの咄にしてオチをつけるもの。初代三遊亭可楽が始めた。

◆名跡を継ぐ――伝承の意識

寄席での興行が定着すると、江戸では文化十二年（一八一五）に落語、講釈（講談）あわせて七十五軒、文政（一八一八〜三〇）末には百二十五軒までその数を増やしたという。天保（一八三〇〜四四）期には人気を博した可楽、正蔵らの名跡が継承されるようになり、落語界に伝承の意識が定着したと指摘されている。この頃の上方でも、桂《かつら》・林家《はやしや》・立川《たてかわ》・笑福亭《しょうふくてい》の四大門流が形成され、多くの落語家が誕生した。音曲噺、人情噺、怪談噺といったジャンルの開拓が行われたのもこの頃である。

贅沢禁止や風俗粛清をうたった天保の改革（一八四二）により、寄席は神道、道徳を説く心学、軍談、昔噺の四業のみに限定され、興行許可を受けた寄席も二十四軒となるなど規制を受けたが、改革の余波がなくなると寄席が三百軒以上に激増したといい、その人気ぶりがうかがえる。

図4　【幕末に流行した三題噺】歌川芳幾《よしいく》画「茲三題噺集会」文久2年（1862）　たばこと塩の博物館蔵　張り出された紙それぞれに、三つのお題が記載されている。この時期に三題噺の愛好家グループが多く作られ、特に三遊亭圓朝《さんゆうていえんちょう》や、幕末から明治期に活躍した歌舞伎作者の河竹黙阿弥《かわたけもくあみ》、戯作家の仮名垣魯文《かながきろぶん》、この絵を描いた絵師の歌川芳幾《うたがわよしいく》らが属した「酔狂連《すいきょうれん》」は著名。

◆三題噺の再流行——文化人たちの楽しみ

嘉永期（一八四八～五四）になると、寄席興行長編化する人情噺を興行内（半月ごとに入れ替わるようになった）の日程で分割してきかせる形式が誕生した。人情噺は実力が求められ、最後を飾る「トリ」に人情噺を配する慣習も生まれた。現在に継承される「真打」「前座」などの階級がほぼ決まっ

図5　【人気落語家】豊原国周《くにちか》画「諸家雷名東京自慢《しょからいめいとうきょうじまん》」明治元年（一八六八）国立劇場蔵　音曲や落語家など、諸芸で雷名（名声）をとどろかしている著名人の名を番付《ばんづけ》形式で示す揃物《そろいもの》（浮世絵のシリーズ物）の一。落語家を取り上げたこの絵には、右上段に三遊亭圓朝、春風亭小さん、かつら文治らの名が見える。中央には、歌舞伎役者の五代目尾上菊五郎が描かれる。

たのもこの頃である。文久（一八六一～六四）には初代可楽が考案した三題噺が再び流行したが、「咄の会」としての要素も強く加味され、文化人たちが参加する三題噺の会が続々開かれた［図4］。歌舞伎作者の河竹黙阿弥が「国姓爺・乳貰い・髪結」の題で自ら演じた三題噺をもとに、歌舞伎『三題噺高座新作』（文久三年〔一八六三〕）を作劇するなど、落語は歌舞伎とも深く関わった。また浮世絵の題材にも取り上げられ、落語がほかのジャンルに与えた影響も大きい［図5］。

◆幕末から明治へ——三遊亭圓朝の活躍

幕末から芝居噺で頭角をあらわした三遊亭圓朝《さんゆうていえんちょう》［図6］は、明治二年（一八六九）寄席における「演劇類似興行禁止令」が出され、鳴り物や大道具の使用ができなくなったことから、扇子のみを使用した「素噺《すばなし》」を演じて人気になった。

図6 【三遊亭圓朝の写真】
『圓朝全集』第1巻（春陽堂、1926年）の巻頭に掲載された写真。圓朝は若い頃、浮世絵師の歌川国芳《くによし》のもとで修行したといい、怪談噺の参考に幽霊画を集めていた。そのコレクションは東京、谷中《やなか》の全生庵《ぜんしょうあん》に寄贈されている。

歌舞伎に題材をとった怪談物の『真景累ケ淵』、人情噺の『文七元結』など、現代でも人気の作品を生み出した。明治十七年（一八八四）、圓朝の『怪談牡丹灯籠』が語り口調そのままに活字化され人気を博すと、速記による噺本の刊行や新聞への掲載という道筋ができ、落語は日本全国に発信されていった。圓朝の噺本を参考に二葉亭四迷が言文一致体小説（口語に近い文体を用いた小説）を執筆したこともよく知られる。

圓朝の活躍も続く明治二十年代、落語家の間では派閥が明瞭になり、東京では圓朝、圓生を中心とする三遊亭と柳《りゅう》亭《てい》（談洲楼《だんしゅうろう》）燕枝《えんし》を中心とした柳派、関西では桂派が抜きん出て、初代桂文枝《かつらぶんし》（人望もあり、関西の寄席には文枝の肖像画が飾られていたという）や、初代桂文治の弟子で上方四天王と称された初代桂文之助《かつらぶんのすけ》、桂文都《かつらぶんと》、初代桂文三《かつらぶんざ》、初代桂文團治《かつらぶんだんじ》らが活躍した。

◆時代の変化——社会を反映した落語界の動き

明治期の落語界は、近代化する社会を反映していく。たとえば明治八年（一八七五）に芸人への賦金制度が誕生し、納税して鑑札をもらい高座に上がるという形となった。明治十年（一八七七）の西南戦争以後、地方から東京への移住が増加すると、落語をよく知らない観客のために三遊亭《さんゆうてい》圓遊《えんゆう》がステテコ芸を見せるなど、珍芸が流行する事態にもなった。明治三十八年（一九〇五）には、伝統の落語を継承すべきという考えから、第一次落語研究会が発足、社会との関わりの中で落語界は動いていった。

大正期の第一次世界大戦（一九一四〜一八）後は、その特需により潤った人々が落語家を座敷に呼ぶことが増え、従来の寄席での活動を重視しない落語家が出てきたという。寄席の興行を守るため東京演芸会社が設立されたが、給料制に反発したメンバーが「三遊亭柳連睦会」をつくるなど、さまざまな動きがあった。大正期から戦前にかけて流行していたSPレコードでも落語が楽しまれた。

◆昭和から平成の落語——テレビやマンガによる人気

昭和三十年代以降、音声だけでも楽しむことができる落語は、ラジオでも放送され大人気となった。またテレビブームに乗り落語家が番組に出演することも増え、「笑点」など現在まで続く長寿番組も誕生した。平成になると、落語家を主人公にした『タイガー&ドラゴン』（TBS、二〇〇五年）などのテレビドラマや、テレビアニメ『昭和元禄落語心中』（TBS、二〇一八年）の人気により、若い落語ファンも増えている。

特徴

❶「オチ」「サゲ」がある笑い話が基本

落語は基本的に、マクラ・本題・オチ（サゲ）で構成されている。冒頭部分のマクラは世間話や本題に関連する小咄などを指し、予め演目の告知をしない通常の寄席では、客を噺に引き込むためにも重要となる。人情噺など一部を除き、最後はオチ（サゲ）で締めくくられる。駄洒落で終わる地口オチ（『鰍沢』『大山詣り』など）、言葉に出さず仕草で見せる「仕草オチ」（『死神』『猫久』など）、ばかばかしいことで結末を迎える「まぬけオチ」（『粗忽長屋』など）、最後のオチで噺全体の筋もうまく決まる「とたんオチ」（『百年目』『寝床』など）といった、さまざまな種類がある（渡辺均著『落語の研究』）。

❷扇子と手拭いだけ——最小限の小道具

江戸時代には、大道具などを使用した派手な演出も行なわれていたが、現在の落語で使用する道具といえば扇子と手拭いのみ。扇子は筆や箸、刀になり、手拭いは手紙や本になる。噺の状況によって、小道具をそれらしく見せるのも演者の工夫。また登場人物が複数の場合は「上下を切る」といって立場や年齢が上の人物が上手（観客からみて向かって右）、下の人物が下手にいる体で話し分けるが、口調なども変えての表現によって、見事に会話しているように見えるのも、落語の面白さだ。

❸聞き手の「想像力」が必要

柳家喬之助師匠のコラム（140頁）でも述べられているように、落語の鑑賞には実は「想像力」が大きく関わっている。たとえば、扇子などの小道具を用いて何かに見立てる時も、観客が想像力をふくらませやすいように工夫するという。噺を耳から聞くだけではなく、その状況をそれぞれが想像しながら聴くことが、実は大事である。

❹真打制度

落語家は師匠に入門して厳しい修業を積むが、東京では前座、二つ目、真打と、段階を経て昇進していく。

- **前座**＝師匠の身の回りの世話のほか、寄席では楽屋でお茶出し、演目の帳面付けなどを行なう。寄席太鼓を打つのも前座の役目で、開演十分前（もしくは三十分前）に一番太鼓、直前に二番太鼓、終演の際に打出し太鼓を打つ。寄での仕事の合間に、師匠や兄弟子から稽古をつけてもらう。寄席では一番に高座（噺をする場所。客席より高い場所にある）に上がる。
- **二つ目**＝前座をつとめ約三〜五年で昇進することが多い。師匠から独立し、自分の高座の時のみ寄席に行く。はじめて亭号を名乗ることができ、紋付の羽織の着用や自身の手拭いを作ることもできる。
- **真打**＝入門十五年くらいで、人気、実力が認められると晴れて真打に。師匠と呼ばれ、弟子をとることや、寄席でトリをつとめることもできる。なお「真打」の語は、かつて寄席で最後をつとめる者がロウソクの芯を打って灯りを消したことに由来するという説がある。

一般的には、前座から二つ目、真打と昇進するたびに名を変えることが多い。

寄席囃子と出囃子

「寄席囃子《ばやし》」は、三味線を基調に鉦《しょう》、太鼓などが加わった寄席で演奏される音楽を指す。演奏者は「お囃子さん」と呼ばれ、「出囃子《でばやし》」のほか、落語の中で幽霊が登場する際の音楽や、寄席で曲芸や紙切り、奇術などが演じられる際の伴奏「地囃子《じばやし》」なども担当する。

「出囃子」は、寄席で高座に上がる際、寄席囃子が三味線で演奏する落語家のテーマ曲。二つ目になると持つことができ、各自が自由に決めるため、アニメの音楽や外国音楽などのこともある。

演目紹介

◆『子ほめ』

町人の八五郎が、ただ酒を飲めると隠居のところへ赴くが、「ただ酒」ではなく「灘の酒」だとわかる。ごねる八五郎に隠居は、こういう場合は世辞をいうものだと、相手をほめる世辞を教える。四十五歳の人には「厄（男性は数えで四十二歳）そこそこ」といって、年を若く言えばいいと教わった八五郎。友人の家で生まれたばかりの赤ん坊をほめるのだが……。最後は、とんとんと調子よく進んでオチになる「とんとんオチ（拍子落ち）」。笑いどころが多く、高座で前座が話す前座噺としてもよく出される。

◆『時蕎麦《ときそば》』

夜中に二八《にはち》蕎麦（一杯、十六文のそば。江戸ではこの値段で提供されることが多かった）の屋台で、かけそばを食べる男。勘定をする時、銭を一枚ずつ数える男は、八つまで数え、そばやの主人に「今何時でい？」と時刻を聞く。「へい、九つでい」といわれ、すかさず「十、十一……」と数え、一文をうまくごまかした。それを見ていた別の男が真似をしようと翌日現れるが……。江戸時代に時刻を四つ～九つと数えたことを、うまく使った噺。一文は現在の二〇～二五円程度。そばをすする場面も、芸の見せどころ。

◆『芝浜』

魚の行商をする勝五郎《かつごろう》は、大の酒好き。裏長屋《うらながや》の貧乏暮しをしていたが、ある日魚河岸《うおがし》近くの芝の浜辺で、大金の入った革の財布を拾う。舞い上がった勝五郎は仲間を呼んで夜通し騒ぎ、酔って起きると財布がない。だらしない勝五郎に説教をする女房は、財布を拾ったこと自体が夢だったという。納得した勝五郎は、気を入れ替えて必死に働き、店を持つまでになった。そしてある大晦日……。「酔っ払い、芝浜、革財布」の三題噺から誕生したという人情噺で、現在でも年末の寄席で欠かせない噺となっている。

◆『牡丹灯籠』

根津《ねづ》に住む萩原新三郎《はぎわらしんざぶろう》という浪人のもとに、お露《つゆ》という若い娘と、女中のお米《よね》が夜な夜な通ってくる。どんどんやつれていく新三郎を心配した白翁堂《はくおうどう》という人相見（人相を見てその人の運命などを判断する人）は、二人が幽霊であることを知り、死霊よけのお札で新三郎を守ろうとする。だがお露はそのお札をはがすよう、下男夫婦に金を渡し、追い詰められた新三郎は……。「お露と新三郎」「御札はがし」からなる怪談話。幽霊には足がないといわれるが、お露の「カランコロン」という下駄の音はよく知られる。三遊亭圓朝が、中国の『牡丹燈記』に着想を得て創作［図7］。

図7　【お菊の幽霊】　大蘇芳年《たいそよしとし》画『新形三十六怪撰　ほたむとうろう』明治三十一年（一八九八）　国立国会図書館蔵　幽霊や妖怪に関する故事・逸話を題材にした揃物の一。圓朝の『怪談牡丹灯籠』をイメージしたこの絵には、下駄こそ描かれないが、牡丹灯籠を持つ侍女などが噺の雰囲気を伝えている。

上方（関西）と江戸（東京）

上方落語の特徴として、見台《けんだい》（書物を載せて見る木の台）、膝隠《ひざかく》し（落語家が見台を隠すために置く横長の衝立《ついたて》）の使用がある。右手に張扇《はりおうぎ》（講談でも使用）、左手に小拍子《こびょうし》を持って見台を叩きながら噺をする場合もあり、江戸・東京にはない、上方独自の特徴。明治期まで上方のみで行なわれたという寄席囃子も含め、かつて屋外で話していた時期に、客を注目させるために行なった工夫だという。それぞれの土地柄を反映し、上方落語は陽気、東京の落語はすっきりとした雰囲気があるといわれる。同じ噺でも細部に違いがあり、たとえば上方落語の『時うどん』をもとに、蕎麦が人気の東京で『時蕎麦』が作られている。地域性を意識してみるのも面白いだろう。

参考文献
・山本進『図説落語の歴史』（ふくろうの本、河出書房新社、二〇〇六年）
・延広真治『江戸落語　誕生と発展』（講談社学術文庫２０４４、講談社、二〇一一年）
・柏木新『落語の歴史　江戸東京を中心に』（本の泉社、二〇一二年）
・中川桂『江戸時代落語家列伝』（新典社新書66、新典社、二〇一四年）
・横井洋司写真　山本進ほか文『落語』（山川出版社、二〇一六年）

Column

想像力を働かせる――落語の楽しみ方

文●柳家喬之助（落語家）

落語はとてもシンプルな話芸です。落語家が着物を着て高座《こうざ》に上がり、小道具は基本的に手ぬぐい、扇子のみです。手ぬぐいは本や手紙、鼻紙などを表現する際に用います。扇子は、立てて文字を書く仕草をすれば筆になり、お箸や刀、煙管《きせる》にもなります。刀の場合には工夫が必要で、扇子そのものを刀に見立ててしまうと、実際の刀の大きさとのギャップがあり、観る側に伝わりにくくなります。刀は手で握る柄の部分と刃とで構成されますが、高座では、刀の柄に見立てて扇子を持ち、その上を見上げる動作をすることで刃の部分を想像させます。

実は、「想像させる」ということは、落語においてとても重要なことです。

刀の例もそうですが、ないものもあるように見せる、ということは落語でよくあります。言葉で説明する時も同じです。リンゴを例にとると「赤くて、つやつやしている」といった具体的な説明をしたくなりますが、説明は最小限にして、観る側の想像力にまかせます。落語を聞くのに基礎知識は要りませんが、観る側にイメージしてもらうことが大切なのです。

そして、実物がなくても表現できるのが、落語の面白さでもあります。たとえばまんじゅうを食べる場面では、手の形だけでその大きさを示し、食べ終わった後は、手についたあんを舐《な》めるような動作をします。人間の心理にかなった動きをするのが大事なのです。

現在のバラエティー番組やYouTubeなどの動画では、笑ってほしいところに字幕が出ることが多いのですが、それは想像力を削《そ》ぐことになるように感じます。「ここが面白いところです！」という、笑いを誘導するようなものは、落語にはありません。各自の自由な想像力を働かせて、落語を楽しんでほしいと思います。

落語では、八つぁんや熊さんなど、少し間の抜けたキャラクターがよく出てきます。「子褒《こほ》め」という落語家にとって初級編ともいえるネタがありますが、八つぁんが大家さんに習って失敗するという、落語の典型的な話です。現代でいうと、マンガ『ドラえもん』でのび太がドラえもんに機械を出してもらって自慢げに使って失敗するような、そんな感じです。作者の藤子・F・不二雄さんは落語好きなようで、『ドラえもん』には落語が原拠の作品も多数あります。それを探しながら読んでみるのも、面白いかもしれません。

　落語は、仕込みがあってオチがあります。前半をきちんと聴いていないと、オチがわからないことも多くあります。ザッピングで観るのが当たり前になっている現代のテレビでは、落語はわかりづらいのかもしれません。

　よく落語と漫才の違いを聞かれることがあります。落語は、漫才よりはコントに近いと思います。コントでは役割を決めて話を進めますが、落語ではそれを一人だけで実演するのです。

　「上下《かみしも》を切る」といいますが、落語では二人の人物の会話を表現する際に、右を向いたり左を向いたりして話し分けます。歌舞伎などの舞台と同じく、客席から見て向かって右を上手、左を下手といいますが、年齢や立場などが上の登場人物は、上手側から下手側に向かって話をする決まりがあります。その基本に加えて、体の動きなどで人物の性格を表現します。登場人物の会話を楽しむ、そこにも観る側の想像力が必要になります。

　「上下を切る」以外にも一人で複数の役を表現するための工夫はあり、実は髪型にも注意をしています。長髪など特徴的な髪型をしていると、聴く側に強い印象を与えてしまい、登場人物をイメージしにくくなってしまうのです。落語家に短髪の人が多いのはそのためです。

　落語家になるには、師匠にお願いにして入門するところから始まります。一年ぐらいで前座となり、寄席《よせ》でいろいろな雑用をします。高座に上がる時には落語家それぞれに出囃子《でばやし》という音楽を用いますが、三味線の師匠の演奏とともに太鼓を叩くのも前座の仕事です。高座の座布団を返したり、師匠の着替えの手伝いをしたりして、約四年間、前座をつとめます。

　二つ目になると羽織を着ることができ、出囃子も自分で選ぶことができます。自分の出番だけで帰れるようになりますが、経済的なことを考えると自分で仕事を探す必要もあります。動物の「巣立ち」に似ているかもしれません。

　二つ目を約十年間つとめると、次は真《しん》打《うち》です。師匠と呼ばれて弟子をとり、寄席の最後の「トリ」をつとめることもできるようになります。寄席では一日に多くの落語家が高座に上がりますが、他の落語家の噺《はなし》と同系統（登場人物〔与太郎や武士など〕が同じ、失敗談など噺の主旨が類似）の噺をしてはいけない決まりがあります。高座の最後を締める真打は、実力がないとつとまらないのです。

　東京にも大阪にも、落語を聞くことができる寄席があります。みなさんもぜひ、寄席に足を運んでみてください。

講談

文●藤澤　茜

◆講談を「読む」——太平記読みからの発展
◆釈台と張扇を使用——テンポの良い口調
◆多様な演目（根多《ねた》）——現代のドラマにも影響

歴史

話芸の一つである講談（江戸時代中期までは主に講釈と呼ばれた）は、講談師（講釈師）が釈台《しゃくだい》を前に座り、張扇《はりおうぎ》で叩きながら物語類を聞かせるもの。主題は、歴史上の人物を題材にした軍記物や敵討、武勇伝、侠客伝《きょうかくでん》など多岐にわたる。「太平記《たいへいき》読み」の流れを汲み（現在でも講談は「演じる」ではなく「読む」という）、軍記を主君などに解説する形を経て、庶民向けの話芸として江戸時代に発展した［図1］。

◆太平記読み——史実の読み聞かせ

講釈、講談ともに中世の仏教関係に文献に出てくる語で、書物などを説き明かすという意味がある。ジャンルとしての講談は、仏教の経典講釈や神道講釈などの宗教的な講釈が話芸化されたものや、南北朝時代の軍記物語『太平記』を文字の読めない人々に読み聞かせた「太平記読み」の流れの上に誕生したと考えられる。十五世紀には伴奏音楽なしで軍記物語などを語った物語僧などが『太平記』を読み、江戸時代には浪人などが権力者に軍記物を進講（身分の高い人に学問を講義すること）したといい（徳川家康に進講した

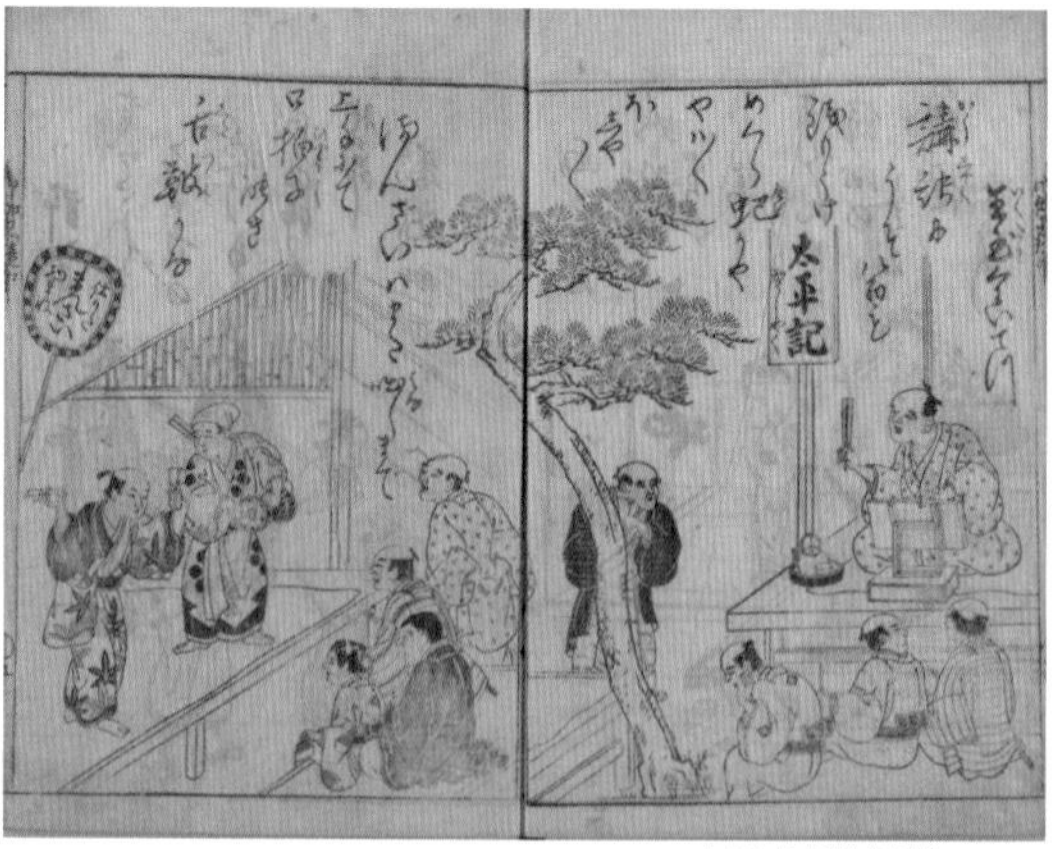

図1　【太平記の講釈】長谷川光信画『絵本御伽品鏡《えほんおとぎしなかがみ》』元文4年（1739）刊　国立国会図書館蔵　見台らしき物を前に、扇を持つ講釈師。「太平記かうしゃく（講釈）」の貼紙が見える。

とされる赤松法印《あかまつほういん》の名は著名だが、実在は疑わしい）、やがて一般の庶民に聞かせる話芸として発達した。

●三都で活躍した講釈師――小屋掛けでの興行

元禄（一六八八～一七〇四）の頃、京都で原永惕《はらえいてき》、大坂で赤松梅龍《あかまつばいりゅう》（近松門左衛門の人形浄瑠璃にも「太平記の講釈師」として登場）、江戸で名和清左衛門《なわせいざえもん》という講釈師が出て、小屋掛けでの興行が定着するようになった。

演目については、たとえば浮世草子《うきよぞうし》『御入部伽羅女《ごにゅうぶきゃらおんな》』（宝永七年〔一七一〇〕）の講釈師の挿絵に『太平記』『信長記《しんちょうき》』『四十七人評判（一七〇二年の赤穂四十七士の討入りに関する内容）』と記載され、同時代の事件をも題材に取り入れていることがわかる。また教訓書でもある随筆『徒然草』の講釈も人気を集め、人形浄瑠璃、歌舞伎の作者である近松門《ちかまつもん》左衛門《ざえもん》も『徒然草』の講釈を行なったという（『野郎立役舞《やろうたちやくぶ》台大鑑《たいおおかがみ》』貞享四年〔一六八七〕）。

●実講と狂講――深井志道軒の登場

講釈では神道や仏教の教えを講義することも多く、享保期（一七一六～三六）の上方《かみがた》では、神道家の増穂残口《ますほざんこう》が辻講釈（町の辻で講談などを行うこと）で男女平等などの考えを主張し、通俗神道を説いた。江戸では、武家の座敷で兵法書や軍記物を講じた神田伯龍子《かんだはくりゅうし》が著名。宝暦期（一七五一～六四）には、講釈の主題は広がりを見せ、鯖江正林《さばえしょうりん》による大名旗本の出世譚、滋野瑞龍軒《しげのずいりゅうけん》とともに「実講（冗談などを含まない真面目な講釈）」を聞かせた成田寿仙《なりたじゅせん》のお家騒動物、霊全《りょうぜん》による市井の出来事に取材した世話講談などが人気を集めた。講釈の大衆化も進み、霊全は、一人十六文（一文は二〇～二五円）の木戸銭（入場料）をとったという。

「銀杏和尚」と呼ばれ、浅草寺境内の葭簀《よしず》掛けの小屋で辻談義（説教師などが往来で平易に仏法を説いた）を行なった霊全のように、談義僧から講釈師になった者は多く、深井《ふかい》志道軒《しどうけん》もその一人。浅草寺境内の三社権現に小屋掛けをした志道軒は、世相の批判を交え、身振り豊かに「狂講（滑稽な講釈。実講に対する語）」を行ない人気を集めた。歌舞伎役者の二代目市川團十郎《いちかわだんじゅうろう》と人気を二分したともいわれ、志道軒を主人公に平賀源内《ひらがげんない》が『風流志道軒伝《ふうりゅうしどうけんでん》』（宝暦十三年〔一七六三〕）を刊行したことでも知られる。

●話芸として確立

十八世紀半ば以降、講釈の内容はさらに変化する。市井の事件や大名家のお家騒動などを積極的に取り入れた江戸の馬場文耕《ばばぶんこう》は、新たな局面を開いた。世話物の分野を開拓し、仇討物、白浪物、侠客物といった多くのレパートリーを持ち、『大岡政談《おおおかせいだん》』など現在でも人気の講釈を作り出した。だが宝暦八年（一七五八）、美濃国《みののくに》（現在の岐阜県）郡上《ぐじょう》八幡《はちまん》の大名、金森家のお家騒動を盛り込んだ『珍説もりの雫』を発表、それを実録の『平かな森の雫』として刊行し、幕政を批判したとの理由で死罪となった。

文耕の弟子の森川馬谷《もりかわばこく》は前座を使い、読み物を初・中・後の三席に分け、修羅場《ひらば》（軍書・合戦物）、評定物《ひょうじょうもの》（お家騒動物や政談）、世話物に区別してこの順に読むことを始めた。これが後の前座・中座読・後座読（真打《しんうち》）の順位のもとになったという。馬谷が確立したとされる講釈場の看板やビラの書き方は、近代まで継承された。

●演劇への影響

講釈が話芸としての基盤を創り上げた十八世紀後半以降、演劇に多くの影響を与えるようになる。「上方の講談中興の祖」といわれる吉田一保《よしだいっぽう》（軍書の改題『和漢軍書要覧』を残す）の「伊賀上野の仇討」の講釈は、歌舞伎作者の奈河亀輔《ながわかめすけ》に影響を与え『伊賀越乗掛合羽《いがごえのりかけがっぱ》』が上演された。講釈を積極的に取り入れた亀輔は、ほかにも仙台藩伊達家の御家騒動を扱った『伽羅先代萩《めいぼくせんだいはぎ》』などを残した。落語の「咄の会」と同じく好事家たちを集めて行われた「長咄」の会で出された『蕣《あさがお》』という講釈も読本（小説）、歌舞伎、人形浄瑠璃へと取り込まれた。江戸のメディアミックスとも呼べる現象に講釈も大きく関わった。

●暗記して読む――無本の講談が登場

十九世紀に入ると「講談」の語も広く使用され、現在の各流派につながる伊東派、神田派、田辺派が江戸で成立していく。伊東派の祖である伊東燕晋《いとうえんしん》は、『曽我物語』『源平《げんぺい》盛衰記《せいすいき》』など軍記物しか読まなかったといい、講釈好きの十一代将軍徳川家斉《いえなり》に何度も御前講演を行なった。将軍家や大名家の事跡を説く「御記録読《ごきろくよ》み」の立場を貫き、ほかの芸との差別化をはかり、従来使用のたびに設けていた高座《こうざ》（講釈師が座る、客席より一段高い座席）を備え付けにする許可を得たという。「御記録読み」を重視する姿勢は、一門の伊東燕凌《いとうえんりょう》や初代桃川如燕《ももかわじょえん》（幕末、明治に活躍。桃川派の祖）などに受け継がれた。

一方、神田邊羅坊壽観《べらぼうすかん》（後述の神田伯龍《かんだはくりゅう》も門人）の門下とされ、田辺派の祖となった田辺南鶴《たなべなんかく》は、本を読まずすべてを暗記する「無本」の形を作り、弟子の田辺南窓《たなべなんそう》（後に柴田派を開く）が確立、現在も講談全般で踏襲されている。

また宝井《たからい》派の祖、江戸の東流斎馬琴《とうりゅうさいばきん》（宝井馬琴）は初めて地の文と会話を分けて読み、男女の声も使い分けたという。身振りも交えたその講釈は、職人たちの人気を集めた。婦女子にも親しみやすい世話物を読んだ桃林亭東玉《とうりんていとうぎょく》、その門弟の小金井北梅《こがねいほくばい》（小金井派の祖）も活躍した。文政期（一八一八～三〇）には円山尼という女流講釈師が活動したこともわかっている。

講釈師の流派

伊東燕晋【伊東派】
↓桃川如燕（燕晋門人）【桃川派】

神田邊羅坊壽観
↓初代神田伯龍【神田派】
↓田辺南鶴【田辺派】
↓田辺南窓（南鶴門人）【柴田派】

小金井北梅【小金井派】

東流斎馬琴（宝井馬琴）【宝井派】

一龍斎貞山【一龍斎派・貞山派】

玉田玉秀斎【玉田派】（関西）

初代旭堂南陵【旭堂派】（東京→関西）

※現在の流派は、神田派、一龍斎派、宝井派、田辺派、小金井派。

現在の講談のスタイルが完成

現在の講談のスタイルができたのは、江戸後期から幕末にかけて。天保期（一八三〇～四四）の錦城斎典山《きんじょうさいてんざん》が、はじめて釈台を置き、張扇と拍子木を両手に持ち使用したといわれている。典山の門下である一龍斎貞山《いちりゅうさいていざん》は『義士伝』を得意とし、一龍斎派（貞山派）の祖となった。

現在の講談師の主流派となっている神田派は、神田邊羅坊寿観の門人、神田伯龍《かんだはくりゅう》を祖とし、実質上は、弟子の初代神田伯山《かんだはくざん》（八十二名の門人がいたという）が神田派の基礎を作った。伯山は、八代将軍徳川吉宗の落胤を名乗り処刑された山伏を題材にした『徳川天一坊《とくがわてんいちぼう》』で人気を博し、「伯山は天一坊で蔵をたて」という川柳も残る。神田派の流れを汲みながら桃林亭東玉《とうりんていとうぎょく》に傾倒した初代松林亭伯圓《しょうりんていはくえん》（松林派の祖）、伊東燕凌、世話物の名手で『佐倉義民伝《さくらぎみんでん》』を得意とした石川一夢《いしかわいちむ》（一口）とともに「三名誉」と称された。

また世話物を得意とした一立斎文車《いちりゅうさいぶんしゃ》は、豆腐屋から講釈師になった人物で、師匠がなく一本立ちしたことからの名だという。天保期には、こうした個性豊かな講釈師たちが八百名もいたという。天保十三年（一八四二）の天保の改革で寄席《よせ》の数は激減し、講釈の内容も軍談や神道講釈に制限されたが、その余波が及ばなくなると、落語とともに寄席の数を増やしていった。

講釈から講談へ――二代松林伯圓の活躍

幕末から明治期にかけて大活躍を見せたのは、『天保六花撰』『鼠小僧』などの代表作がある二代松林亭伯圓（明治期には松林伯圓と名乗る）。「泥棒伯圓」の呼び名があるように盗賊を主人公にした白浪物の評価が高く、河竹黙阿弥《かわたけもくあみ》の歌舞伎にもしばしば取り入れられた。

講談は明治期にも人気を博し、浮世絵にも多く取り上げられた［図2］ほかの芸能と同じく新たな時代を反映していった。明治十四年（一八八一）には東京に講談組合ができ、明治十七年（一八八四）には八十七軒の寄席があったという。二代伯圓は洋装でテーブル、椅子を使用した新聞講談という分野を開拓し、講談は新聞連載されていった。また明治十八年（一八八五）に二代伯圓の『安政三組盃《あんせいみつぐみさかずき》』、十九年に伯圓と並ぶ人気を博した初代桃川如燕の化け猫譚『百《ひゃく》猫伝《びょうでん》』［図3］の速記本が刊行され、落語と同じく速記本ブームが訪れた。なおこの講談速記本を多く刊行した大日本雄弁会は、現在の講談社の前身である。伯圓、如燕ともに明治天皇の御前講演を行なうなど、江戸時代から続く「進講」の形も受け継がれていった。

図2【明治期の講談人気】安達吟光《あだちぎんこう》画『講談一席話　田辺南龍《なんりゅう》　上杉輝虎《てるとら》入道謙信　中村芝翫《しかん》』明治七年（一八七四）国立国会図書館蔵
江戸、明治期の講談師の得意演目を題材として、登場人物を歌舞伎役者に見立てて描いたシリーズ物。講談が、明治の浮世絵の主題としても好まれたとわかる。初代田辺南龍は、田辺派の祖の南鶴《なんかく》の門弟で、川中島の合戦を主題とした『甲越軍記《こうえつぐんき》』を得意とした江戸の講釈師。

図3【初代桃川如燕の『百猫傳《ひゃくみょうでん》』】豊原国周《とよはらくにちか》画『俳優舌師《はいゆうぜつし》当《あた》り競《くらべ》　花《はな》房主水《ぶさもんど》　沢村訥升《とっしょう》　お百　三津五郎』明治六年（一八七三）山口県立萩美術館・浦上記念館蔵　役者絵を得意とした国周の作品。扇形のこま絵（画中画）に描かれる提灯に「百猫傳　桃川燕林」の文字が見える。燕林は如燕がこの翌年に改名するまで使用していた名前。

幕末の講談の影響力

先述のように、講談は演劇作品に大きな影響を与えた。たとえば、能『安宅《あたか》』をもとにした歌舞伎『勧進帳《かんじんちょう》』（天保十一年（一八四〇））も、「山伏問答《やまぶしもんどう》」と呼ばれる部分に二代伊東燕凌の講談を盛り込んでいる。盗賊や市井の人物を取り上げた世話物の人気も反映し、幕末には河竹黙阿弥などの歌舞伎の題材として演劇化された。

・**『佐倉義民伝』**→三世瀬川如皐《せがわじょこう》作『東山桜荘子《ひがしやまさくらそうし》』（嘉永

四年（一八五一）

- **『切られ与三』**↓三世瀬川如皐作『与話情浮名横櫛』（嘉永六年（一八五三））
- **『小猿七之助』**（二代松林伯圓）↓河竹黙阿弥作『網模様燈籠菊桐』（安政四年（一八五七））
- **『天保六花撰』**（二代松林伯圓）↓河竹黙阿弥作『雲上野三衣策前』（明治七年（一八七四））
- **『東海白浪』**↓河竹黙阿弥作『青砥稿花紅彩画（通称『白浪五人男』、文久二年（一八六二））

◆大正以降の講談

明治末期、玉田玉秀斎の口演の速記本として大阪の立川文明堂より『立川文庫《たちかわぶんこ》』が刊行された。創作講談の書き下ろしも出版されるようになり、身近な娯楽として大人気を得た。『大正文庫』『武士道文庫』など類似の文庫も多く作られたが、皮肉なことに、この活字化により寄席に足を運ぶ客が減ったという。大正十四年（一九二五）より始まったラジオ放送で講談は人気を盛りかえすが、昭和十年（一九三五）頃には落語や浪曲に逆転されてしまう。上方では講談師が二代旭堂南陵《きょくどうなんりょう》ただ一人になったといい、東京では『清水次郎長伝』で人気を得た三代神田伯山、名人とうたわれた三代錦城斎典山、講談組合頭取と落語協会会長を兼ね、修羅場の普及に尽力した六代一龍斎貞山などが活躍した。第二次世界大戦中に愛国講談なども読まれたが、戦後はGHQにより軍談、仇討物が禁じられて衰微する。

昭和三十八年（一九六三）に、東京上野にあった講談定席の本牧亭（平成二年（一九九〇）閉場）を題材とした、安藤鶴夫著『巷談本牧亭』が直木賞を受賞し話題となったが、昭和四十年代には講談師はわずか二十四名となる（一龍斎貞鳳『講談師、ただいま二十四人』）。その苦境を救ったのは昭和五十年代に台頭した女性講談師で、現在も女性の活躍が目覚ましい分野となっている。

一龍斎貞水《いちりゅうさいていすい》が平成十四年（二〇〇二）、講談界で初めて人間国宝となり、令和元年（二〇一九）には三代神田松鯉《かんだしょうり》も続いた。松鯉の弟子の神田松之丞がブームを巻き起こし、六代神田伯山襲名を果たすなど、令和の講談界は注目を集めている。

特色

❶「物語の講義」「物語を読む」という二つの柱

江戸時代の講釈師は物語を読み解説するという役割を持ち、それが次第に庶民向けの話芸へと発展した。客観的に物事を伝えるためにも、講談師のリズミカルは口調は効果的である。

❷釈台・張扇を使用

江戸時代より使用されていた釈台、張扇は講談に欠かせないもの。張扇は、茨城県の西《にし》の内《うち》和紙を使用する決まりがあり、講談師が自ら用意する。叩くタイミングも各自で特徴があり、歯切れ良い語り口調を際立たせる張扇も、講談を楽しむ一つの要素となっている。なお上方では張扇と拍子木を用いる。

❸多様な読み物

別表にまとめたように、講談は軍談、御記録物（御家騒動）、世話物に大別される。修業のはじめには修羅場を覚えるが、世話物の中にも白浪物や侠客物など多様な主題があるのも、江戸庶民に親しまれた歴史を感じさせる。『水戸黄門記』『大岡政談』など、現代のテレビドラマでもお馴染《なじ》みの演目もあり、現代も新しい演目が作られている。またかつて講談師と落語家を兼ねる者もいたことから、『四谷怪談《よつやかいだん》』や『真景累ヶ淵《しんけいかさねがふち》』など、落語と重複する演目もある。

❹女流講談師の活躍

伝統芸能の中では珍しく、女性が活躍する割合が高く、男女約半数ずつとなっている。

講談の修業　修羅場読み

講談も落語と同じく、前座、二つ目、真打と昇進するが、前座のうちは師匠や先輩の世話をしながら、まず修羅場を読む。はじめに覚えるのは「頃は元亀《げんき》三年、壬申年《みずのえさるのとし》十月十四日、武田大僧正信玄は七重のならしを調え、その勢三五千余人～」という始まりの『三方ヶ原《みかたがはら》の合戦』とされる。読む、語る、謡うなどの調子や、正しい発声法を身につけ、張扇のリズムにも馴染むことができるという。前座のうちは寄席の客が入る前に高座に上がり、師匠に習ったところまで修羅場を読む。これを「空板《からいた》を叩く」と呼ぶ。修羅場から武芸物・記録物、世話物といろいろな種類の出し物を習っていく。

演目紹介

◆『三方ヶ原の合戦』

元亀三年（一五七二）、遠江（現在の静岡県）の三方原で行われた武田信玄と徳川家康との戦いを題材とする。上洛を企てた信玄が遠江に侵入し、家康軍と織田信長の援軍を三方ヶ原に誘いだし大勝利をおさめ、家康は浜松城に敗走した。「頃は元亀三年……」という独特の修羅場調子が発声や喉の鍛錬に適しているとされ、講談師がまず初めに稽古する演目となっている。

◆『徳川天一坊《とくがわてんいちぼう》』

天一坊は、享保年間（一七一六〜三六）に八代将軍吉宗のご落胤として世間を騒がせた修験者で、幕府の手により処刑された。実説では、関東郡代、伊那《いな》半左衛門《はんざえもん》により取り調べを受けたが、講談では南町奉行大岡忠相《おおおかただすけ》の活躍を描く『大岡政談』の一つとして話が作られた。将軍の落胤と称し偕行《かいぎょう》という修験者が、老中筆頭の松平伊豆守《いずのかみ》も味方につけるが、大岡忠相に見破られる。計二十席におよび、歌舞伎でも上演されるなど人気が高い［図4］。

●『赤穂義士伝《あこうぎしでん》』

元禄十五年（一七〇二）の赤穂浪士の討入りを扱ったもの。浪士たちが吉良《きら》邸で本懐を遂げるまでを描く「本伝」に加え、討入りの四十七士の伝記である「銘々伝」、討入りを支援した人物や吉良方の人物を描く「外伝」より成る。本伝では「南部坂雪の別れ」、銘々伝では「赤垣源蔵徳利《とくり》の別れ」「大高源吾《おおたかげんご》」などが著名。講談師が最も大事にする演目とされる。討入り後すぐに講談に仕組まれたと考えられ、初代田辺南窓（一八四六年没）により整えられたものが現代に継承されると考えられる（コラム「赤穂事件と『仮名手本忠臣蔵』」〔113頁〕参照）。

●『天保六花撰《てんぽうろっかせん》』

二代松林伯圓作。御数寄屋《おすきや》坊主の河内山宗俊《こうちやまそうしゅん》、片岡直次郎《かたおかなおじろう》（直侍《なおざむらい》）、直次郎の恋人で遊女の三千歳《みちとせ》、暗闇の丑松《うしまつ》らが活躍する世話講談。河竹黙阿弥が明治十四年（一八八一）『天衣紛上野初花《くもにまごううえののはつはな》』として劇化した。宗俊が寛永寺《かんえいじ》の御使僧《おつかいそう》に化け、松江侯のもとに奉公に上がっている上州屋の娘おなみを救う件や、宗俊が三千歳を吉原から脱出させ捕らえられた直侍を救う件などが著名。

図4【天一坊】 安達吟光《ぎんこう》画『講談一席読切　神田伯山　天一坊実は観《かん》音院《のんいん》弟子《でし》法策《ほうさく》　市川左團次《さだんじ》』明治七年（一八七四）　国立国会図書館蔵
初代神田伯山の代名詞となった天一坊を題材とした明治期の浮世絵。

講談の種類

①軍談　『源平盛衰記』『北條九代記』『太平記』『川中島合戦』『信長記』『太閤記』『三方ヶ原《みかたがはら》合戦』『関ヶ原軍記』『真田三代記』など

②御記録物（御家騒動）　『伊達評定』『黒田騒動』『柳澤

騒動』『鍋島猫騒動』『有馬騒動』『宇都宮釣天井』『赤穂義士伝』『慶安《けいあん》太平記』など。

③世話物　『天保六花撰』『塩原多助』『左甚五郎《ひだりじんごろう》』『安政三組盃《あんせいみつぐみのさかずき》』『紀国屋文左衛門』『伊勢音頭』『一心太助』『朝顔日記』『お富与三郎』など。

・**白浪物**＝『鼠小僧次郎吉』『藪原検校《やぶはらけんぎょう》』『因幡小僧《いなばこぞう》』『小猿七之助』『鬼神のお松』『石川五右衛門』など。

・**侠客物**＝『幡随院長兵衛《ばんずいいんちょうべえ》』『祐天吉松《ゆうてんよしまつ》』『花川戸助六』『野狐三次《のぎつねさんじ》』など。

・**三尺物**＝『清水次郎長』『国定忠治《くにさだちゅうじ》』『大前田英五郎』『天保水滸伝』『大坂五人男』など。

・**武芸物**＝『荒木又右衛門』『宮本武蔵』『柳生《やぎゅう》旅日記』『笹野権三郎』『塚原卜伝《ぼくでん》』『寛永御前試合』『戸田新八郎』『田宮坊太郎』など。

・**政談（別名・お捌き物）**＝『大岡政談』（徳川天一坊・村井長庵・畔倉《あぜくら》重四郎・越後伝吉・音羽丹七《おとわたんしち》・煙草屋《たばこや》喜八・白子屋政談ほか）『大久保政談』『遠山金四郎』『水戸黄門記』など。

・**怪談**＝『四谷怪談』『番町皿屋敷《ばんちょうさらやしき》』『真景累ヶ淵』『牡丹燈籠《ぼたんどうろう》』『小幡小平次《こはだこへいじ》』『乳房榎《ちぶさえのき》』など。

・**芸道物**（落語の芝居噺とは異なる）＝『中村仲蔵《なかぞう》』『名人小団次』『沢村淀五郎』『名医と名優』など。

・**力士伝**＝『寛政力士伝』（谷風梶之助・雷電為右衛門《らいでんためえもん》・越《こし》の海勇蔵《うみゆうぞう》ほか）

④新作講談　ニュース講談・政治講談・財界立志伝・偉人伝・スポーツ講談・文芸講談・ビジネス講談など。

寄席の楽しみと落語・講談

「寄席」は人を集める「寄せ場」が転じた言葉とされ、江戸時代の寄席は落語、講釈（講談）のほか、小唄、三味線、

図5　**【寄席の楽しみ】**　歌川芳藤《よしふじ》画「しん板猫の大よせ」明治期　慶應義塾図書館蔵　さまざまなだし物があった寄席。この絵では人形浄瑠璃の様子が描かれているが、すべて擬人化された猫で表現されているのが面白い。

娘義太夫などの音曲、手妻（手品）といった芸を見せる場所でもあった［図5］。

江戸では浅草奥山や西両国など、多くの人でにぎわう場所で行なわれた。木戸銭（入場料）は江戸で十二文から五十六文と幅があり、平均して三十六～四十八文、上方では三十六文であった。

現在の寄席でもさまざまな芸が観られるが、落語、講談以外の浪曲や奇術（手品）、漫才などは「色物」と呼ばれている。

講談と落語

江戸時代に、同じ寄席の芸能として発達した講談と落語。噺家と講釈師を兼ねる者もいて、『四谷怪談』『怪談牡丹燈籠』などの共通する演目があり、また前座、二つ目、真打と昇進する真打制度など類似点も多いが、どういう点が異なるのだろうか。

【講談】	【落語】
・歴史上の実在の人物を題材としたものが多い	・主人公は架空の人物（特に町人）が多い
・地の文中心で、人物の描写も客観的	・せりふ中心で笑わせることを主とする
・張扇と釈台を使用	・持ち物は扇子と手拭い
・真打のことを「先生」と呼ぶ	・真打のことを「師匠」と呼ぶ

講談師の宝井琴調《たからいきんちょう》による「講談はドキュメンタリー、落語はホームドラマ」という言葉は、主に実際にあった事件を扱う講談と、町人の日常を楽しく表現する落語の性質を、よく表している。また落語家の立川談志《たてかわだんし》は赤穂浪士の討入りについて、「討入りを志願しながらも逃げ出してしまった大勢の人物を描くのが落語、討入りした忠義者を描くのが講談」と述べていることも興味深い。また講談師が真打になると「先生」と呼ばれるのは、講談にもともと解説、講義するという意味があったからである。

参考文献
・一龍斎貞鳳『講談師ただいま24人』（朝日新聞社、一九六八年）
・延広真治校注『講談　人情咄集』（新日本古典文学大系　明治編7、岩波書店　二〇〇八年）
・今岡謙太郎『日本古典芸能史』（武蔵野美術大学出版局　二〇〇八年）
・木越治編著『講談と評弾―伝統話芸の比較研究―』（八木書店　二〇一〇年）
・神田松之丞『講談入門』（河出書房新社　二〇一八年）
・神田松鯉『人生を豊かにしたい人のための講談』マイナビ新書　マイナビ出版　二〇二〇年）

Column

講談を読む

文●神田阿久鯉（講談師）

娯楽としての発展

物語を語って聞かせる職業には、早くは説法師《せっぽうし》や説経師《せっきょうし》があり、お釈迦様の言葉を聞かせて仏教の浸透をはかりました。また軍記物『太平記《たいへいき》』を読み聞かせる「太平記読み」が登場し、その流れの上に発展したため、講談では「話す」とはいわず、一席「読む」といいます。

軍記物をはじめさまざまな「根多《ねた》」が登場し、江戸中期の八代将軍徳川吉宗《とくがわよしむね》の頃には現在に近い形になったといいます。平和な世の中でないと、娯楽は発展しません。江戸後期には専門の寄席《よせ》「講《こう》釈場《しゃくば》」が誕生し、著名な講談師も登場しました。幕末の田辺南窓《たなべなんそう》という講談師が台本をすべて暗記して人気を博したため、それ以降の講談師はみな暗記するようになり、現在にいたります。また明治期になると、講談を速記で記録した「速《そっ》記本《きぼん》」が多数刊行され、娯楽的な読み物として人気を博しました。

言葉で説明できるのが講談の強み

講談は、落語、浪曲《ろうきょく》（三味線に合わせて歌い語る演芸、江戸時代末期ごろに成立）とともに「古典三大話芸」と言われます。

講談は落語と比較されることが多いのですが（151頁参照）、一番の違いは根多の内容が落語は基本的にフィクションだということです。会話だけで噺《はなし》が成り立ち、所作によって場面の状況を表すことが多いのも落語の特徴です。

一方、講談は歴史上実在した人物の逸話を題材にします。所作はあまり行わず、言葉によって説明します。会話以外の部分（地の文）で、事件の起きた季節や日時、また「あれから十年経った」など時の流れを細かく説明できるのが、講談の強みです（落語では、一つの噺の中で日時が変わることは講談に比べて少ないです）。また、落語では身振りで表現する登場人物の動作についても、講談では言葉で説明します。そのため落語よりも言葉の数が多く、一席の時間も落語より長いです。

入門して初めに教わる根多が決まっているのも講談の特徴で、まず軍記物の『三方ヶ原《みかたがはら》の合戦』『川中島合戦』『真田《さなだ》三代記』など「修羅場《ひらば》調子」の根多を稽古していき、大きな声を出し、七五調の読み方をする講談の基礎を修得します。

講談の修業と寄席

修業については、今は講談も落語もほぼ同じです。前座を約四年、二つ目を約十年、その後に真打《しんうち》となります。少し変わっているのは、前座の前に半年から一年ほどの見習い期間があり「空板《からいた》」と呼ぶことです。板は高座《こうざ》のことで、寄席の開場前の客席が「空」の時だけ、高座に上がることが許されることからの名称です。

寄席では原則根多の予告はせず、その場でお客さんの顔を見てから決めます。楽屋にはその日、他の講談師が読んだ根多を記す読み物帳（根多帳）があり、前の人と根多が重ならないようにします。

根多の長さは一席三十分前後、四百字の原稿用紙に換算すると約三十～四十枚、それだけの量を暗記して高座にかけます。

高座で使用する釈台《しゃくだい》は、もともと台本を置くためのものですが、根多を暗記する現在は何も置かず、張扇《はりおうぎ》、白扇《はくせん》を打ち付けながら話します。張扇は茨城県の西《にし》の内《うち》和紙を用いる決まりがあり、講談師の手作りです。白扇は落語と同じものを使用し他に小道具として手ぬぐいも使用します。

同じ根多を読む場合でも、張扇は講談師おのおのの感覚で入れますので、そこには個性が出ます。また根多にアドリブを入れてよいのかと聞かれることがありますが、「くすぐり」や「ひき事《ごと》」といって、場の雰囲気を変える時などには即興の内容を交えることもあります。

根多の奥深さ

講談にはさまざまな根多がありますので、個別の根多を掘り下げていくと面白いことがわかります。

講談『那須与一《なすのよいち》』（別名『扇の的』）は、屋島の合戦を題材にしています。源氏方の那須与一が平家方の扇を射落としたことで合戦が始まったという、『平家物語』でもお馴染《なじ》みの逸話です。これは『平家物語』を琵琶の伴奏で弾き語りする平曲や狂言の題材にもなっており、比較してみると、平曲、狂言、講談のすべてにおいて甲冑の色の表現などが全く同じなのです（平曲の描写が一番詳細で、次いで狂言、講談と短くなっておりますが）。弾き語りに舞台芸術に話芸——同じ逸話が、異なる表現方法をもつ芸能によって継承されていることに、日本文化の奥深さを感じます。

講談は、現在のテレビドラマにも影響を与えています。時代劇の定番ともいえる『水戸黄門』や『大岡越前』『遠山の金さん』などは、講談を下敷きにしています。最近では、講談を取り上げた絵本も刊行されています。講談を身近に感じて、ご自分の好きな根多を見つけていただきたいと思います。

第六章

和楽器《わがっき》（尺八《しゃくはち》・琵琶《びわ》）

尺八

文●小濱明人（尺八演奏家）

◆江戸時代、虚無僧《こむそう》が掲げた普化宗《ふけしゅう》の法器
◆吹禅《すいぜん》・托鉢《たくはつ》修行に使用された
◆シンプルな作りでありながら、その音と表現力は幅広く多彩

歴史

唐代の中国において、宮廷舞楽の一つである讌楽《えんがく》の中で使用されていた竹製の縦笛。『唐書《とうじょ》』には、唐初期の楽人である呂才《りょさい》が十二律（一オクターブ内に半音が十二音入る音律）と合う尺八、長短十二管を作ったと記されている。「尺八」という名称は、唐の基準管の長さ、一尺八寸によるとされる。

◆日本への伝来

雅楽唐楽の楽器として日本に尺八が伝来したのは、七世紀末から八世紀初め頃。聖武《しょうむ》天皇在位の頃には移入され、東大寺大仏開眼供養会《かいげんくようえ》（七五二年）にも登場する。以降、朝廷の音楽・舞踊をつかさどる機関である雅楽寮《ががくりょう》の尺八師によって演奏されたが、次第に横笛が管弦の中心となり、衰退した。

◆尺八の変遷

日本に伝わった尺八は、用途や楽器の形状などが次のように変化した。

❶古代尺八（雅楽尺八、正倉院《しょうそういん》尺八とも）　六孔《ろっこう》・三節《さんせつ》

雅楽の楽器として伝来したもの［図1］。九世紀以降は雅楽の正式編成よりはずれ、歴史書『今鏡《いまかがみ》』（一一七〇年）に百年ほど絶えていた尺八が舞楽に用いられたという記述が

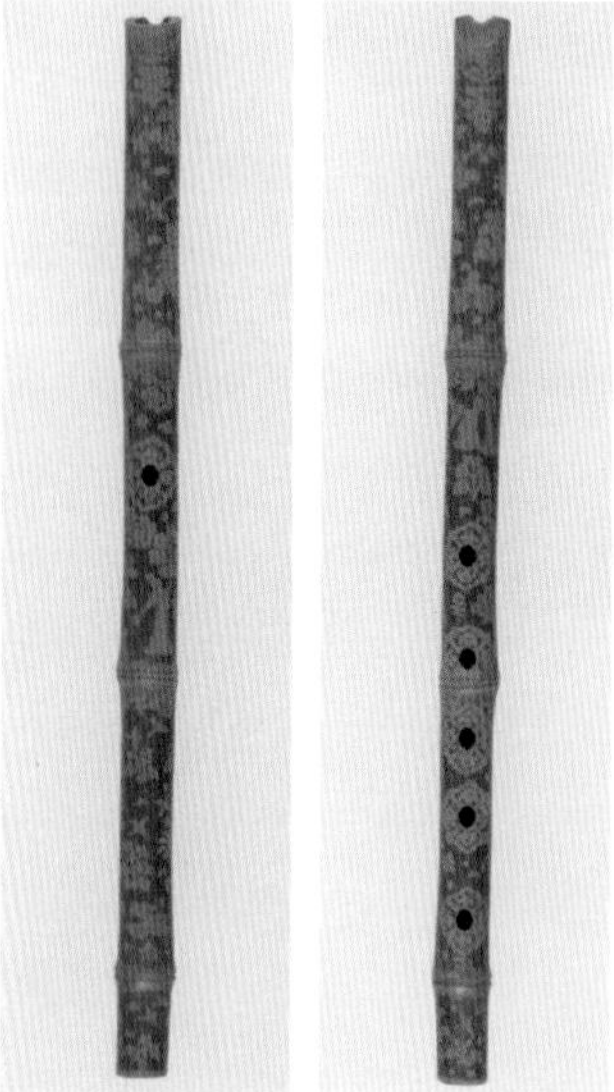

図1　刻彫尺八　出典：正倉院宝物
竹の表皮を削り残して草花などを彫刻している。

あるものの、その後の使用は確認できない。正倉院に八管、法隆寺に一管存在する。

❷一節切《ひとよぎり》尺八　五孔・一節

一節切は竹の節が一つの尺八で、古代尺八が途絶えた後、中世以降使用された。現行の尺八とは異なり、細く短い。それまでの六孔から、現行と同じ五孔尺八となり、室町／戦国時代の楽人《がくにん》・豊原統秋《とよはらむねあき》の『體源抄《たいげんしょう》』（一五一二）に図入りで紹介されている。楽家《がっけ》（雅楽を伝承する家系）から田楽師《でんがくし》（中世の雑芸能集団）、連歌師、そして一休《いっきゅう》、雪舟《せっしゅう》といった人々にも愛された。十七世紀後半に全盛期を迎え、歌の伴奏や箏《こと》、三味線との合奏などが行なわれた。十八世紀中頃には急速に衰え、幕末には絶えた。

❸天吹《てんぷく》　五孔・三節

鹿児島県に伝わる郷土楽器。細く短い竹製縦笛。かつては薩摩《さつま》藩の武士に愛され、大正九年（一九二〇）頃までは、薩摩独特の教育制度の一手段として薩摩琵琶とともに重要な位置を占めていた。しかしその後は衰微の一途をたどり、昭和二十年代後半には、伝承者は大田良一《おおたりょういち》ただ一人となった。大田最後の弟子、白尾國利《しらおくにとし》が大田の演奏と奏法についての克明な記録を残し、昭和五十六年（一九八一）に「天吹同好会」が発足、昭和六十一年（一九八六）、天吹研究の集大成として『天吹』が刊行された。鹿児島県無形文化財。

❹三節切《みよぎり》　五孔・三節

一節切と普化《ふけ》尺八との中間に出現した。

❺普化《ふけ》尺八（虚無僧《こむそう》尺八）　五孔・七節

現行の五孔尺八。三節切との違いは、竹の根もとを使用すること。江戸時代に、普化宗の虚無僧が専用したことから名づけられた。

❻改造尺八

七孔・九孔の多孔《たこう》尺八と、オークラウロ（尺八の歌口とフルートのキー装置を合わせ持つ金属製尺八）。一九二〇～三〇年代に、西洋音楽の七音音階や十二半音階を容易に演奏したいとの欲求から引き起こされ、考案された改造尺八。

楽器の特徴

日本で発展した尺八は、西洋楽器のクラリネット、オーボエのようなリード（簧《した》）やリコーダーのようなダクト（風路）もない。管の上端の一部を外側にむけて削った歌口《うたぐち》（吹き口）と、前面に四つ、背面に一つの指孔を空けただけのシンプルな構造である［図2参照］。標準管は一尺八寸（約五十四・五cm／一尺は約三十cm、一寸は約三cm）で、すべてふさいだときに出る音程（筒音《つつね》）はD。一寸刻みで半音違いの楽器が存在する。竹の真ん中で分けて作られ、また内部を整形することで音域を広げ、音量が出るように改良されて

歌口

図2　多様な種類

きた。元来竹製であるが、現在では木・プラスチック・メタルなどの新素材での製作も行われ、さまざまな改良が進められている。

奏法の特徴

・**メリ**……顔をうつむけ、唇を歌口に近づけることで音程を下げる。
・**カリ**……メリと逆の動き。顔をあげることで音程を上げる。
・**ムラ息《いき》**……純音に息音を混ぜることで生まれる複雑な音。
・**コロコロ**…一、二孔を交互に開閉させることで独特の音が生まれる。
・**カラカラ**…一孔を開閉させることで独特の音が生まれる。
・**玉音《たまね》**……舌や喉を震わせることで、振動を伴った音が生まれる。

曲名紹介

◆『**鹿の遠音《とおね》**』
鹿の鳴き声が山々にこだまする様子が描かれており、尺八二管で演奏される。ムラ息をはじめ多くの奏法が散りばめられており、これぞ尺八という魅力にあふれた曲。

◆『**鶴の巣籠《すごもり》**』

霊鳥《れいちょう》、鶴の親子の愛情を表した曲。羽ばたきの描写が、玉音、コロコロ、カラカラなどの奏法を駆使して描かれる名曲。

図3　【芝居の中の虚無僧】三代歌川豊国《とよくに》「忠臣蔵八景　九段目の暮雪《ぼせつ》」慶応元年（一八六五）国立国会図書館蔵

歌舞伎『仮名手本忠臣蔵《かなでほんちゅうしんぐら》』九段目。虚無僧姿に身を隠した加古川本蔵《かこがわほんぞう》は、山科に閑居する大星《おおぼし》由良助《ゆらのすけ》を訪れる。判官の思いを遂げさせなかったことに対する後悔、大星親子の忠節への共感、娘への慈愛などを吐露。「鶴の巣籠」を演奏し、親子の愛情を音に重ね合わせる。目立たぬよう虚無僧姿で訪ねるが、芝居のため実際より派手な衣装となっている。

虚無僧と尺八

尺八を吹き托鉢《たくはつ》を行う僧侶を虚無僧《こむそう》という［図3］。古くは「薦僧《こもそう》」、「暮露《ぼろ》」などと呼ばれ、『徒然草《つれづれぐさ》』や『三十二番職人歌合《しょくにんうたあわせ》』などにみられる。十七世紀以降、普化禅師《ふけぜんじ》を祖とした普化宗を標榜し、尺八を吹くことを吹禅《すいぜん》と称し仏道修行のための方法とした。また、尺八は普化宗の法器《ほうき》（法要に用いる器具）であって、楽器ではないとされ、一般の人々が吹くことを禁じられていた。頭に天蓋《てんがい》（編笠）をかぶり、着流しで、袈裟《けさ》をかけ、手甲《てっこう》・脚絆《きゃはん》なども着けた。虚無僧寺としては、武蔵青梅《むさしおうめ》の鈴法寺《れいほうじ》、下総小金《しもうさこがね》の一月寺《いちげつじ》、京都の明暗寺《みょうあんじ》が有名。明治四年（一八七二）に普化宗は廃宗・廃寺となり、虚無僧は民籍《みんせき》（一般籍）に編入された。

演者からの一言

明治四年に普化宗が廃宗となり、尺八は法器から楽器への道を歩むことになりました。箏・三味線との合奏が盛んになり、また、西洋音楽に影響を受けた新曲も生み出され、次第に洋楽器との合奏も行われるようになりました。現在

【浮世絵にみる尺八】礒田湖龍斎《いそだこりゅうさい》「見立雁金五人男《みたてかりがねごにんおとこ》　布袋市右衛門《ほていいちえもん》　極印千右衛門《ごくいんせんえもん》」山口県立萩美術館・浦上記念館蔵　江戸時代、尺八・虚無僧のスタイルは、歌舞伎に登場し浮世絵にも描かれるなど、人気を博していた。

では、ロック、ポップス、ジャズ、クラシック、現代音楽ほか多くのジャンルに登場し、編成も独奏から大合奏、ビッグバンドやオーケストラとの共演まで幅広く演奏されています。また、国内のみならず海外での評価も高く、多くの愛好家が生まれています。今では、海外のプロ演奏家や尺八協会が活躍し、尺八の国際音楽祭が定期的に開催されるほどシーンは高まりをみせています。これは、尺八がシンプルな構造にもかかわらず幅広く深い表現力を持つこと、また、禅や虚無僧といった西洋にはない独自の音楽的・文化的背景に魅力があるからです。尺八は無限の可能性をもち、さらに世界に広がっていく予感がする、実に魅力的な楽器です。

小濱明人　©Yumiko Miyahama

参考文献

・月渓恒子「尺八楽」『日本の伝統芸能講座―音楽―』（国立劇場）
・月渓恒子『尺八古典本曲の研究』（出版芸術社、二〇〇〇年）
・上野堅實『尺八の歴史』（キョウワ出版、一九八三年／出版芸術社、二〇〇二年）
・中塚竹禅『琴古流尺八史観』（日本音楽社、一九七九年）
・高橋空山『普化宗史』（普化宗史刊行会、一九七九年）
・上参郷祐康『糸竹論序説』（上参郷祐康、一九九五年）
・泉武夫『竹を吹く人々　描かれた尺八奏者の歴史と系譜』（東北大学出版会、二〇一三年）

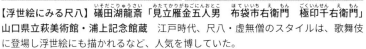

琵琶

文●後藤幸浩（琵琶奏者）

◆琵琶を用いての読経から、エンタテインメントとしての語り物まで、聖俗を超越した存在の盲僧琵琶
◆弾き語りという要素、弦がビンビンうなる〝サワリ〟効果を活かし、さまざまな物語を語り続ける薩摩琵琶、筑前琵琶

歴史

琵琶は、もともとは中近東のウード（アラブ諸国で用いられている撥弦《はつげん》楽器。洋ナシ型の共鳴胴と、フレットのない棹からなる）などと同じルーツを持つ楽器が、シルクロード経由で中国、あるいは朝鮮半島経由で七～八世紀頃伝来、その後日本独自の発展をしてきた。正倉院御物《しょうそういんぎょぶつ》の琵琶を見ると、アジア的な雰囲気にあふれており、そのルーツが垣間見える。

雅楽で使われる楽琵琶、平家物語を語る平家琵琶、盲目の僧が弾き九州を中心に拡がった盲僧《もうそう》琵琶、盲僧琵琶から発展した薩摩《さつま》琵琶、筑前《ちくぜん》琵琶……歴史順に並べるとこの流れになるが、九州の盲僧琵琶は、七世紀頃、仏教の楽器として直接、九州に伝来した、という考え方もある。

琵琶の種類

ここでは薩摩琵琶、筑前琵琶、盲僧琵琶を中心に紹介しようと思う。

❶盲僧琵琶

盲僧琵琶は、読んで字のごとく、盲目の僧が奏でる琵琶のことで、九州地方ではほぼ全域で行われていた。

大まかには、北部九州は筑前地方（博多）の寺院＝成就《じょうじゅ》院《いん》に属する筑前盲僧（玄清部）、南部九州は薩摩（鹿児島）の寺院＝常楽院《じょうらくいん》に属する薩摩盲僧（常楽部）に分けられる。とは言え、日向《ひゅうが》地方（宮崎）、国東地方（大分）、肥前地方（佐賀～長崎）の盲僧は独自の活動を行っていたし、肥後地方（熊本）は藩主細川氏に召された岩舟検校《いわふねけんぎょう》（船橋検校とも）の流れがあったとも言われている。

成就院、常楽院他に残る記述、伝記などによると、比叡《ひえい》

山《ざん》延暦寺根本中堂《えんりゃくじこんぽんちゅうどう》建立の際（八世紀）、筑前の盲僧・玄清《げんせい》が呼ばれ、地鎮祭の法を行い、その功により成就院の号を受け、地元に帰り建立したのが成就院。

やはり根本中堂建立の際、伝教大師が、山中の蛇などの退治のため、九州から八名の盲僧を招聘。都に残った四名（残り四名は九州に帰り盲僧寺を建立）のうち満市坊《まんいちぼう》が逢坂山に常楽院を建立。その十九代目宝山《ほうざん》検校が、十二世紀、島《しま》津忠久《づただひさ》が薩摩の守護職になった際、祈祷僧として随従、薩摩の常楽院を建立した（ちなみに薩摩焼酎の「宝山」というブランド名はこの宝山検校からとっている）。

地神《じじん》経、荒神《こうじん》経、般若心経……などなど、民間信仰にも対応しつつ、檀家《だんか》廻りも行う宗教的琵琶楽が基本活動。他に長尺の物語、チャリものと呼ばれる滑稽な物語なども、余興で演奏している。「琵琶の釈」という琵琶の由来・功徳を語る、お経とエンタテインメントが混交した題材など興味深い。

成就院、常楽院に残る記述は、史実というよりはあくまで伝説～伝記的類の説だが、こうした盲僧琵琶の特性をうまく反映しているとはいえるし、琵琶にまつわる物語的な性質も感じさせるのは面白いように思われる。

楽器も、半月の部分が日・月と陰陽道的仕様になったタイプもあり、柱のそれぞれに下から木・火・土・金・水と五行《ごぎょう》の名称がついていたりもする。笹《ささ》琵琶と呼ばれる細身のものから、筑前琵琶（後述）の元になったものまで、大きさはさまざま。先の「琵琶の釈」のひとつには、弦それぞれが春夏秋冬で、撥はその間の土用にあたるという文言もあり、楽器じたいが法器とみなされていた。

晩年は熊本を中心に経文関連はもちろん、説経節由来の『石童丸《いしどうまる》』『俊徳丸《しゅんとくまる》』、チャリものの『酒餅合戦《さけもちがっせん》』他、膨大なレパートリーを、一九九六年に亡くなられるまで語り続けた山鹿良之《やましかよしゆき》さんは、まさに聖・俗混交の最後の琵琶法師であり、日向盲僧の永田法順《ながたほうじゅん》さんも二〇一〇年に亡くなられるまで、これほど音楽的なものはない経文で、地道な檀家廻りを続けられていた。こちらは宗教琵琶楽最後のパイオニアだった。

二十世紀の終わり～二十一世紀の初頭あたりまで、九州には盲僧琵琶の伝統が遺っていたことは注目すべきことだろう。

❷薩摩琵琶

先の宝山検校が出発点だった薩摩盲僧琵琶から発展したのが薩摩琵琶である。

薩摩藩の戦国時代の名君、島津忠良《ただよし》（号＝日新斎、一四九二～一五六八）は、武士の修養を目的とした琵琶歌『武蔵野』『迷語もどき』などを作り、節付けを当時の盲僧、淵脇寿長院《ふちわきじゅちょういん》に依頼。寿長院は琵琶の楽器構造じたいの改良もてがけた。

その後も改良は続き、最終的に胴体は桑材が中心、表面がゆるい凸型にカーブしている。弦は絹糸で四本。柱（ギターのフレットにあたる）は四つ。扇形の大きな撥で弾くという、現在でも変わらず継承されている構造となった。

表面の凸型のカーブは音量を増したり、音の伸びをよくする効果があり、柱が四つということは、その柱と柱の間に弦を押し込んで音の高低を出し（＝押音《おしおん》奏法、最大一オクターブほど出る）、西洋楽器とは違う、独特の音程感覚を得ることが可能。大きな撥は、打楽器的に胴体を叩きもし、撥遣いは多彩になる。

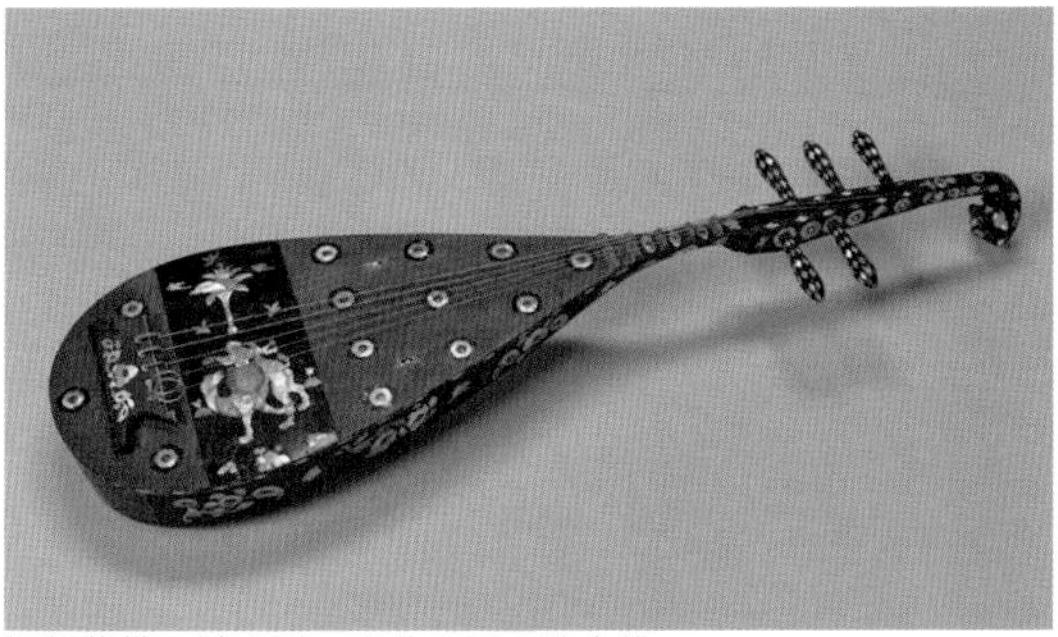

螺鈿紫檀五絃琵琶　出典：正倉院宝物

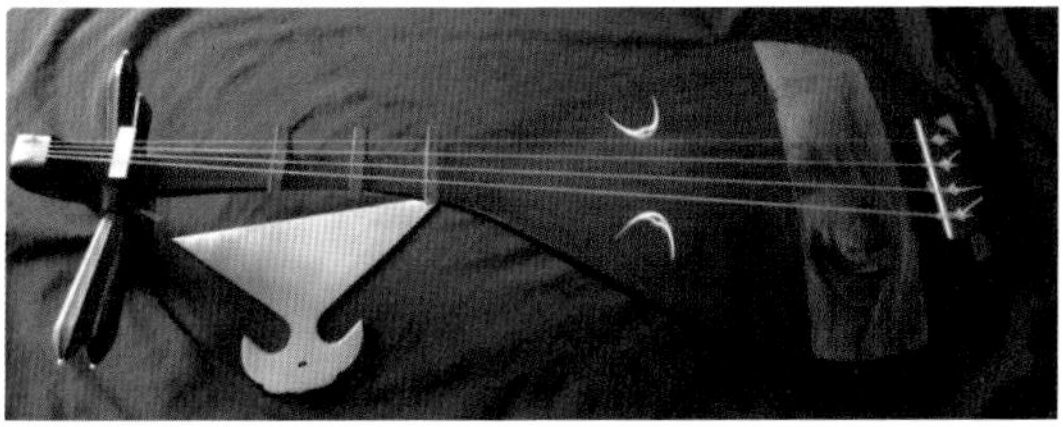

薩摩琵琶

これは盲僧琵琶、筑前琵琶にも共通するが、弦がビィーンとうなる「サワリ」という、柱の表面の削り具合の工夫による効果も重要な要素で、三味線にも同様の効果があり、インドの楽器シタールにも近い。

薩摩琵琶はその後も薩摩藩内で発展を続けた。最初は武士限定の、芸能というより学芸の要素が強かったが、後に町人にも広がり、士風・町風という〝芸風〟の違いも出てきて、芸能・学芸、それぞれの要素を兼ねた豊饒さを獲得していった。

語りや歌の構成も、イントロダクション的な「前謡《まえうた》」、本編にあたる「本謡《ほんうた》」（この本謡中には戦闘描写・激しい感情を伝える「崩《くず》れ」、哀愁を帯びた「吟替《ぎんがわり》」などの場面がある）、そしてエンディングにあたる「後謡《あとうた》」……という流れが定着していく。

遣われている旋法《せんぽう》（ある決まった音列による音遣い。音階と解釈してもよい）も陽旋法、陰旋法、それを五度か四度で変換した変調、吟替に特有の民謡旋法・ヨナ抜き旋法・変調の混合など多彩さを極めている。

こうした楽器の構造、物語・歌の構成、旋法の多彩さを基盤に、薩摩藩時代にはさまざまな題材が演奏されていた。
島津正《ただし》氏は著作『江戸以前　薩摩琵琶歌』（ぺりかん社、二〇〇〇年）の中でその題材を、島津家の武勇伝を描いた『木崎原合戦《きざきばるがっせん》』や『平家物語』に題材をとった『那須野《なすの》（那須野与一）』、創作もの『庄内崩（形見の桜）』など長編の戦記物【崩】や、「浦島」などの【長歌】、短めの歌で「祝賀《しゅくが》の歌」、仏教の教えを説く「釈教《しゃっきょう》の歌」、「恋歌」ほかの要素があった【端歌】などに分類されている。「恋歌」は多数、作者不詳の題材があり、今のシンガーソングライター的に弾き語っていたのではないだろうか。

　時代の大きな転換期、明治維新は、薩摩藩もその中心となり活躍し、薩摩琵琶も東京に進出する。西光吉《にしこうきち》、吉水経《よしみずきん》和《おう》の弾奏家（演奏家といわず、この言葉を用いた）による御前《ごぜん》演奏もあり、とくに西の弾奏に感激された明治天皇が薩摩琵琶をみずから習われたりと、薩摩琵琶は東京でも確実に認知されていく。島津忠久作の祝賀の歌、『蓬莱山《ほうらいさん》』の一節が国家「君が代」の詩となったり、国民国家形成、富国強兵の流れとの合致も、その理由のひとつだろう（コラム「戦争によって成長した近代琵琶楽」〔170頁〕参照）。

　芸能・音楽に勢いがあるときには、さまざまな試みもなされ、新たな流れができることは多い。先の吉水経和（錦翁）の系統から出た弾奏家、永田錦心《ながたきんしん》は新しい流派、錦心流をたちあげる（明治三十九年〔一九〇六年〕）。楽器・弾法（奏法のことをこう言う）はそれまでの薩摩琵琶と同じだが、歌・声のニュアンスが違っていた。

　基本は薩摩琵琶の節を踏襲しつつ、発声、滑らかで繊細な節廻しは、三味線、能などほかの芸能からの影響も感じさせ、都会の雰囲気にも合うものだった。また、録音技術が発達した時期とも重なり、錦心の『石童丸』はＳＰレコードで大ヒットする。これは、新たな音楽メディアとリンクしたという意味で、大衆音楽史としても重要な出来事と思われる。

　この永田錦心門下から、五弦五柱薩摩琵琶の錦琵琶を開発した、女流の水藤錦穣《すいとうきんじょう》が出た。弦、柱をひとつ、それまでの薩摩琵琶より増やし調弦も変え、弦の押し込みを少なくできるようにし、女性にも弾きやすい琵琶となった。四、五弦がマンドリンのように複弦になっているが、結果的に音量はあがり、独特の倍音効果が得られた。歌も、節のない台詞《せりふ》廻しも取り入れたり、ある部分、盲僧の語りものに先祖返りしている部分もあるし、同時期の筑前琵琶の要素も感じさせる。

　この錦琵琶の流れから、鶴田錦史《つるたきんし》がたちあげたのが鶴田流。基本は錦琵琶を踏襲してはいるが、柱の削り方や位置、調弦、効果音的撥遣いなどさまざまな工夫をこらし、武満《たけみつ》徹《とおる》作曲による、琵琶・尺八・オーケストラのための「ノヴェンバー・ステップス」（一九六七年作曲）によって国際的に認められることにもなった。

こうして薩摩琵琶は発展し、大元の薩摩琵琶の形式を継承するものを正派《せいは》（もしくは正伝）薩摩琵琶と呼び、これまでふれてきた錦心流、錦琵琶、鶴田流と区別、この計四流派が現在の薩摩琵琶界を形成している。

❸筑前琵琶

筑前琵琶は、筑前＝福岡の博多で明治中期に成立。こちらも基本になっているのは盲僧琵琶で、北部九州の筑前盲僧の要素を発展させた琵琶だ。

盲僧の家柄だった橘智定《たちばなちじょう》が、明治二十二年（一八八九）、鹿児島へ赴いて薩摩琵琶を研究、それを取り入れた新しい琵琶楽を博多において始め、これが筑前琵琶の出発点となる。

花柳界の経験もある吉田竹子は、智定からその琵琶を学んだのち、やはり盲僧の家柄だった鶴崎賢定《つるさきけんじょう》と新たな琵琶楽に取り組む。三味線音楽の要素も取り入れたり、楽器の胴板を桐の木にするなど工夫を重ね、筑前琵琶最初の創作と言われている『谷村計助《たにむらけいすけ》』を明治二十六年（一八九三）に発表。その後、伊藤博文が後援者になったりもした。大女優、高峰三枝子の父、高峰筑風《たかみねちくふう》は竹子の門下である。

盲僧系の人々が成立に関与しているのは薩摩琵琶と同じ。その薩摩琵琶の影響も受けているのは興味深く、さらに花柳界出身の芸能者が関与しているのは、筑前琵琶に女性の奏者が多く、艶のある芸風であることと無縁ではないと思われる。

橘智定はその後、旭翁《きょくおう》と名乗り、明治二十九年（一八九六）、薩摩琵琶全盛の東京に上京、筑前琵琶の普及に努力し、筑前琵琶も薩摩琵琶と同様に認知されていく。旭翁の流派は橘流と呼ばれ隆盛するが、三代目の時代、芸風の違いから三代目を宗家とする旭会と、初代の娘婿、旭宗を宗家とする橘会に分かれ、現在に至っている。

筑前琵琶の楽器は当初、筑前盲僧琵琶を引き継ぐ四弦五柱だったが、その後、五弦五柱が開発される。この五弦五柱は、錦琵琶、鶴田流琵琶のそれとは違い、四弦五弦は複弦ではなく、独立しており、きちんと五コースになっている。

また、低音琵琶とも言える大型の楽器や、柱の数を七つまで増やした高音の楽器を創作したことも興味深い。

撥は四弦と五弦で若干違いがあるが、薩摩琵琶のそれほど大きくはなく、胴を叩くことはない。胴板の表面も平らだ。四弦では鳥の名、五弦では花の名を琵琶の手の呼称にしているのも特徴。また、流し、という美しい節廻しが歌にはあり、琵琶を弾きつつ歌う場面も多いし、台詞に近い部分も聞くことができる。

エピソードでは、名テノール歌手、藤原義江《よしえ》氏の母上で、琵琶芸者だった坂田キク、琵琶少女歌劇団の出身で昭和の大女優＝田中絹代、いずれも筑前琵琶であったことも印象深い。琵琶芸者、琵琶少女歌劇、という職業が戦前はあったのだ。

曲名紹介

●『城山《しろやま》』

西南戦争（明治十年〔一八七七〕）での西郷隆盛の最期を、勝海舟《かつかいしゅう》が薩摩琵琶歌にしたもの。文体、演奏構成は、それまでの薩摩琵琶の成果を集成、明治以降の薩摩琵琶歌のありかたも方向付けた。

●『石童丸』

錦心流開祖、永田錦心の弾奏で一躍有名に。もとは説経節の題材だが、四竈訥治《しかまとつじ》の作の文言は詩的。語り↓歌へと、内容が変化しているのがわかる。

●『壇ノ浦《だんのうら》』

薩摩琵琶鶴田流の代表曲。平家物語の壇ノ浦の場面を、脚本家の水木洋子が作詞、鶴田錦史が作曲。鶴田流独特の調弦、撥遣いが印象的。

●『酒餅合戦』

九州の盲僧琵琶のエンタテインメント曲（チャリもの）としてよく演奏された。酒と餅が、どっちが偉いかを論議して、合戦になってしまうという滑稽な内容。

演者からの一言

琵琶は長い歴史のなか、おもに弾き語りを基本として、さまざまな言語・物語・歌と向き合い、さまざまな音楽の影響も感じさせつつ、豊穣な芸能になってきました。

今後もまだまだ変わって行ける可能性があります。
アジアから伝わったという長い歴史にも想いを馳せたり、伝わった演奏法・声の再構築を考えたり、「平家物語」「説経節」他のオーソドックスな物語は視点を変えて考えることで、物語がじたいが更新されて行くかもしれません。また、新たな物語、題材を拾うのも大事でしょう。自分が琵琶でかかわった二本のアニメイション作品『平家物語』（山田尚子監督、二〇二二年）、『犬王』（湯浅政明監督、二〇二二年）は、映像、他の楽器とのコラボレイションなどじつに刺激的でした。他ジャンルとの交信はどんどん続けよいと思います。

Column

筑前琵琶と肥後琵琶

文●片山旭星（琵琶奏者）

筑前《ちくぜん》琵琶の音色

筑前（現在の福岡県）で発展した筑前琵琶は、楽器が小ぶりで穏やかで優美な音色に特徴があります。

表面に桑の木を用いる薩摩《さつま》琵琶とは異なり、筑前琵琶の場合、裏は桑の木（欅《けやき》や樟《くすのき》のことも）ですが、表には必ず桐の木を使います。桐の木は柔らかく、音色にもそれは反映されています。撥《ばち》も薩摩琵琶のような大きなものではなく、黒檀の先に柘植《つげ》の木や象牙《ぞうげ》を用いたものを使用します。弦《げん》は絹糸をより合わせたものを使いますが、これは薩摩琵琶と共通しています。

起源は一二〇〇年以上前

筑前琵琶の起源は、桓武《かんむ》天皇の時代の天台宗の僧、橘玄清《たちばなげんせい》（七六六～八二三）にさかのぼります。延暦四年（七八五）、天台宗の開祖である最澄《さいちょう》が比叡山《ひえいざん》に寺を開こうとしたところ多数の毒蛇が出てきたといい、山にこもった玄清が琵琶を弾いて退治したと伝えられています。その功績で、玄清は天台宗の開祖である最澄より成就院《じょうじゅいん》という院号を与えられ、寺を開くことを認められました。玄清は生まれ故郷の筑前に移り住み、成就院を開き、そこが本山となりました。

筑前琵琶の歴史の中で欠かせない人物が、橘旭翁《たちばなきょくおう》（一八四三～一九一九）です。筑前琵琶は盲僧《もうそう》琵琶の系譜になりますが、旭翁は明治二十五年（一八九二）に薩摩に赴き薩摩琵琶を学び、さらに当時流行していた三味線音楽も取り入れるなど、新しい筑前琵琶の創作を成し遂げました。明治二十九年（一八九六）東京に進出し、明治天皇の御前で演奏する機会にも恵まれ、旭翁の名は全国区になったといいます。旭翁は、後述するように新たな楽器も考案し、筑前琵琶の普及に大きな役割を果たしました。

四絃五柱から五絃五柱へ

橘旭翁は楽器の改良を進めたことで知

られます。もともと使われていた四絃五柱の琵琶では、すべて異なる音の絃をかけていましたが、三味線の調弦を取り入れて、三絃と四絃を同じ音にしました［図2参照］。旭翁十四歳のことといいます。

さらに明治四十三年（一九一〇）、橘旭翁は五絃五柱の琵琶を考案しました。盲僧琵琶の基本の四絃五柱を発展させ、音の幅や表現方法を広げる工夫として絃を増やし、より多彩な演奏を可能にしました［図2参照］。現在、四絃琵琶を用いて演奏される機会もありますが、主に五絃《ごげん》琵琶が使われるのが主流になっています。

先ほど述べたように、旭翁は四絃の琵琶を三味線でいう本調子（柱を押さえない開放弦の状態で、一の糸から完全四度、完全五度と調弦したもの）と同じに設定しました。これは明るさもある、落ち着いた音色といえます。一方で五絃の場合、三味線の六下がり（一と二の糸が完全四度、三と四の糸が長《ちょう》二度［全音］、三と五の糸が完全五度）と同じく、明るいだけでなくマイナーな曲調も表現できるようになりました。

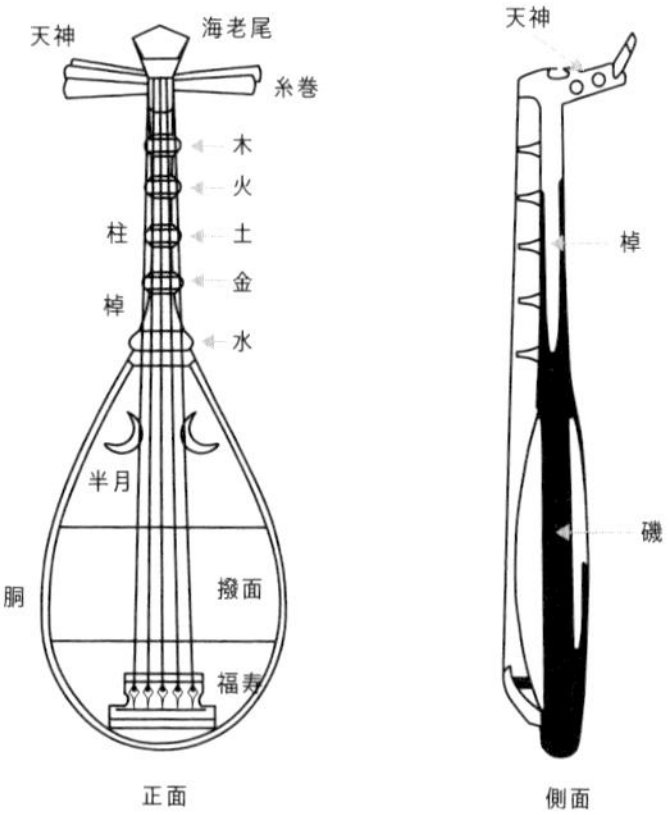

図1　筑前琵琶の各部名称

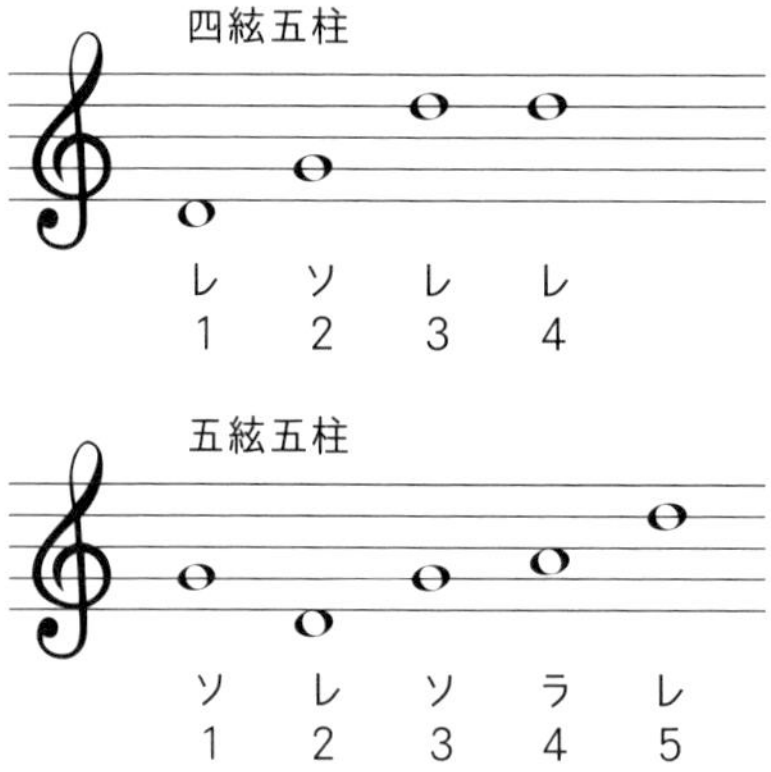

図2　四絃五柱と五絃五柱の音階

「流し」の魅力

筑前琵琶の大きな特徴の一つが「流し」の存在です。「流し」は語りながら琵琶を演奏する技法で、三味線音楽の要素を取り入れた最もメロディアスなところと言えます。肥後琵琶に存在した「流し」が、筑前琵琶の「流し」に影響を与えたかどうかは不明のところがありますが、肥後琵琶に比べると四絃琵琶ではメロディ、弾法とも複雑になり、五絃琵琶ではさらに技術を要するものになり、種類も豊富になりました。

筑前琵琶にはさまざまな曲がありますが、『祇王《ぎおう》』『那須与一《なすのよいち》』など、『平家物語』に題材をとったものは現在でもよく演奏されます。『那須与一』では後半に「くずれ」という激しく演奏する部分があり、これは薩摩琵琶から影響を受けています。そのほか、『湖水渡《こすいわたり》』『関ヶ原《せきがはら》』などの戦国時代もの、『大楠公《だいなんこう》』『筑後川《ちくごがわ》』などの太平記もの、謡曲を題材にしたものなど、幅広い題材が演奏されます。

新たな題材に挑戦することもあります。二〇〇九年、江戸時代の小説家、上《う》田《え》秋成《だあきなり》の没後二百年記念展示に合わせ、小説『雨月物語』を取り上げました。『雨月物語』は怪異小説で、妖しい魅力があります。秋成の墓所、京都西福寺《さいふくじ》で行われる「秋成忌」でも演奏する機会があります。

肥後《ひご》琵琶奏者　山鹿良之《やましかよしゆき》との出会い

私は筑前琵琶を人間国宝の山崎旭萃《やまざききょくすい》、山下旭瑞《やましたきょくずい》、菅旭香《すがきょっこう》に師事しましたが、その他にも、「最後の琵琶法師」と称された山鹿良之師（一九〇一〜九六）に肥後座頭《ざとう》琵琶の教えを受けました。肥後琵琶は、延宝二年（一六七四）、京都の船橋《ふなばし》検校《けんぎょう》が肥後藩主細川候に召されて熊本に行き、盲僧たちに浄瑠璃を教えたのが始まりとされています。盲僧琵琶では演目が宗教行事に限られるのに対して、肥後琵琶は説教節といわれる「小栗判官《おぐりはんがん》」や「俊徳丸《しゅんとくまる》」、九州に題材を取ったもの、ワタマシと呼ばれる新築の行事など、幅広い演目を語ってきました。街頭でも演奏するため、表板を薄くして胴の空洞の部分を大きくして楽器の音量を上げるといった工夫もなされています。

山鹿は幼いころに目を悪くして、二十二歳から琵琶を始めますが、五十種以上の演目を口頭で覚え、六時間以上に及ぶ全七段の「小栗判官」を語ることができる唯一の演奏者でした。二〇二一年にはドキュメンタリー映画「琵琶法師　山鹿良之」が上演されるなど、没後も人気を博しています。肥後琵琶の場合、講談師が釈台を打つ張扇のような形で琵琶の演奏が入り、曲調は筑前琵琶とはかなり異なりますが、山鹿の間近で感じとったその芸を、筑前琵琶にも活かしていきたいと思います。

Column

戦争によって成長した近代琵琶楽

文●水島結子（琵琶演奏家）

戦前の琵琶界を知るために

戦争の歌というと「軍歌」を思い浮かべる方が多いでしょう。出征する軍人を奮い立たせる歌が「軍歌」とするならば、銃後の守りを担った芸能のひとつが「琵《び》琶歌《わうた》」であったことはあまり知られていません。明治維新後琵琶の演奏家たちが上京すると多くの新曲が作られ、女優の登竜門のために琵琶少女歌劇団ができたことや、お座敷や小劇場では連日琵琶会が開催され、チケットが飛ぶように売れたなど大変な琵琶ブームが起きたこともまた知られていません。また戦前は洋楽よりも断然琵琶楽等邦楽の人気が高く、同じ明治期に急成長した浪花節《なにわぶし》と同様人々の関心は邦楽寄りであったこともうかがえます［図1・参照【1】］。

浪花節とは

明治時代初期から始まった演芸の一つ。「浪曲《ろうきょく》」とも言い、三味線を伴奏に用いて物語を語る。浪花節の起源は八百年前とも言われ、古くから伝わる浄瑠璃や説経節、祭文語《さいもんがた》りなどが基礎となり、大道芸として始まる。その後明治時代初期、大阪の芸人・浪花伊助《なにわいすけ》が新しく売り出した芸がヒットし、演者の名前から「浪花節」と名付けられた【2】。

近代琵琶楽と富国強兵政策

近代琵琶楽（明治時代以降流行した薩《さつ》摩《ま》・筑前《ちくぜん》琵琶）が流行した背景で忘れてはならないのが、戦争との関係性です。江戸時代までは「国家」という概念も「国民」という概念も日本人のなかにはなく、明治維新によって欧米列強に対抗するためにさまざまな国策がとられました。憲法の制定、国歌の制作……それを主導したのは明治維新で勝利した薩摩藩出身者であることは言うまでもありません。薩

摩藩では外様《とざま》ということもあり、江戸時代は藩独自の方法で武士の教育に力を入れていました。九州一円にはいわゆる琵琶法師、盲僧琵琶《もうそうびわ》に携わる者が多くおり、彼らの協力を得て琵琶を藩内で教育しました。これが薩摩琵琶の興《おこ》りです。その琵琶を持って上京した薩摩藩士の演奏を明治天皇が東京の島津邸《しまづてい》で耳にし、御前演奏《ごぜんえんそう》が盛んになり天皇ご自身や皇族も習い出したことが薩摩琵琶ブームの契機といわれています。島津邸で御前演奏をした西幸吉《にしこうきち》、吉水錦翁《よしみずきんのう》等が薩摩琵琶界を牽引し、鹿児島から薩摩琵琶の名人が明治三十年代に数多く上京しました。そして明治維新後初めて海外派兵した台湾出兵に続き、日清・日露戦争に勝利したことが近代琵琶界に大きく影響しています。『琵琶新聞』は、近代琵琶の機関誌として日露戦争勝利後の明治四十二年（一九〇九）に創刊され、戦争に勝ち進むとともに同時代もの＝戦争に関する新作琵琶歌の発表が誌上に毎月のように掲載されていることも記しておきます。もちろん演奏会情報を見れば日清・日露戦争以前に作られた古典も数多く演奏されていましたが、同時代ものの琵琶歌を作成し、演奏することで人々の関心は自然と戦争に向けられ、琵琶に携わる者として国に貢献したいと考える演奏家が多かったと考えられます。

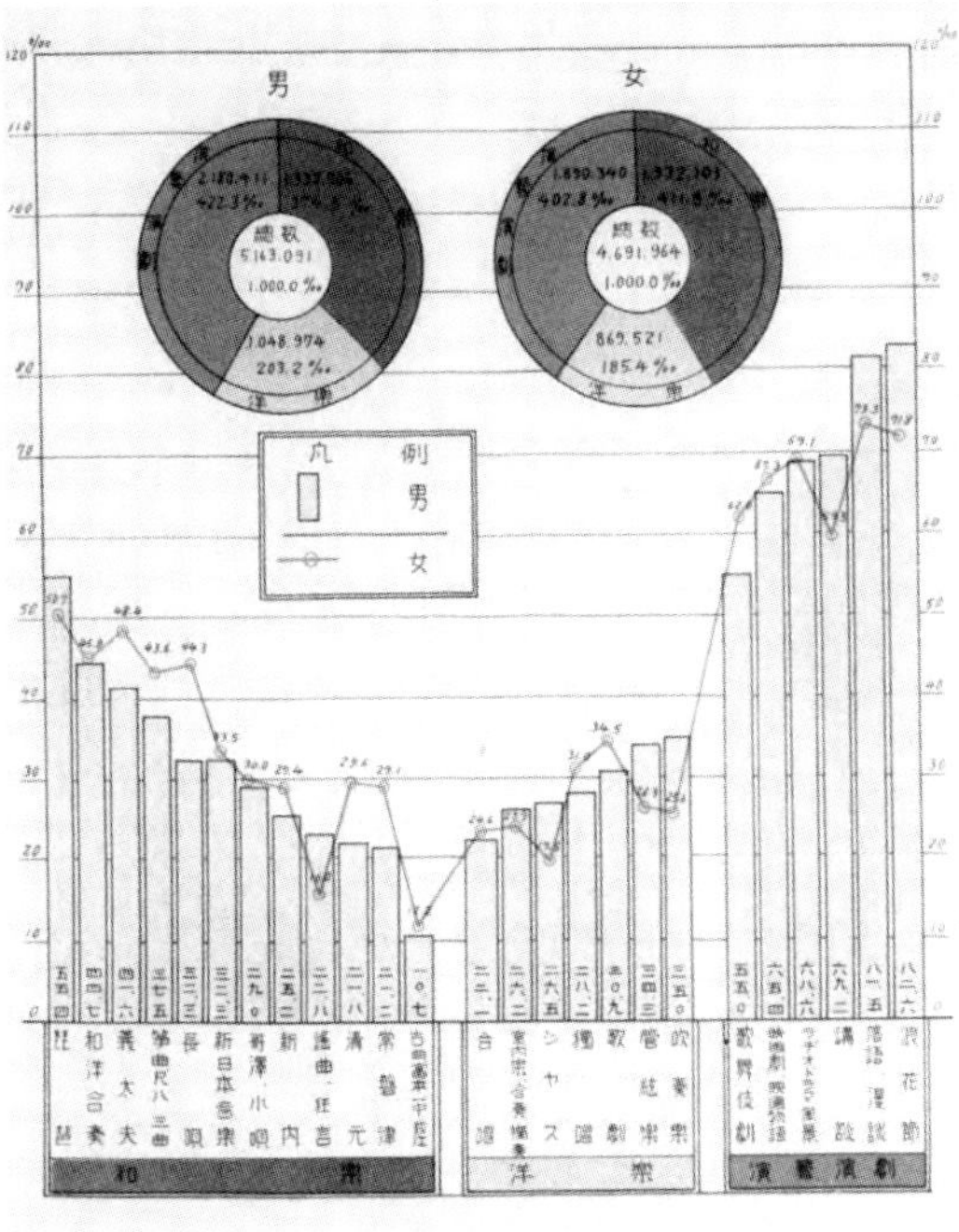

図1　昭和７年(1932) 調査「嗜好總数《しこうそうすう》ヨリ見タル各種目嗜好干分比《かんぶんひ》」『第一回全国ラジオ調査報告』日本放送協会　1934年（国立国会図書館蔵）より

和楽のリクエストの第１位は琵琶楽、その後に和洋合奏、義太夫が続いている。また、演芸部門の第１位は浪花節、次に落語、講談と続いている。琵琶楽へのリクエストは、私たちが現代耳にしている洋楽のリクエスト数の 1.5 倍となっている。

琵琶人の戦争参加

『琵琶新聞』をひも解いていくと、琵琶界においては軍部や国家が琵琶を通じて愛国精神を煽るような歌詞を作らせて国策に利用したというよりも、戦争という一大事に琵琶で貢献しようと積極的に参加する者が多かったと考えられます。同時代ものの戦争に関する琵琶歌を作成し、慰問《いもん》演奏会を開催することもよく行われました。また、『琵琶新聞』が創刊された明治四十年代頃などは婦女子が琵琶を演奏することの是非について誌上で論じられていましたが、『琵琶新聞』編集者のひとりである山内楚影《やまうちそえい》は「薩摩琵琶と女性」というコラムのなかでこう述べています。「吾人《ごじん》は先《ま》づ琵琶を家庭に直輸入する事が最適切で近道だと信ずる。（略）母親でもよろしい、家庭に於《おい》て母の感化ほど実に偉大なものはあるまい（略）由《したがっ》て吾人は此の家庭教育の主脳者、直接に重大なる責任を有する現代の母親及び将来に於て母たるべき女性に向って琵琶を衷心から推奨せんと欲する者である。」【3】と。このように国民国家形成の教えを説くよう、婦女子が積極的に琵琶によって家庭内での道徳教育をすべきだということも幾度となく『琵琶新聞』内で推奨されていました。また一九一〇年以降は戦地に赴く琵琶人も多く、樺太《からふと》や台湾、満州、朝鮮半島にも錦心《きんしん》流の支部が設置されました。これは本業が琵琶以外にある琵琶人が多かったということからと、最終的には全国民が戦争に動員されたからだと考えられますが、内地以外の演奏活動も多く『琵琶新聞』内で朝鮮人の演奏家がいたことや、朝鮮半島に琵琶店が複数あったことも報告されています【4】。

まとめ

近代琵琶楽は国民国家形成、戦争という大きな時代背景のなかで急激に成長し、敗戦とともに需要がなくなったという不思議な発展を遂げた芸能といえるでしょう。「今」という題材を失った戦争ものの琵琶歌は古典となることなく、アメリカの占領下での厭世《えんせい》観や新たな映画音楽等の娯楽の流入で急速に衰退していったと考えられます。それに対処すべく戦後日本琵琶楽協会が発足し、現代に琵琶を守るべく続いています。私は現代の琵琶楽演奏家としてこの講義で戦争と琵琶の関係性を紹介しつつ、一緒に現代琵琶楽はどうあるべきかを考えていきたいと思っています。

『琵琶新聞』とは

琵琶愛好家であり、琵琶の常設小屋であった和強楽堂のブッキング担当であった椎橋松亭《しいはししょうてい》が創立した「琵琶新聞社」が明治四十二年に発刊。その後休載などもあるが紙の配給がなくなる昭和十九年（一九四四）まで約三十五年間断続的に発刊された近代琵琶楽の機関誌である。新聞というよりも雑誌の形をとり、演奏会情報、コラム、曲の解釈や新曲紹介のほか愛読者による投書も多く、意見交換の場としても利用されていたようである。東京で起こった薩摩琵琶の流派である錦心流の流行により、大正十四年（一九二五）から五年ほどは『琵琶新聞』を休載し、薩摩琵琶・錦心流に特化した別冊の『水声』［図2～4］を発行している。ちなみに錦心流を興すように宗家永田錦心に促したのも椎橋松亭であり、永田の「永」の字を「二」と「水」に分け、会の名前を「二水会」とし、昇段試験により許されたものは水号（名前に〇水）を芸名に使用した。

参考文献・引用

・薦田治子『近代琵琶楽の成立と展開―基礎資料の収集―』（二〇二二年）
・【1】『第一回全国ラジオ調査報告』（逓信省、日本放送協会 共編、二十二ページより）
・【2】公益社団法人浪曲親友協会ホームページ https://www.rokyokushinyu.org/（最終閲覧二〇二三年四月四日）
・【3】『琵琶新聞』第四号（一九〇九年五月号、琵琶新聞社発行、二ページより）
・【4】大谷優介『両大戦期の東アジアにおける近代琵琶の展開と動向―『琵琶新聞』のデータベース化と地域比較―』（二〇一四年）
・創立50周年記念『日本琵琶楽協会のあゆみ』（日本琵琶楽協会、二〇〇九年）
・『日本の伝統芸能講座　音楽』（国立劇場、企画・編集、二〇〇八年）

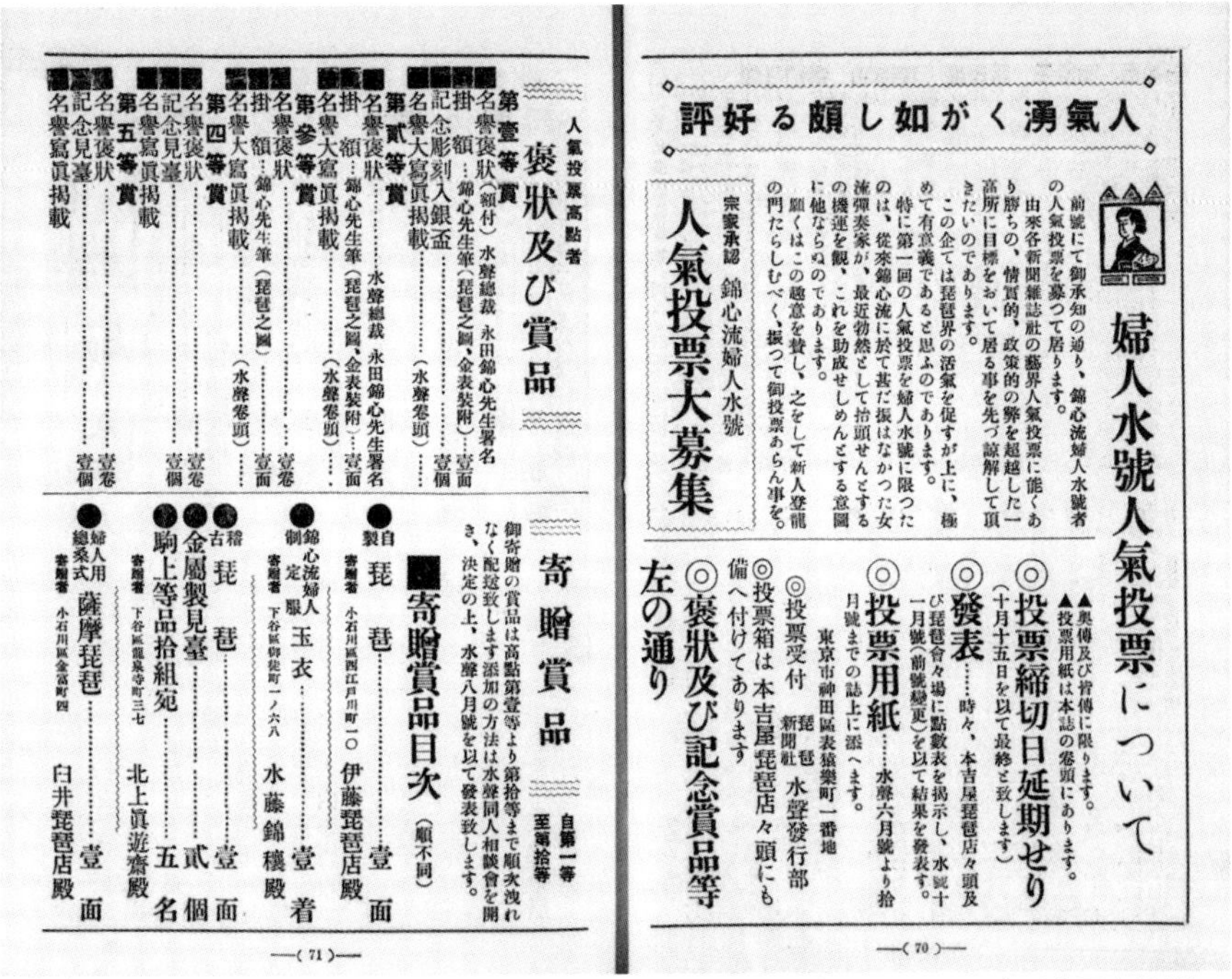

人氣湧くが如し頗る好評

婦人水號人氣投票について

前號にて御承知の通り、錦心流婦人水號者の人氣投票を募つて居ります。
由來各新聞雜誌社の藝界人氣投票に能くあり勝ちの、情實的、政策的の弊を超越した一高所に目標をおいて居る事を先づ諒解して頂きたいのであります。
この企ては琵琶界の活氣を促すが上に、極めて有意義であると思ふのであります。
特に第一回の人氣投票を婦人水號に限つたのは、從來錦心流に於て甚だ振はなかつた女流彈奏家が、最近勃然として抬頭せんとする機運を觀、これを助成せしめんとする意圖に他ならぬのであります。
願くはこの趣意を賛し、之をして新人登龍の門たらしむべく、振つて御投票あらん事を。

宗家承認　錦心流婦人水號
人氣投票大募集

▲奧傳及び皆傳に限ります。
▲投票用紙は本誌の卷頭にあります。

◎投票締切日延期せり
（十月十五日を以て最終と致します）

◎發表……時々、本吉屋琵琶店々頭及び琵琶會々場に點數表を掲示し、水聲十一月號（前號變更）を以て結果を發表す。

◎投票用紙……水聲六月號より拾月號までの誌上に添へます。

◎投票受付　東京市神田區表猿樂町一番地
琵琶新聞社　水聲發行部

◎投票箱は本吉屋琵琶店々頭にも備へ付けてあります

◎褒狀及び記念賞品等左の通り

—（70）—

人氣投票高點者
褒狀及び賞品

第壹等賞
名譽褒狀（額付）水聲總裁　永田錦心先生署名
掛額…錦心先生筆（琵琶之圖、金表裝附）…壹面
記念彫刻入銀盃……壹個
名譽大寫眞掲載……（水聲卷頭）……

第貳等賞
名譽褒狀……水聲總裁　永田錦心先生署名
掛額…錦心先生筆（琵琶之圖、金表裝附）…壹面
名譽大寫眞掲載……（水聲卷頭）……

第參等賞
名譽褒狀……壹卷
掛額…錦心先生筆（琵琶之圖）……壹面
名譽大寫眞掲載……（水聲卷頭）……

第四等賞
名譽褒狀……壹卷
記念見臺……壹個
名譽寫眞掲載

第五等賞
名譽褒狀……壹卷
記念見臺……壹個
名譽寫眞掲載

寄贈賞品
自第一等
至第拾等

御寄贈の賞品は高點第壹等より第拾等まで順次洩れなく配延致します添加の方法は水聲同人相談會を開き、決定の上、水聲八月號を以て發表致します。

寄贈賞品目次（順不同）

●自製　琵琶……壹面
寄贈者　小石川區西江戸川町一〇　伊藤琵琶店殿

●錦心流婦人制定服　玉衣……壹着
寄贈者　下谷區御徒町一ノ六八　水藤錦穰殿

●稽古琵琶……壹面
●金屬製見臺……貳個
●駒上等品拾組宛……五名
寄贈者　下谷區龍泉寺町三七　北上眞遊齋殿

●婦人用總桑式　薩摩琵琶……壹面
寄贈者　小石川區金富町四　臼井琵琶店殿

—（71）—

図2　『琵琶新聞』の別冊『水声』大正15年（1926）7月号より（図2～4は国立国会図書館蔵）

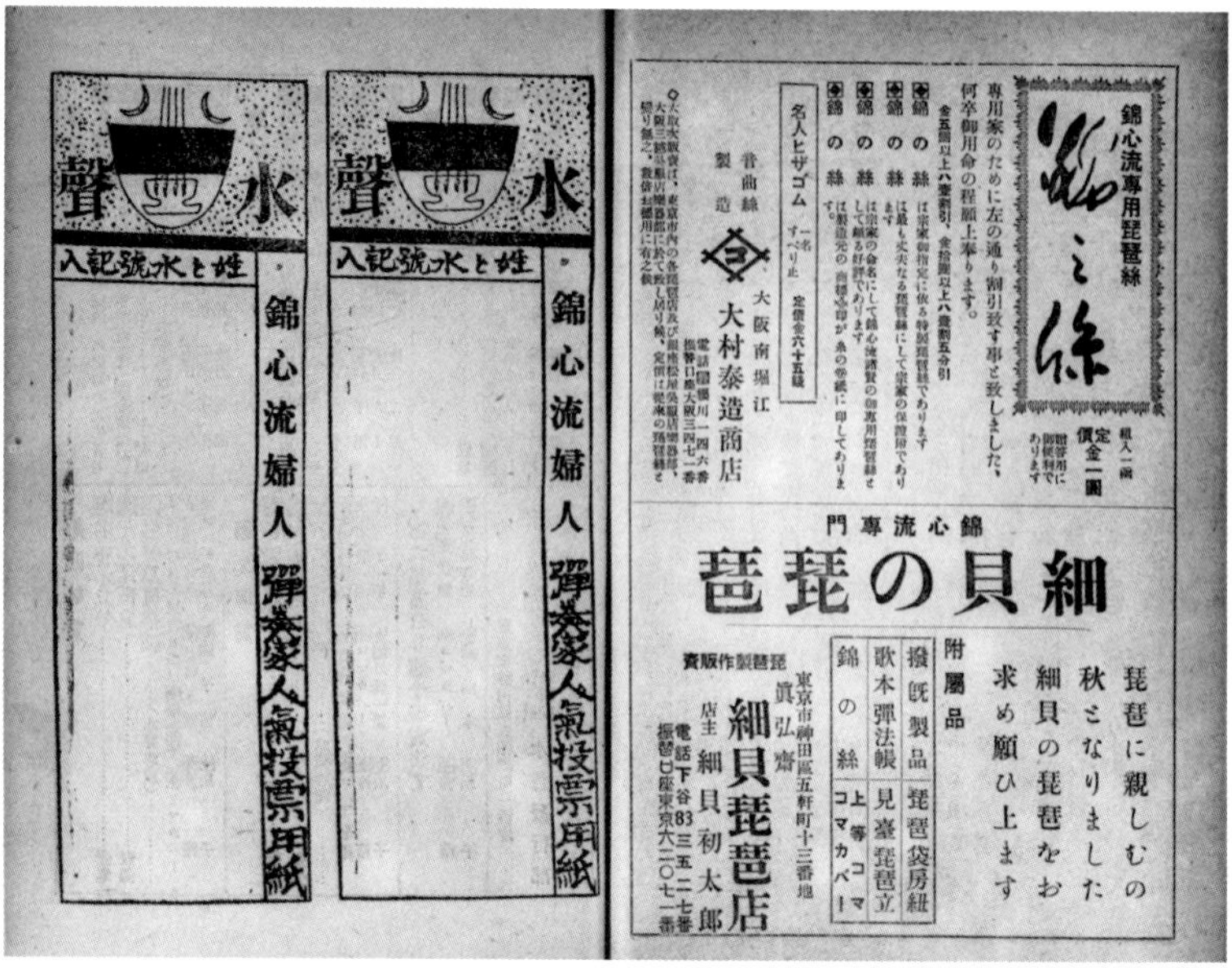

図 3 『琵琶新聞』の別冊『水声』大正 15 年（1926）10 月号より 女性演奏家の人気投票用紙

図 4 『琵琶新聞』の別冊『水声』大正 15 年（1926）12 月号より 人気投票の結果発表の「余談」を見ると、海外からの応援者や 1 人で何票も入れた人物がいたことがわかる。琵琶がそれほど人々に人気であったことがうかがえる。

Column

石田琵琶店取材レポート

文●藤澤　茜

石田琵琶店　取材レポート

日本の伝統芸能を支える、楽器づくりの現場を取材しました。石田琵琶店は明治十一年（一八七八）創業と歴史が古く、現在は日本で唯一の琵琶店となっています。その五代目で、薩摩《さつま》琵琶正伝の奏者でもある石田克佳《かつよし》さんに、琵琶の製作工程について教えていただきました。

薩摩琵琶の製作工程

・製材

使用するのは桑材。石田さんの工房では、丸太の状態［①］のものを伊豆諸島御蔵島《みくらじま》から埼玉県の製材所まで運び［②］、製材しています［③］。木目に沿って、百二十〜百三十㎝にカットします。琵琶の表板用の木は三寸（約一㎝）の厚さ、それ以外は七センチ程度の厚さにします。この段階で木の皮など余計な部分をカットしておくときちんと保存できます。これを、十年間寝かせて乾燥させてから製作を始めます。

・胴

まず、胴（本体部分）の部分をくり抜いていきます［④］。厚みは、一番薄い部分で一・六〜一・七㎝程度、上下、左右方向に丸みを持たせます。表板と裏板を作成したら、にかわで接着し［⑤（1）］さらに万力で力を加えて固定させます［⑤

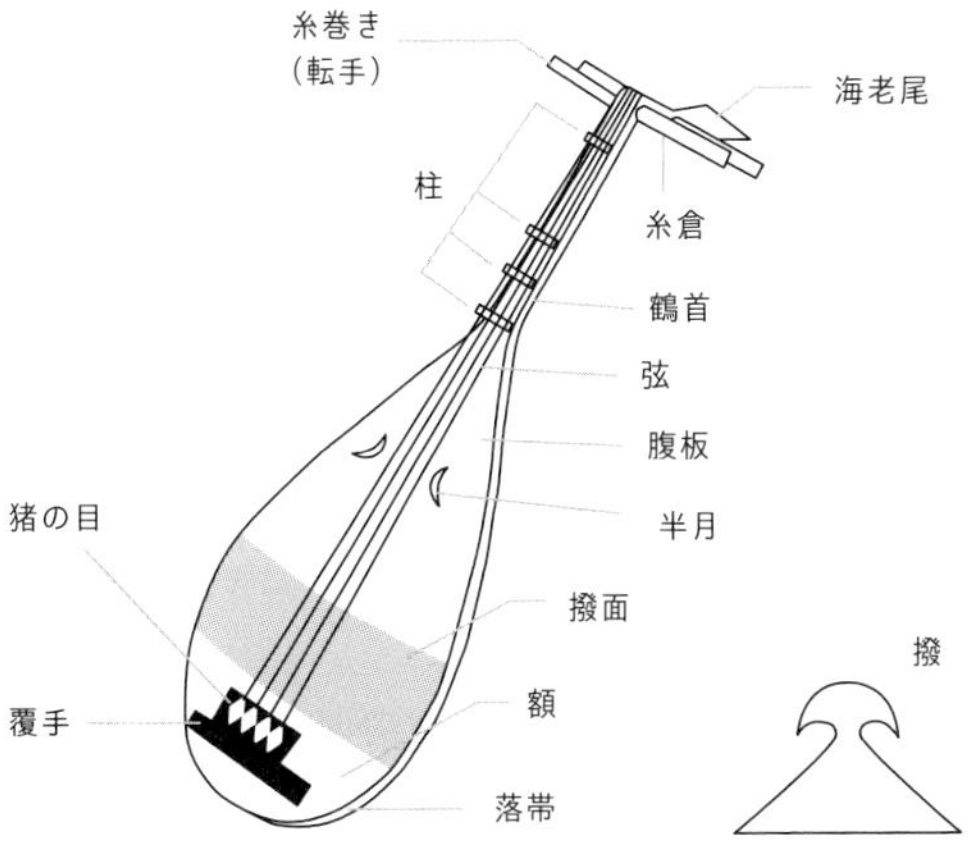

薩摩琵琶の部位の名称

（2）］。そして表板を削り［⑥］、胴は完成です。

・覆手・転軫・糸巻

次に、胴につける覆手《ふくじゅ》（弦の下端を止めるための板）を作っておきます。白い猪目《いのめ》（形がイノシシの目に似ていることからの名称）を膠《にかわ》で貼り付け、弦を通すための穴をあけます［⑦］。

転軫《てんじん》の糸巻を差し込む穴には、ひび割れ防止と糸巻とのかみ合わせをよくするために、あらかじめ鉄の棒で焼き入れを施します［⑧］。

①桑の原木

②丸太の移送

③丸太の製材

転軫を棹の部分に取り付けます［⑨］。

・仕上げ

胴体に、にかわで覆手を付けます［⑩（1）（2）］。

弦を張り、柱を取り付けます。柱は接着した後で、削りながら「さわり（弦が振動して起こる複雑な音色）」の微調整をします［⑪］。そして完成です［⑫］。

材料について

薩摩琵琶には桑材のみを使用しますが、筑前琵琶の場合、裏板には桑材を使いますが、表板には桐材を使います。桐の木は会津産が有名ですが、樹脂が抜けないと加工できないので、八年ほど風雨にさらして「あく抜き」してから出荷されます。桐の木は裏板にはめこむ形で接着し、薩摩琵琶のように表板を湾曲させて胴板に接着することはしません。そのため薩摩琵琶と筑前琵琶は音色も異なり、別の楽器というべきものだといいます。

他には、クジラの骨や象牙も使用します。クジラの骨は、薩摩琵琶の表板に埋め込まれている二本の白線《はらすじ》に用いますが、柔軟性があるので象牙より曲げ加工がしやすい特徴があります。薩摩琵琶の糸口や半月などに使用する象牙は、在庫を国に二年ごとに報告する義務があり、保管が大変とのこと。撥は柘植《つげ》のこともありますが、樹齢百年以上の太い木でなければ使用できないため、撥の方が楽器より高いということもあるそうです。

④胴（裏板）をくり抜く

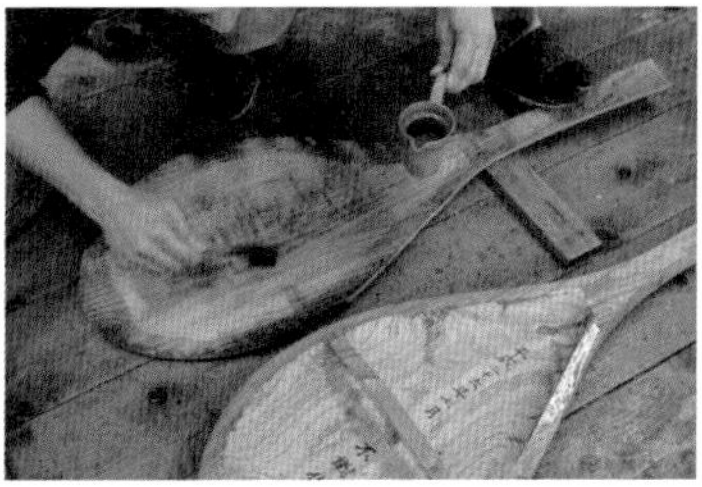
⑤表板と裏板の接着（1）

（2）

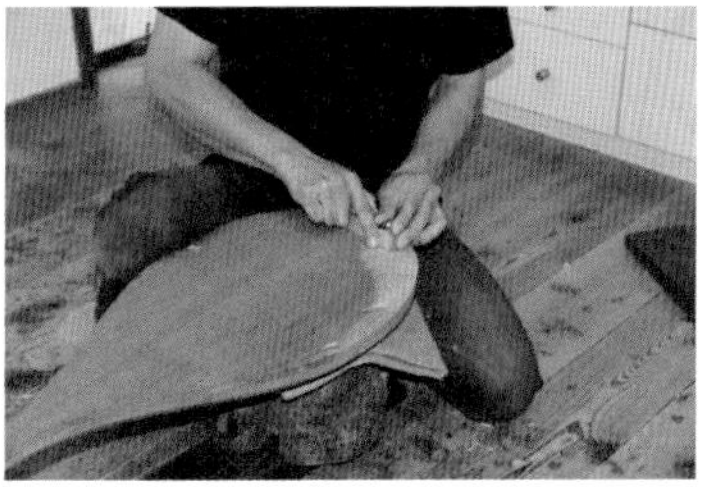
⑥表板の削り

⑦覆手の製作
（猪目を埋め込む）

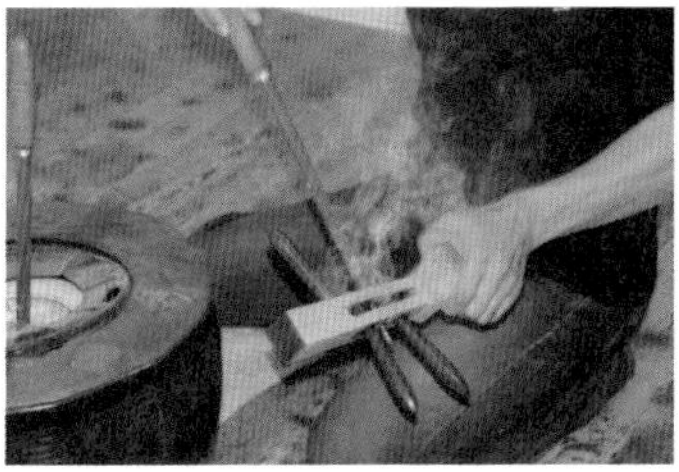
⑧糸巻の穴に焼を入れる

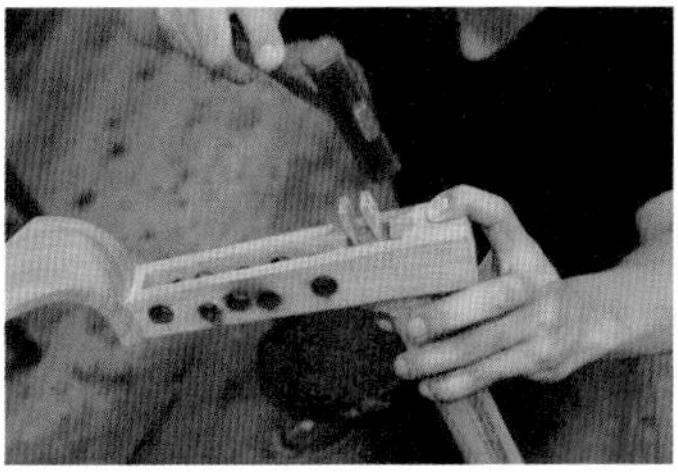
⑨転軫を本体に取り付ける

⑩にかわで覆手を接着（1）

（2）

⑪音色の調整
（さわりの調整）

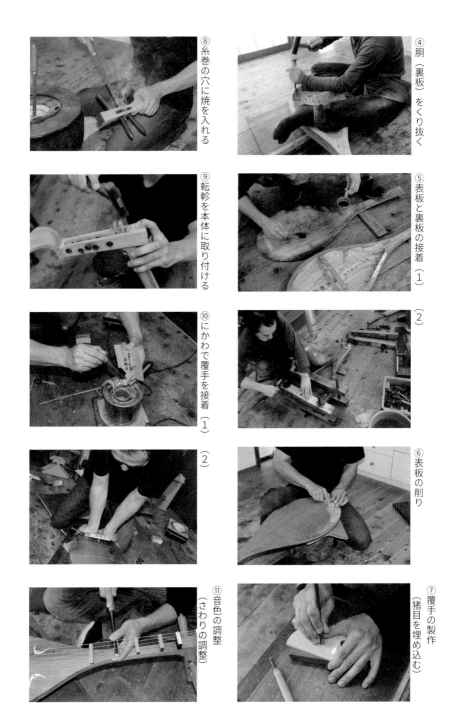

⑫薩摩琵琶の完成

琵琶製作の今後

薩摩琵琶の本場、鹿児島で琵琶を作る人が五十年程前から少なくなり、二〇一〇年を最後にいなくなりました。現在、鹿児島にはそれほど大きな桑の木もなく、木材の確保には難しい面もあるそうですが、近年、鹿児島大学の寺床勝也教授等により「薩摩琵琶制作研究の会」が発足し、薩摩琵琶の製作を鹿児島で復活させるプロジェクトが進められているのは、頼もしいニュースです。

石田琵琶店では薩摩琵琶のほか、楽《がく》琵琶、盲僧《もうそう》琵琶、平家琵琶も製作していますが、一番の問題は、材料の入手が困難になっていることだそうです。桑材は十年寝かせる必要があるため、確保できてもすぐには使用できません。琵琶の伝統を守るためには、継承していくための環境作りから考える必要があると実感しました。

石田克佳さんからのメッセージ

私ども、石田琵琶店では、薩摩琵琶や筑前琵琶など伝統的な琵琶を製作する一方で、琵琶に内蔵マイクを付けたり、琵琶の形や大きさを工夫するなど、新しいタイプの琵琶の製造、開発も行っております。今後の琵琶楽の大いなる発展に貢献していきたいと思います。

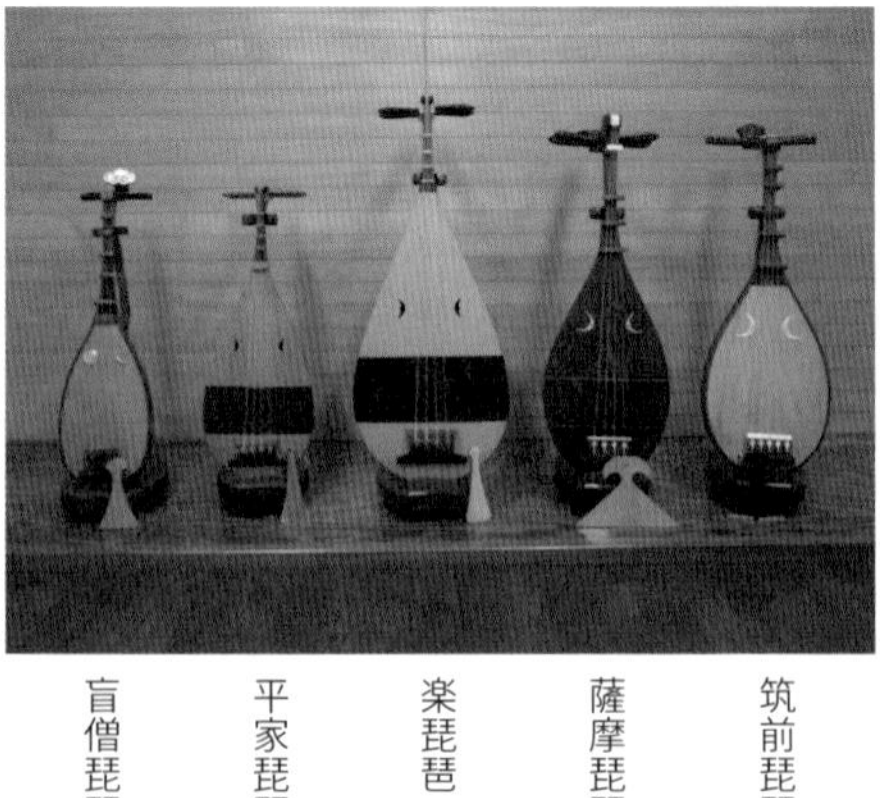
筑前琵琶　薩摩琵琶　楽琵琶　平家琵琶　盲僧琵琶

石田琵琶店

明治十一年創業。琵琶の製作、修理、販売を行う琵琶専門店。代々伝わる琵琶製造の技術を、四世石田不《ふ》識《しき》と石田克佳の親子二人で継承。四世石田不識は平成十八年度文化庁選定保存技術保持者（人間国宝）に認定。材料の調達から仕上げまですべてを自社で行い、製造法にいたるまで最善にこだわっている。

第七章

瞽女《ごぜ》の芸能《げいのう》

瞽女の芸能

文●月岡祐紀子（民謡歌手）

◆女性視障者の生きる場となった
◆室町時代から昭和まで受け継がれた旅回り
◆流行《はや》り歌から長大な語り物までを網羅した芸

歴史

●瞽女の誕生

瞽女《ごぜ》とは室町時代から昭和中ごろまで活動した視覚障害のある女性芸能者の組織・職業名である。本州、四国、九州とその足跡は広範囲に及ぶ。

瞽女の発生は中世にさかのぼる。永仁四年（一二九八）に成立した『天狗草紙《てんぐぞうし》』には東大寺の門前で女性視障者と思われる人物が鼓を手にゴザの上でなにがしかの芸を披露する場面が描かれている。神社仏閣や人前で歌などの芸を披露する女性視障者は中世期の絵巻、戯曲、日記に散見され、中世末期の『七十一番職人歌合《しちじゅういちばんしょくにんうたあわせ》』では「女盲《おんなめしい》」として鼓を持った女性視障者が「曾我物語《そがものがたり》」を語る様子が登場し、職業として成立していたことがわかる。

こうした「盲御前《めくらごぜ》」と呼ばれた女性視障者の芸人は次第に「めくら」の部分が省略され「ごぜ」と呼ばれるようになり、「鼓」と「盲」の字を組み合わせた「瞽女」の字があてられるようになった。

●歴史とさまざまな業態

近世に入って三味線が伝来し一般的な楽器になると、鼓を三味線に持ち替えた瞽女たちは活躍の場を広げ大きく三つの業態を持つようになる。

ごく少数ながら武家の妻女や江戸城大奥に仕えて三味線、箏《そう》、胡弓《こきゅう》、唄を披露、指南する者、下級武士や富裕町人といった中流層に同様に音曲全般を指南する者、そして、農村地帯に残って軽労働に従事しながら音曲を指南し、時には宴席で演奏を披露し、村々を回って唄を歌う門付《かどづ》けを行い返礼として米や銭を受け取る者である。

●瞽女の組織化

巡業に活路を見出した多くの瞽女たちは、同時に女性視障者にはもっとも不向きと言える旅生活を行うことになり〔図1〕、この困難を克服するため次第にグループで活動し瞽女仲間と呼ばれる職能集団を組織していく。

沼津、甲府、高岡、長岡、高田に残された資料からは、地域ごとの差異はあるものの座元《ざもと》制とされるピラミッド型の組織が築かれ、それぞれの座元（家元）の下に親方と呼ばれる師匠連中がおり、親方ごとのグループで旅回りなどの活動をしたことがわかる。

生まれつき目が見えない者、麻疹《はしか》などの流行り病や事故といったさまざまな理由で失明した者があると瞽女に弟子入りをし、瞽女屋敷と呼ばれる師匠の家に通い、多くの場合は住み込んで寝起きを共にしながら芸を習い覚える。

図1　瞽女の旅回り　市川信夫氏蔵

六歳前後から旅回りに出て七年から十年ほどの修行をへて一人前（名取《なと》り）となり、年長になれば芸の秀でた者は親方として一家を構えた。高齢や病気によって旅回りが不可能になってからも瞽女屋敷に住まい、亡くなれば屋敷ごとの檀家寺にある墓に入ることができる瞽女稼業は、農業や家事育児に従事することが難しかった当時の女性視障者たちの生きる場となっていった。

●巡業（旅回り）

昭和三十年代まで瞽女の巡業が行われていた新潟県高田（現在の上越市）での旅回りは、瞽女仲間によってあらかじめ決められた日程と順路に従い行われ、年間で延べ三百日をついやした。巡業の規模は数人から十数人までと時代により地域により異なるが、通常は師弟関係にある組ごとにいくつかのグループが集まり、多少ながら視力のある瞽女や雇った晴眼者の手引きを先頭とし、他の瞽女たちが縦に連なるような形で歩いた。

巡業の範囲は極めて広く、富山、長野、群馬、福島、山形の隣県はもとより、遠く宮城や秋田までおもむいた。商船に乗り青森まで出稼ぎにきたという話も残り、瞽女たちが各地の芸能に与えた影響は計りしれない。

●瞽女宿《ござやど》と民間信仰

こうした旅回りには瞽女宿と呼ばれる定宿の存在が欠かせなかった。多くは地主などの比較的裕福な者が屋敷の一間を提供して食事や風呂、寝床を世話した。瞽女たちは宿に着くと荷物を下ろして近在の家々を門付けし、夜は瞽女宿やさらに大きな屋敷に村人を集めて芸を披露した。これら宿泊や芸にかかる謝礼は村費によって賄われた。

村人は芸を楽しむ一方、視覚障害者でありながら長大な語り物を記憶し季節ごとに来訪する瞽女に一種の神性をおぼえ、瞽女が門付けで集めた米を「瞽女の百人米」と呼び、食べると病にかからない、物覚えがよくなる、などとして積極的に買い取った。養蚕《ようさん》が盛んな地域では蚕がよく糸を吐くように瞽女唄を聞かせるなど、瞽女をめぐりさまざまな民間信仰が生まれた。

◆妙音講《みょうおんこう》

瞽女にとって重要な行事に「妙音講」がある。瞽女は他の芸能者と同じく弁財天を守り本尊として信仰し、年に一度の祀りの場として毎年決まった日時に妙音講を行った。巡業の日程を調整して必ず所属する瞽女仲間全員が集い、檀家寺の住職によって瞽女の由来を述べた「瞽女縁起」と瞽女の掟、罰則を定めた「瞽女式目」が読み上げられたあと、唄を奉納しお斎《とき》をいただいて宴会となった。

一人前の瞽女と認める名取りの認定や掟を破った者への罰則などもこの場で決定された。瞽女の掟として結婚、恋愛の禁止がよく例に上がるが実は異性関係の禁忌についての記載はなく、年季の年限や役職、給金、弟子の取り合いの禁止などが主となっており、妊娠・出産につながる恋愛の禁止は彼女たちにとって生活を守る上で当然のことだったと思われる。

瞽女の縁起、式目はともに当道《とうどう》が持つ内容に則しており、彼らに準ずる土台を持つことで他の遊行者や物乞いとは一線を画す聖性や、厳しい掟を守り高度な芸を身に着けた職能集団である事を内外に示し、さらにそのことは彼女たち自身の誇りとなって組織の結束をより強固なものとしていった。

◆瞽女の衰退

室町時代から営々と続いてきた瞽女たちの暮らしに明治維新は決定的な変化をもたらした。明治元年（一八六八）に政府は乞食の取り締まりを始め門付け芸人、遊行人をも排除し、明治四年（一八七一）に当道が廃止されると瞽女も「非近代的」、「生家で扶助すべし」、「（盲人）教育の妨げとなる」などとして各府県で次々と廃止された。しかし、急な時代の変化に習慣や暮らしが沿うには当然時間を要し、地方では細々と瞽女稼業が続けられ、また、多くの瞽女人口を抱えた新潟県では瞽女を禁止しなかった。

高田では明治二十年（一八八七）に日本初の盲学校が開校する一方、明治三十年代には県内各地の瞽女仲間が近代的な職業組合としての規約を制定して生き残りを図り、新潟県における瞽女人口は一時的に増加した。とはいえ、大正から昭和にかけての変化はさらに大きく、蓄音機やラジオの普及、第二次世界大戦での壊滅的被害、さらに戦後の農地改革によって瞽女を支えてきた地主が没落すると昭和二十年代には多くの瞽女が転廃業を余儀なくされていった。

昭和三十九年（一九六四）に長岡瞽女最後の大親方を務めた中静《なかしず》マスが死去、同年、高田瞽女最後の組となった杉本キクイら三人も掟に従った旅回りを終える決断をし、関東や九州で散発的な瞽女の活動はみられるものの、その長い歴史はまさに幕を下ろそうとしていた。

瞽女ブームと終焉

ちょうど同じ頃、瞽女へのあこがれを深めた画家の斎藤真一が高田の街に足繁く通い杉本らと親交を温め、瞽女をテーマにした連作を次々と発表し始めた［図2］。昭和四十五年（一九七〇）に杉本キクイと柏崎瞽女の伊平タケが国の無形文化財保持者に選択されると、県主導で瞽女唄の記録が行われ、東京の国立劇場などのホールで芸を披露し、徐々に注目を浴びるようになる。昭和四十七年（一九七二）、斎藤が瞽女の暮らしと交流の日々を綴ったエッセイ『瞽女――盲目の旅芸人』がベストセラーとなり、昔と変わらぬ瞽女の存在が世間に広く知られるところとなった。

各地で埋火のように活動していた瞽女が表舞台へと引き上げられレコードや書籍が次々と発売、昭和五十二年（一九七七）に作家・水上勉の小説『はなれ瞽女おりん』が篠田正浩監督によって映画化されヒットすると、意図しないながらもメディアミックスのような効果を生み、ラジオ出演や雑誌での特集も相次ぐようになる。数百年にわたる瞽女の波乱の歴史に光が当てられた瞬間だった。

平成十七年（二〇〇五）に長岡を拠点とした最後の瞽女・小林ハルが百五歳で生涯を終え、実際に旅回りを経験した

図2　斎藤真一「瞽女唄」『越後瞽女日記』より
小林古径記念美術館蔵

瞽女は途絶えた。しかし、瞽女たちの残した卓越した芸に魅了される者は絶えず、少数ながらも演奏者が芸の継承に努めている。

楽器・曲目

瞽女の使用した三味線は細棹《ほそざお》、中棹《ちゅうざお》三味線、撥《ばち》は小型の木撥や象牙の撥、駒は竹駒、象牙駒を使った。

瞽女は庶民にとっては気安く、農村地帯や山間部においてほぼ唯一の芸能者であったため、客のさまざまなリクエストに応えようとジャンルを問わず膨大なレパートリーを持つ者が多く、現代のテレビやラジオが担う娯楽を一手に提供していた

瞽女独自の門付け唄にはじまり民謡、端唄《はうた》、小唄といった短いはやり歌、七七調で同じ旋律を繰り返しながら心中事件から地震、津波といった天災、蚕やヘソを主題にした笑い話までを歌い語るニュース番組のような「口説《くどき》」。二人一組となって祝い事や言葉遊びを調子よく弾き歌い、家内和合や御家繁栄の予祝《よしゅく》を行う祝福芸の「万歳《まんざい》（萬歳）」、子どもらに請われて囲炉裏端《いろりばた》や縁側で語った数々の昔話と演目は多岐にわたる。

特に、仏法を説いた説教節の影響を受け、七五調（十二音）をヒトコトとして松坂節に乗って語る「祭文松坂《さいもんまつさか》（段物）」は瞽女を特徴付ける演目だった。百コトを一段（四十分前後）とし、二、三段から長いものになると十段以上にもなり、通常は一晩に一段分を語る。村人は瞽女が再訪した際に次の段を聞くのを待ちわび、時には何日も逗留させて語らせたという。

曲名紹介

●『葛《くず》の葉《は》の子別れ』（祭文松坂・段物）

説教節『篠田妻《しのだづま》』（信田妻）は、古浄瑠璃『信田妻』の元にもなった古い説教節で、陰陽師・安倍晴明《あべのせいめい》の出生伝説である。異種婚姻譚のひとつでもあり、数々の語りや演劇に取り入れられた。歌舞伎には『信田妻』を元にした『芦屋《あしや》道満大内鑑《どうまんおおうちかがみ》』があり、瞽女唄にも影響を与えた。

罠にかかったところを安倍保名《あべのやすな》に助けられた狐は保名の許嫁である葛葉姫に化けて嫁入りし子をもうけるが、五年が過ぎたある日、正体がばれ「恋しくば尋ね来てみよ和泉《いずみ》なる信太の森のうらみ葛の葉」と歌を書き残し去って行く。童子にせがまれた保名は信田の森まで呼び戻しに行くが、あえて狐の姿で現れた母に童子はおびえ、今生の別れとなる。

本作は人気が高く、特に戦時中は息子や夫を兵隊に取られた女性がリクエストしては家族に思いをはせて涙したと

いう。

用語解説

◆当道

江戸時代に男性視障者が加入した職能集団。幕府からも自治権を認められ、扶持をえていた。三味線・箏曲の演奏や教授、鍼灸、按摩《あんま》、金融座などの職分があり、官位を持つ総検校《そうけんぎょう》を最高位とする細かい職層に分かれていた。

演者からの一言

幼い頃から民謡と三味線を学び、中学生の時に瞽女唄と出会いました。カセットテープで初めて瞽女唄を聞いた時の大きな衝撃。それまで聞いてきた民謡やどんな音楽ともどこか違う三味線と歌声にひき付けられました。

図書館や古書店に通って瞽女の資料や情報を集め、新潟県の特別養護老人ホームに高田の杉本シズさん、難波コトミさん、長岡の小林ハルさん、三人の瞽女さんが元気でいらっしゃるとわかったのは大学入学の春のことでした。以来、最後のお一人となった小林ハルさんが亡くなられるまで十年、譜面をおこしては新潟に通い、演奏をしたり、旅の話をうかがったりという交流が続きました。

「なぜ現代に瞽女唄を演奏するのか」とよく聞かれますが「夢中になってしまったから」以外の答えはなく、細かい撥使いや時にけれんみたっぷりの張りのある歌声、工夫のこらされた歌詞や演目は魅力にあふれ、興味がつきません。

現在は入手しやすい音源、書籍もあるのでぜひ手に取ってみてください。

参考文献

・佐久間惇一『瞽女の民俗』（岩崎美術社、一九八三年）
・ジェラルド・グローマー『瞽女と瞽女唄の研究』（名古屋大学出版、二〇〇七年）
・ジェラルド・グローマー『瞽女うた』（岩崎新書、二〇一四年）
・荒木繁・山本吉左右編注『説教節』（東洋文庫、平凡社）
・鶴見俊輔『太夫才蔵伝』（平凡社、一九七九年）
・竹内勉『じょんがらと越後瞽女』（民謡地図2、本阿弥書店、二〇〇二年）
・水上勉『はなれ瞽女おりん』（『越後つついし親不知・はなれ瞽女おりん』、新潮文庫、二〇〇二年）
・江戸川区郷土資料室編『瞽女の記録と唄・語り　江戸時代の瞽女と江戸川区』（江戸川区郷土資料室令和元年度第一回企画展パンフレット、江戸川区教育委員会、二〇一九年）
・民謡・瞽女唄・三味線 月岡祐紀子ウェブ「瞽女資料室」文章協力　伏見奏（邦楽ジャーナル）

Column

正月の門付け——一年の繁栄をことほぐ

文●藤澤 茜

瞽女《ごぜ》の芸能の説明（180頁）で「門付《かどづ》け」という言葉がでてきましたが、これは家々を回って芸をすることを指し、瞽女以外にも「予祝《よしゅく》芸能」と称される万歳《まんざい》や太神楽《だいかぐら》（大神楽）、猿回し（猿曳《さるひ》き）、鳥追いなどがよく知られます。「予祝」は、一年間の農作業や豊作をあらかじめ模擬的に表現する農耕儀礼でもよく使われる言葉です。豊作だけでなく、一年を無病息災に過ごすことができるよう、年始にあらかじめことほぐ役割を担った予祝芸能は、特に江戸時代に盛んになりました。江戸時代後期に刊行された年中行事に関する『東都歳事記《とうとさいじき》』（斎藤月岑《さいとうげっしん》著、天保九年〔一八三八〕）という書籍によると、一月一日に三河《みかわ》万歳や鳥追いが来ると記されており、門付けが正月の訪れを告げる大事な芸能であったことがうかがえます。ここでは具体的に、江戸時代の浮世絵を通して、その様子を確認してみましょう。

風景画を得意とした初代歌川広重《うたがわひろしげ》による「富士三十六景東都駿河町《とうとするがちょう》」［図1］には、江戸の中心地、駿河町（東京都中央区、日本橋近く）の著名な呉服商、越後屋の店先が描かれています。富士山の美しい

図1　初代歌川広重画「冨士三十六景　東都駿河町」安政5年（1858）　国立国会図書館蔵

富士山を描くシリーズ物の一。越後屋のあった駿河町は富士見の名所として知られた。右から、太神楽、三河万歳の太夫と才蔵、鳥追いが描かれる。

姿も印象的ですが、通りを行く門付けの人々が正月らしさを醸し出しています。まずは中央に描かれる、緑の着物姿の万歳に注目してみましょう。万歳は、太夫《たゆう》と才蔵《さいぞう》の二人による掛け合いの賀詞《がし》を歌い、舞を見せるもので、鎌倉時代には「千秋万歳」の名で宮中や貴族の邸宅でも行われていたことがわかっています。江戸時代には徳川家の庇護を受け、三河地方（現在の愛知県）で発展した三河万歳が盛んで、江戸城開城の際に予祝を述べ、正月には江戸の家々を回りました。三河万歳では太夫のみが江戸に下り、相方の才蔵は年末に江戸に出てから探すことが多く、息が合うと翌年もコンビを組んだといいます。本図の堂々と歩く太夫（右）に比べて、珍しそうに周囲を眺めている様子の才蔵（左）は、新人のイメージで描かれたのかもしれません。才蔵が駄洒落をいうと太夫がたしなめるという形で滑稽な掛け合いを見せますが、これが現代の「漫才」へ変化したといわれます。

　本図の右から、笛を吹く人物を先頭に描かれるのは太神楽の一行です。太神楽は江戸時代初期、熱田神宮や伊勢神宮の御師《おし》（特定の社寺に属し、参詣者の案内や宿泊の手配をした）が神札《しんさつ》を配布し、神社の境内などで獅子舞や放下芸《ほうかげい》（小切子を打ちながら行う歌舞や曲芸）などを見せたことに始まるといいます。江戸で行われた太神楽には熱田派と伊勢派があり、本図に描かれるのは、笛を吹く人物の着物に鶴の紋があることから、伊勢派の太神楽だとわかります。伊勢派はとくに放下芸を得意とし、その台頭により太神楽の芸能化が進んだといわれます。江戸時代末には寄席《よせ》でも行われるようになり、舞台芸としても発展し、現在に至ります。

　本図の左側に描かれる女性たちは、鳥《とり》追《お》いと称されます。もとは、小正月（一月十四、十五日）に農作物の害鳥を追い払うために鳥追い歌を歌う行事でしたが、江戸時代後期にはそれが職業化され、女性の門付け芸となりました。この図のように編み笠をかぶり、三味線を弾きながら歌いました。

　ここで紹介した以外にも、猿に芸をさせる猿回し（猿曳きとも。江戸時代には猿が馬の病気を防ぐという俗説から、厩で行わせることも多かった）、春駒《はるこま》（馬の頭の作りものを持ち舞った）なども行われてきました。こうした門付け芸の様子は歌舞伎でも演じられることがあり、また本図以外にも、正月を題材にした浮世絵の中には門付け芸を描く作例が多く見られることから、身近な芸能として親しまれてきたことが伝わります。

参考文献

・藤澤茜「口絵解説　正月の門付けと浮世絵」（『浮世絵芸術』一五七号、国際浮世絵学会、二〇〇九年一月）

第八章

茶道《さどう》

Column

コミュニケーションとしての茶の湯

文●千　宗屋（茶道武者小路千家家元後嗣）

本当の茶道のあり方

皆さんは、茶の湯（茶道）という言葉から、どのようなことを思い浮かべるでしょうか。

堅苦しくて行儀作法やマナーに厳しい、というイメージがあるかもしれません。ですが、それはあくまでも茶道の方法を学ぶことで、本来の茶道のありようからは少し離れているように思います。茶室で学んだ作法を駆使して、自分なりの表現で人をもてなして喜んでもらう、これが本当の茶の湯です。そのために、美意識やコミュニケーション能力を磨き、人をもてなす茶室を、より特別な場所として仕立て上げて、お客様を招くところからお茶会は始まります。

茶道のもてなしと千利休《せんのりきゅう》の教え

茶会では、お茶碗は言うに及ばず、お抹茶を入れる茶入やお湯を沸かす釜《かま》をはじめ、主要なもので十五以上の道具が必要になります。亭主（茶会の主催者）の心づくしの掛軸や道具を用意し、その日の趣向に合わせたしつらえを準備をします。

茶の湯の文化は、約五百年前の安土桃山時代の茶人、千利休によって確立されました。利休は、私の十五代前の先祖でもあります。利休は、茶の湯の教えを説いた「茶の湯とは耳に伝えて目に伝え心に伝え一筆もなし」という歌を残しています。お茶の教えや喜び、神髄は、文字や目に見える形だけでは伝えることができないのだと、詠んでいるのです。

もう少し具体的にこの歌を考えてみましょう。耳に伝える、つまり茶室の中のさまざまな音を想像してください。例えば、釜の湯が沸く時にたてるシュンシュンという小さな音、これは火の勢いとともにだんだん大きくなっていきます。お湯を沸かす火の具合も亭主がタイミングを計って調節しており、ここにはもてなしの気持ちが隠れているのです。

それから、目を楽しませることも大切

です。床《とこ》の間《ま》に掛ける掛軸（現代美術の作品やお花でもかまいません）、お道具などの茶室のしつらえは、自分あるいはお客様の好きなもの、ふさわしいものを亭主が心を込めて準備し、視覚的にも満足していただけるよう、茶室のたたずまいにも気を配ります。

また道具を使うときには触覚も介在しますし、茶室ではお香がたかれることも多く、その香りによって場が清められます。触覚や嗅覚も大事なのです。

このように述べていくと、茶の湯は味覚だけでなく、五感を総動員して客を迎えるものであるとわかります。客もまた感覚を研ぎ澄ましてお茶会に望む。五感を総動員することで、客と亭主の心が通じ合い、コミュニケーションを図るのが、お茶の神髄です。先ほどの利休の歌は、わずか三十一文字でそのことを表していて、耳に、目に、五感を駆使して相手の心に訴えかければ、言葉や文字で伝えら

茶室官休庵 外観　写真提供：武者小路千家官休庵

茶室官休庵 内観　写真提供：武者小路千家官休庵

れること以上に多くのことを伝えられるのだ、と説いています。

濃茶《こいちゃ》の意味

最も改まった客を迎えるための四時間の茶事では、濃茶をメインの場で楽しみます。濃茶はその名の通り、非常に濃いお茶です。一つの茶碗に人数分のお湯とお抹茶を入れ、茶筅で練る感覚で丹念にといていきます。それをその場にいる客が、回し飲みするのです。二〇二〇年から続くコロナ禍にあって回し読みは難しくなりましたが、一種の宗教儀礼に近いものだと私は考えています。欧米、特にキリスト教カトリック文化圏では、ミサの中でキリストの血と肉の象徴であるパンとワインを信者に分かち合う習慣があり、ワインを一つのグラスから回し飲みすることがあります。茶の湯における濃茶の意義も、それに近い性質のものだと思います。日本でも実は、「一味神水」と言って、中世の村や組合のような共同体がお互いの意思確認をする時に、神前の水を一つの器からみんなで分かち合い誓いを立てるという事例があったといいます。いずれにせよ、単なる飲料習慣ではない儀礼的なものをルーツとして、濃茶の回し飲みというものが行われるのです。

日常から切り離された別世界

この濃茶は非常に濃くて、空腹の状態で飲んでしまうと胃にも負担がかかります。その濃茶をより美味しく飲むために、お茶の前に食事を供します。これが懐石《かいせき》料理といわれるもので、季節の素材の中で亭主が吟味したものを用意します。繊細な料理で客をもてなし、時には酒を酌み交わして味わい尽くすというのが、茶道の醍醐味なのです。

茶道の世界ではお茶のことを「一服《いっぷく》」と言います。薬を飲む時にも服用といい「服」という字を用いますが、実はお茶はもともと薬として用いられており、その名残で「一服」という言葉が使われます。

たばこを吸うことも、一服と言いますね。実は、お茶とたばこは非常に関係性が深く、茶道の文化が流行した四百五十年ほど前の安土桃山時代には、ともに嗜好品、高級な特別品として扱われていました。たばこも、かつてインディアンの間では一つのパイプを回し飲みする「パイプセレモニー」がありました。お茶やお酒、たばこなど、仲間と結束を固める儀礼的なものを介して、より円滑に意思の疎通がなされると考えられます。そうしたものを洗練させ、コミュニケーションツールとして培ってきたのが、茶の湯なのです。

中国伝来のお茶

茶は千年以上前、奈良時代の終わりから平安時代の初めにかけて、仏教とともに中国から伝えられました。高級なものですから、仏様にお供えをしてから僧侶が飲むようになり、大きな寺院のそばで茶が栽培されるようになりました。

やがて四百年ほど時間が流れ、鎌倉時代の初めに現在の茶道で用いられる抹茶（緑茶の粉末）が登場します。中国の宋《そう》（九六〇～一二七九）の時代に、茶葉を一度蒸らして色を吸着させたものを乾燥させ、石臼《いしうす》で細かく粉末状にしたものにお湯を注いで飲むという、いわゆる抹茶法というものが確立しました。それが中国で新しく流行していた禅（臨済《りんざい》）宗とともに伝えられました。禅宗の栄西《ようさい》という僧は、日本における抹茶の祖といわれています。禅宗では、まず上座《じょうざ》の仏様にお茶を供えます。僧侶たちにとって、座禅を組み、問答をかわすことは悟りに近づくための修行法とされ、気持ちをリセットする時にお茶が飲まれました。そのような場に参加した武士たちにもお茶を飲む習慣が広がり、その場で用いられた中国伝来の道具や美術品への憧れもあり、日本でもお茶を飲む特別な場が定着していったのです。お茶の産地を当てる「闘《とう》茶《ちゃ》」といった一種の賭けごとも広まるなど、お茶の飲み方も多様化していきました。

しかしそうした享楽的、遊興的なお茶に飽きたらず、禅や仏教と結びついた本来の精神的な行為としてお茶に心の安らぎを求める流れが、十五世紀半ば以降の京都で起こりました。応仁《おうにん》の乱（一四六七～七七）という大きな戦で疲弊し、困窮した多くの人の心が苛《さいな》まれたときに、円滑な心の自立と交流を図ろうという動きが起こったのです。

わび茶と利休

亭主が自ら狭い四畳半の茶室に数名を招いて、目の前でお茶を点《た》てて出すという形のいわゆる「わび茶」という、簡素でありながら精神的な充足を重んじるお茶が行われるようになりました。その背景には、京都の禅寺・大徳寺の僧の一休宗純《いっきゅうそうじゅん》（頓智で有名な一休さんのモデルです）も教えを受けた、珠光《しゅこう》という僧が、精神的な心の充足を図るお茶を提唱したことが挙げられます。それを「茶道」という形で洗練させ、文化的にも精神的にも、ハードとソフトの両面からコミュニケーションツールとして完成させたのが、今から五百年前の千利休だったのです。

利休はそのお茶の技で、織田信長や豊臣秀吉といった時の天下人に仕えました。茶室に集った人々の心を通わせるという、茶道本来のコミュニケーションツールとしての役割を生かし、敵方の武将を懐柔する場や、家臣同士の結束を固める場で茶会を催したのです。秀吉は濃茶の回し飲みを効果的に使い、人心掌握の手段として積極的に用いました。お茶を、政策的な道具としても利用したのです。利休は、そういう場を取り仕切って活躍したといわれています。利休と豊臣秀吉の蜜月があり、この時代にお茶が流行しました。やがて秀吉の政権の中での新旧の勢力争いが起きます。利休は豊臣政権を作り上げた旧勢力側のネゴシエーター的な存在でしたが、豊臣政権の安定を求めた石田三成らの新勢力に疎《うと》まれ、最終的には切腹に追い込まれ政権争いの犠牲者になったといわれています。このように、茶道は人の生死にも大きな影響を及ぼす、時代の転換点にあって大きな役割を果たしていたともいわれています。

女性教育としての茶道のあり方

江戸時代になると、こうした戦国時代のあり方を踏襲しつつも変化が生じ、大名家や武家の正式の作法や儀礼として、また大名同士が交流するコミュニケーションの場としてもてはやされていきます。各大名家は家臣として迎え入れた茶人に、その家の茶会を差配させるという役割を当てました。表千家《おもてせんけ》は、御三家のひとつ紀州徳川家に茶道師範として仕えます。裏千家は、初代は加賀の前田家に、その後は四国の愛媛県の久松家に仕えました。そして私の家の武者小路千家は、やはり徳川家の親藩でもある讃岐《さぬき》（現在の香川県）の松平家に茶道師範として仕えました。そして明治維新になり、幕藩体制が崩壊して茶の湯も一度は危機を迎えます。そして日本全体にも伝統的な文化を否定するような動きが起き、特に幕府や武家が重用した茶道は旧態依然としたものだとされ、一度退《しりぞ》けられて苦労の時代を迎えるのです。

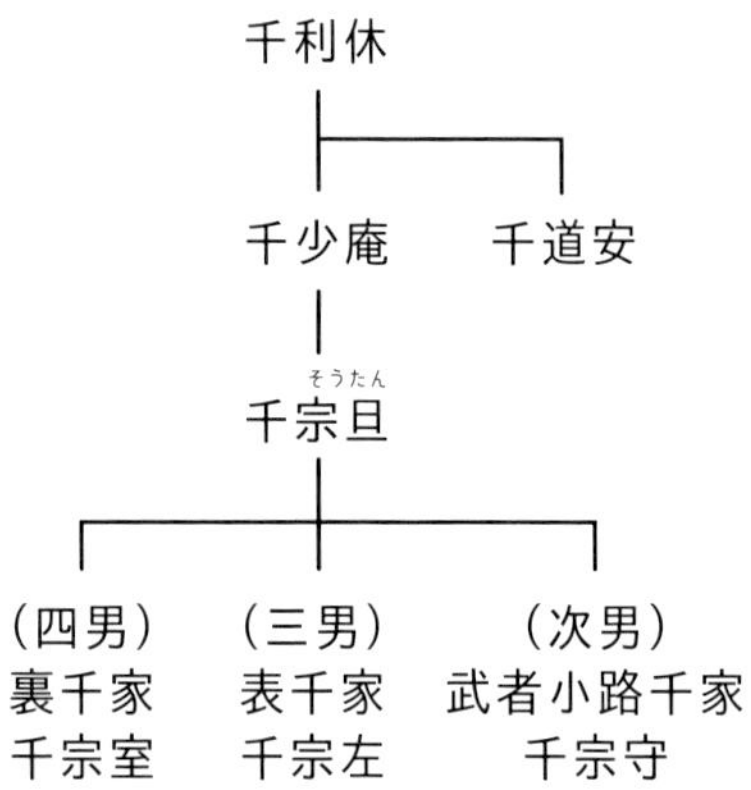

　そのような時代にあっても、茶道は礼節を重んじ、精神の涵養《かんよう》を図る、非常に道徳的なものであるということを、三つの千家が時の政府に対して強く申し出ました。その結果、茶道は再興を許され、今度は教育と深く結びつき、特に女子教育の礼法教育の中で、必須の教養として求められました。この後、武家から女性へとお茶の需要層が移り、今度は礼儀作法を学ぶためのツールという、お茶の一つの側面が強調されることになりました。その結果、今なお茶道界の人口の大半は、女性が支えているような状況です。

日本人としてのアイデンティティー

ここ十年二十年、グローバル化が叫ばれる中で、日本の文化や美術などを見直し、日本人としてのアイデンティティーをもう一度探していこうとする「ディスカバージャパン」という流れがありました。雑誌でも茶道特集が組まれ、二〇一七年春、二〇二二年秋には東京と京都の国立博物館で茶の湯に関する特別展も開催されるなど、茶道は見直されてきました。そして今、日本の伝統文化を多角的に学ぶためのツールとしての役割が、茶道には求められています。

　お茶には、日本の衣食住すべての文化が含まれています。「衣」については、茶道では着物を着ます。今では着物を着て出かける場所、着飾る場所が少なくなりましたが、正式な招きを受ける茶会の場では、亭主も着物を着て迎えますので、いまだにリアルな礼装として着物が生き残っている世界といえます。

　「食」に関しては、先ほど述べた懐石料理や和菓子に加えて、お茶そのものも飲料です。食に関連した器やさまざまな作法、習慣なども茶道にはたくさん残っています。

　「住」については、日本の古い伝統的な住宅建築を様式的に洗練させて、茶の湯専用に仕立てたものが茶室です。五百年前の、日本の住空間のあり方を凝縮した形にしたわけです。例えば掛軸をかける床の間というのは、現代の住空間ではあまり身近なものではないかもしれません。しかし、茶室は今でも使われ、茶碗や茶入などのさまざまな道具も、基本的には伝統的な形が受け継がれ、その時代時代の流行や好みを取り入れながら、現代にまで伝えられました。そう考えると、現在におけるお茶には、日本古来の伝統的な文化や生活習慣を知るタイムカプセルの役割が残っていて、それらの圧縮ソフトとして存在しているともいえるのではないでしょうか。それらを、今のこころという解凍ソフトを使って元の姿に戻し、現在の暮らしの中に溶け込ませていくことによって、日本人らしい暮らしや文化が何であるかを考えさせる、あるいは想像させるということも、お茶の役割として求められているような気がします。

現代社会における茶道のあり方

　この多様化する現代において、茶の湯には二つの役目があると考えます。一つは、今を生きる人々を感動させるお茶を伝えていかなければならない、ということです。自分たちの日常にないものを見たときに驚いたり、憧れたりする気持ちが、感動を呼び起こすのだと思います。例えば、静謐な露地《ろじ》のたたずまいや伝統的な建築様式の美を誇る茶室、そこで行われる美しい所作、茶室に一瞬差し込む日の光――そういった、日常から離れた日本古来の美を見て感動することが、現代社会の中で求められる茶道の一つのあり方だと思います。

　「感動する茶」とともに重要な、もう一つのお茶のあり方は、「共感する茶」だと思います。感動というものは、ある物事を自分とは別世界の出来事として受け止め、驚きとともに思い起こす感慨であるといえるでしょう。それに対して共感は一種の同調でもあり、自分たちの身近なものに対して心を一つにするということだと思います。茶道を例に考えると、美しい様式美の茶室に驚き感動することはできても、それを自分たちもやってみたいと思う共感に結びつけるのは、現代ではなかなかハードルが高いといえます。

しかし、茶道が文化として続いていく中で、日本の生活様式や価値観の移り変わりを緩やかに受け入れながら、柔軟に変化して対応してきました。畳を敷きつめた茶室は、少なくとも板敷が主流の五百年前の日本ではまだメジャーな空間ではなかったはずです。それが継承されて当たり前になりましたが、現在ではどの家にも和室があるわけではありません。洋間でフローリングや絨毯《じゅうたん》の上にテーブルを置き、カップで紅茶やコーヒーを飲むことが一般的な生活になってしまった現代において、この茶室空間で正座をして掛け軸を眺めながらお茶を飲むということは難しくなってきました。

茶道とともにある日常

私は「茶机《ちゃき》」と呼ばれる、椅子・テーブル式で、茶室での距離感や高さなどを計算した、今の住空間に適応する茶のしつらえを二〇〇七年に設計しました。以来、いろいろな生活空間の中でお茶を楽しめるきっかけとして使用されています。そこまでのものを揃えなくても、普段でしたら私も電気ケトルでお湯を沸かし、そのお湯でお茶を点てて一服し、テーブルに好きなお菓子を用意して友人たちを招き、あくまで日常生活の延長として楽しむお茶というものも行なっています。こういう、日常の中のエアポケットのような一息つける場の中で、心と心を通わせる、コミュニケーションとしてのお茶という形が、今の時代にまさに必要なのではないかと思います。

コロナ禍で、人と人が対面で接することが困難になった状況では、SNSなどオンラインというツールを生かした形で、お茶の良さを伝える試みも求められてきたと感じます。

このように、茶の湯は五百年以上の歴史の中で、時代時代の生活様式の変化や価値観の移り変わりを受け入れながら、人の心に寄り添う形で発展してきたコミュニケーションツールであると私は考えています。この文をお読みいただき、茶道の文化にいろいろな形で親しんでもらうきっかけになれば、非常にうれしく思います。

特別寄稿

伝統芸能——海外との共通性と日本の独自性

●諏訪春雄（学習院大学名誉教授）

1 はじめに

日本の伝統芸能は、海外、ことに東アジアの影響をうけて成立した芸能と、海外の影響を受けながらも、日本の独自性を顕著に加えて成立した芸能に大きく二分できる。日本の代表的伝統芸能をとりあげ、共通性と独自性がどのように表現されているかを検討する。

2 日本芸能は日本固有のものではない

日本芸能は古典芸能、伝統芸能といいかえられることも多い。伝統とか古典という言葉は二つの意味をもつ。①古代におこって現代にまで伝えられた、②現代に対し規範としての役割をはたす、の二つである。古典、伝統ともに国粋とか日本特有とかいう意味はもっていない。日本の古典芸能はほとんどすべて源流をたどると、日本列島をはずれて大陸にゆきつく。日本の代表的伝統芸能には次のような種類がある。

神楽　伎楽　雅楽（舞楽）　散楽　能　狂言　歌舞伎（日本舞踊）　文楽（人形浄瑠璃）　講談　落語　その他

これらの芸能は通常次のように説明される。

神楽　かみくら（神座）の約音。神前に奏される歌舞。宮中の御神楽と民間の里神楽に大別される。

伎楽　仏教伝来に伴う三宝（佛法僧）供養の芸能。六一二年（推古天皇二〇）に百済《くだら》の味摩之《みまし》が伝えた。味摩之が中国の呉からまなんだので呉楽《くれがく》ともいった。

雅楽　雅正の樂の意味。奈良時代に朝鮮や中国などから伝来した音楽、およびそれに伴う舞。またそれを模倣して日本で作られたもの。中国系の左楽と朝鮮系の右楽に大別される。

舞楽　雅楽のうち舞を伴うもの。

散楽　奈良時代に大陸から渡来した雑芸《ぞうげい》。雅楽に対する俗楽で、軽業、曲芸などもふくむ。中国では百戯・雑戯ともいう。

能　室町時代に、観阿弥・世阿弥父子が猿楽（散楽に田楽や曲舞を加えたもの）を継承して大成した歌舞劇。

狂言　猿楽の滑稽・卑俗な部分を劇化して室町時代に成立した芸能。能とあわせ行われるが、舞踊的、象徴的な能に対し、物まねの要素や写実的なせりふ劇の性格をもつ。

歌舞伎　江戸時代に先行の舞踊・音楽・科白劇などの要素を集大成した庶民的な総合演劇。

日本舞踊　日本の舞踊の総称。狭義には歌舞伎舞踊およびその系統の舞踊をいう。

文楽　寛政年間（一七八九〜一八〇一）に大坂ではじまった文楽座が明治末期に唯一の人形浄瑠璃専門の劇場となったところから人形浄瑠璃の通称。人形浄瑠璃は三味線を伴奏に語る浄瑠璃にあわせて人形をつかう人形劇で江戸時代初期に成立。

講談　江戸時代成立の語り物。

落語　江戸時代成立の話の芸能。

これらはおおきく次の二群にわけられる。

A　伝来した芸能がほぼそのままに保存されたもの
…伎楽　雅楽　舞楽　散楽

図１　中国北京　杖頭人形　二人遣い（筆者撮影）

B　伝来した芸能に日本人が手をくわえたもの
…神楽　能　狂言　歌舞伎　文楽　講談　落語

普通、例外なく、Bは「日本固有」と解説されるが、源流をさかのぼればすべて大陸にまでたどりつく。

3　芸能と芸道

芸能と芸道はどのような関係にあるのか。しばしば重なって用いられることもあるこの二つのことばについて、まだ厳密な定義はない。

たとえば『日本国語大辞典』「芸能」の項目をみると、「①学問、芸術、技能など、貴族やりっぱな人物が身につけていなければならない各種の才芸、技芸。②学問、芸術、技能などについてのすぐれた能力。③生け花、茶の湯、歌舞音曲などの芸事。遊芸。」と説明がある。「芸道」の項目をみると、「芸能の道。技芸の道。」とある。その「道」の意味が知りたいのである。

日本の芸能という語は中国から継承している。芸道は日本で中世に誕生した和製漢語で、中国では現代まで用例がない。芸能は、平安時代末期の大江匡房の談話を集めた『江談抄』に「吉備大臣入唐、道ヲ習イ、書道芸能ニ博達シテ聡慧《さと》キナリ。」とあり、芸道は世阿弥の『花鏡』に「一切芸道に、習々覚して、さて行道あるべし。」などが早い例である。

芸道は祭りの依代《よりしろ》から誕生

芸能は祭りにおける巫の身体所作から生まれた。現在の定説である。日本の祭りは、巫つまりシャーマンを仲介者に神霊と交流するシャーマニズムの系統に入る。芸道はその祭りで神を迎える装置・仕掛けの依代から誕生した。神は、動かない自然物をあがめる自然神から、人間の祈願に応じて動きまわる人格神に変わった。その段階で神を迎える座または目標となる依代が誕生した。依代は、山、海、樹木などの自然物から御幣、幟、祭壇などの人工物へと変化した。人の技として発達した依代から芸道は誕生した。神を迎える巫の身体所作が長い時間をかけて、芸能、芸能から芸術へと変化したように、人工物の依代も長い時間をかけて、神仏を祀る技、技から芸道、芸道から芸術へと変化した。

道は技術を超える

道ということばを理想的境地の意味で使用する用法は中国の老子・荘子の哲学に始まり、老荘思想の受容とともに日本人にも浸透した。「道は道を生じ、一は二を生じ、二は三を生じ、三は万物を生ずる」などの記述が老子の『道徳経』に出てくる。さらに、『荘子』の「養生主篇」に次の話が出てくる。

包丁という料理の名人がいた。主君の文恵君がその技量を賞賛すると、包丁《ほうちょう》は「臣の好むところは道なり、技よりは進めり」と答えた。包丁という語の起源になった話である。技術を超えた道こそが自分の求めるものだという答えであった。この道は、老荘哲学でいう、あらゆる存在の根底の混沌であり、名状しがたいもの、森羅万象がそこから生じる、宗教でいう神の如き存在をさしている。

「道は技術を超える」という思想は、中世以降の日本に影響を与え、歌道、弓道、剣道、棋道、茶道など、本来ならば「技」や「術」を追求すべき芸が一様に道を称するようになった。さらに、これに音楽、文芸、工芸、絵画、建築、料理などを加えて、広義の芸道とよぶならば、共通する本質は《瞬間的に消滅する身体的所作ではなく、なんらかの道具を使用し、その結果がのちに残るもの》ということである。芸道は道具と技を極めて神仏と一体化する方法となったのである。

４　舞台は神社を起源とする

近世の歌舞伎の舞台は能舞台の利用からはじまった。１７世紀のはじめに歌舞伎が誕生したころの舞台は、二間（約４メートル）四方の正方形の舞台、高床、四本の柱でささえられた切妻造り破風の屋根、舞台にむかって左側に直角または斜めにつけられた橋掛りという、当時の能舞台をそのまま利用していた。そののち、能舞台が三間（約六メートル）四方に拡大しただけで変化を止めたのに対し、歌舞伎のほうは、引幕などの大道具を工夫し、花道を設け、観客席にも屋根をかけ、舞台の幅をひろげるなどの改良をくわえて、現在の歌舞伎舞台に近づけていった。

この事実は、能が近世に入って古典芸能として固定してしまったのに対し、歌舞伎が生きた芸能として成長しつづけたことを示している。

歌舞伎舞台の原型となった能舞台は日本の神社建築に由来する。神社建築は、切妻造り、屋根を瓦で葺かない、土壁をもちいない、装飾が質素である、高床造り、などの特色を持っている。これらの特色は、そのまま、能舞台や歌舞伎舞台にうけつがれた。神社建築をささえる深層精神はシャーマニズムの信仰である。シャーマニズムでは、神は祭りの期間、他界から飛来して、依代にやどり、祭りが終わればまた神の国（＝他界）に去る。神社はそうした神の仮の宿り、依代としてつくられた。

したがって、能舞台の源流である神社は、仮設、臨時という本質をはじめから持っていた。屋根を瓦で葺かない、土壁をもちいない、装飾が質素である、などの特色はそこから生れた。また、神が遠方から飛来するときの目印になるように柱（樹木）のうえに建物をのせた習俗が高床式の建築となってのちにうけつがれた。

このような神社建築につながる歌舞伎や能の舞台の本質は、中国大陸の舞台とも多くの共通性があった。方形の舞台、高床式、多く神社（道観）とむかいあってつくられる、などである。中国の舞台もまたシャーマニズムの精神にささえられていたからである。

しかし、日本の舞台に中国の舞台と違いがあることも注意しなければならない。中国では高所にある円が天をかたどり、低所にある方形が地を意味する観念が古くからあったことは『荘子』その他の記述であきらかである。そのため、中国の舞台の天井には天をあらわす円形または八角の天蓋がきまってみとめられる。しかし、日本の舞台にこの天蓋はない。これは日本の神社が天蓋を持たないことの反映である。日本の神社が天蓋を持たないということは、日本の神社をささえる神道の信仰が本来大地の信仰であって天の信仰が希薄であったという事実に対応している。代わって、日本の舞台、芝居小屋では入口に神を招く櫓を設け、一旦、そこに止まっていただいたのちに舞台に神を移す。

もう一つ注意すべきことがある。天の信仰は北極星信仰となって南北軸を重視する。これに対し、日本の大地の信仰は太陽信仰と結合して東西軸重視となる。

日本の能舞台の遺構では多くその正面を北にむけ、それと対面するように南の方向に観客席を設定していた。南北軸を重視する中国では、大陸から伝来した「天子南面」の精神である。南北軸を重視する中国では、また南面した際の左を右と比較して重視する傾向があった。「天は左旋し、地は右動す」（『春秋緯』）などという精神である。

歌舞伎舞台で舞台に向かって見物席側の右（舞台から見物席に向かって左）を上手、左を下手とよぶ風習があるのは、中国の左右観念の影響とみることもできるが、それで片づけることができないのは、歌舞伎では、上手を東、下手を西とよぶ習慣が存在することである。実際の方位とは関係なく、上手側を東側桟敷、下手側を西側桟敷というよび方は今日にまで守られている。南北軸重視の中国には存在しない東西軸重視、しかも東を上位とする観念が歌舞伎舞台を支配していたことがわかる。

5　型の精神には人類の可能性がある

日本芸能は総じて型を持っている。型は、演出、演技、舞台装置、小道具、衣装など、興行の隅々にまで浸透している定められた手順、段取りである。型は日本の古典芸能のもっとも重要な特質である。

伝統芸能が型を持っているのは、それが祭りを母胎として誕生したからである。祭りでは進行の手順はきびしくきめられていて、その変更は原則としてゆるされない。祭りの対象である神の祟りをおそれるからである。祭りから芸能へとかわり、娯楽的性格がつよめられても、ふるいしきたり、型をまもろうとする精神はそのままにうけつがれた。

祭り、それもすでにのべたように多神教のシャーマニズム系の祭りから誕生した芸能の型は、以下のような顕著な二つの精神を持つようになっている。

型は《カミ》へ通じる

ここでいう《カミ》は宗教・宗派の神ではなく、個人を超えた大きな力をいう。普遍、真実、宇宙の生命といいかえてもいい。個人の創意工夫などは卑小なものであり、長い年月をかけて多数の先人が工夫をくわえてきた型こそが、《カミ》を表現し、普遍の真実、宇宙の生命へつらなることができるという精神である。

部分に《カミ》が宿る

伝統芸能の型は、まず部分をかためておいて、それから全体におよぶという本質を共通に持っている。最初に全体を見とおして、全体との関係のなかで部分を配置するという、ヨーロッパの近代劇の演出法にみられるような思考回路をとらないのである。

日本の伝統芸能が全体を統一する演出という役職をもたないのもそのためである。そこには、部分にそれぞれの神がやどっているという多神教の信仰が生きている。部分にこそもっとも貴重なものがやどっており、部分にこだわることによって普遍に通じることができるという精神である。絶対神＝全体のまえにひれふし、その絶対神との関係のなかですべての価値をさだめるという、一神教的思考法とは対極の思考法が伝統芸能の思考法であり、精神である。

6　歌舞伎に見る共通性と独自性

歌舞伎は国内外の先行芸能を摂取して成立した

歌舞伎を例に日本の伝統芸能の特色をさらに明らかにする。

歌舞伎は、日本の独特の演劇、本稿の規定によれば芸能、とされている。日本の近世という時代が生み出した固有の芸能といわれてきた。しかし、国内・国外の先行・並行の要素を摂取して、次第に独自性を形成した芸能であった。

歌舞伎が摂取した日本の先行芸能は中世の能や狂言だけではない。創始者お国が出雲大社の巫女と名乗ったように中世に形を整えた民間神楽、若衆歌舞伎が売り物とした軽業芸や雑芸、さらに、日本各地の民俗舞踊の類も巧みに摂取され、舞台化された。

歌舞伎が利用した先行芸能は、もちろん、国外にも及んでいた。

歌舞伎のうち、とくに江戸歌舞伎は役柄と呼ばれる役者の演技の種類と質を表すのに隈取という化粧法を用いた。歌舞伎の成立以前、人形浄瑠璃、伎楽面、舞楽面、能面などが、顔面の彩色を施すことによって役柄を表現する方法を開発していた。歌舞伎の隈取がそうした顔面彩色の方法に学んだことは確かである。しかし、人間の役者が素顔に彩色をほどこして役柄を表現するという方法は、日本の先行演劇には存在しない。

中国では宋雑劇、元曲、明代演劇などが、臉譜と呼ばれる化粧法を発達させていた。歌舞伎の隈取はこの臉譜にも学んでいたと考えられる。両者は、図案化された顔面化粧である、ほどこす役柄が限定されている、役柄の性格を表現している、などの共通性を持っている。ただ、その表現する意味にまで探究の手を延ばせば、臉譜と隈取は大きく違っている。中国文化と日本文化の相違である。

隈取と臉譜ほどではないが、源流までたどった際には深い関係のみとめられる事項はすくなくない。

最高神の降臨を仰いで始まる芸能

京都、江戸、大坂の三都の格の高い大芝居では、年の暮れの顔見世興行と、年の初めの正月、三日間は、一座の座元を中心に、翁・千歳・三番叟のそろった「式三番」を上演していた。同じ習慣が近世の人形浄瑠璃にもあった。人形浄瑠璃がその成立期にとりこんだ各種芸能の中に、能の出し物をそのままに人形芸として演じた能操りがあり、「式三番」はこの能操りの演じた出し物を継承していた。

歌舞伎が演じていた儀式曲の「式三番」は能の儀式曲の「翁」からきた。

能では、中世に

翁　ワキ能（神事能）　二番目能（男能）　三番目能（女能）

四番目能（狂い能）　キリ能（鬼能）　半能

という五番を中心とした上演法を確立していた。最初に翁とワキ能を据えて、最高神を始め多くの神々を招き、最後に半能として、招いた神々を送りかえして番組を終了した。

この構成は、

神迎え　　神人交流　　神送り

というように単純化すると、日本の祭り一般の構成と一致する。

ここまでなら、歌舞伎や人形浄瑠璃、さらに能の上演法は、日本の祭りの構成と一致し、古典芸能は、祭りを母胎として誕生したというありきたりの結論になる。しかし、能の翁の本質にまで踏み込んでいくと、別の光景が展開してくる。

来訪神の儀礼は大陸とつながる

翁の芸のもっとも古い記録は一三世紀後半の鎌倉時代にまでさかのぼることができる。そのころの記録によると、現在は、翁・三番叟・千歳の三役に整理された翁芸が、五役であり、祖父、祖母・父・若者・幼子などの家族構成をとっていた。つまり、先祖の神々がまず家族として出現し、その来臨のもとにさまざまな神と人の交流の芸を演じ、最後に鬼を追放し、先祖の神々を送り返して終わっていたことがわかる。

日本の中世にこのような構成の祭りや芸能が成立してくる事情を国内だけで説明することはできない。大陸にこのような構成を持つ祭りが存在し、中世に日本に伝来していた証跡があるからである。私はすくなくとも大陸で十四種を確認しているが、一例だけあげる。

中国の長江流域の湖南省に住んでいる少数民族に土家（トゥチャ）族と呼ばれる人たちがいる。彼らが伝えている正月の行事にマオグースーという先祖の神々の祭りがある。私は、直接、現地へ二度調査に行っている。

マオグースーは長い毛を生やした祖先の意味である。登場人物は全員裸の男性が、腰にわらを着け、頭にはやはりわらの細長い髷をつけている。大きな作り物の男性性器をぶら下げている。

その全体の形は、日本の秋田のナマハゲや鹿児島のトシドン、沖縄のアカマタ・クロマタなどにそっくりである。そっくりなのも当然で、長江流域に行われていた、マオグースーに代表される先祖の祭りがベトナムを経由して、中世に沖縄へ伝わり、北上して秋田にまで到達していたことが、その跡をたどることによって明らかになる。

全体で二十人ほどが出現するマオグースーの役柄は、祖公、祖婆、子孫と大きく三つに分けられ、ほかに、人間が扮した牛、野生動物なども現われる。

祖公・祖婆は、先祖のおじいさん、おばあさんである。この祭りは、農耕・狩猟・魚釣り・争奪結婚・文字訓読と五部からなり、いずれも祖公と祖婆が子孫に伝授する筋になっている。

図２　中国湖南省土家族マオグースーの略奪婚

この行事は祭りの本質をよく示している。季節の変わり目に、民族の最高神がその民族の祖先の神々をひきいて子孫のもとに現われ、ことば、農耕、狩猟、漁労、結婚などの文化をさずけた始原の時を再現している。そのことによって、先祖の神々に感謝し、先祖からさずけられた文化が子孫によって正確に守られていることを確認して、古い秩序を新しい秩序に改める。

日本芸能の独自性——大地の信仰と歌舞伎——

日本芸能の独自性、それは主として大陸の芸能と比較しての独自性であるが、を考える際にも、〈多神教の産物である日本芸能は一神教的多神教の産物である中国芸能とは大きく異なる〉という視点はきわめて有効である。そして、多くの神々のなかでも、特に、大地・女性・太陽が重要な意味を持つ。

歌舞伎を対象に、この三つのキーワードがどのように生き続け、機能しているかをみていく。

まず大地である。歌舞伎は能舞台を受け継ぎ、利用した。定型となった能舞台の背景の鏡板は、松羽目と呼ばれ、大きな松の木が描かれている。これは、奈良春日大社の影向の松をかたどったものとも、中世に正月の門付け芸能として流行した松囃子によるともいわれて、由来は明らかでないが、江戸時代には定型化していた。この鏡板の老松に象徴されるように、日本の舞台は多くの神々を招く場所であった。樹木は始め山の神であり、大地の神でもあったが、次の段階で神々を招く依代に変わる。日本の神社の本殿まえに決まって見ることのできる神木である。

歌舞伎舞台の背景は、松羽目物の上演の場合を除けば、老松を描くことはない。代わって神々を招く依代の役割を果たしたのが小屋正面の櫓であった。櫓の語源は矢座《やぐら》であり、矢も座もともに神を招く依代である。

すでにふれたように、中国には元代にまで遡る舞台の遺構が山西省に残っている。以後、連続して明、清の舞台が各地に保存されている。その舞台の天井には、決まって、円形、八角形などの天蓋を見ることができる。天の信仰がいきわたっている中国の舞台は、天の神々を招く円形の依代を天井に設計した。それに対して、日本の舞台は大地の神々を招く松の木を描き、櫓を設けて、神々を招く目標とした。

木戸口を通り抜けた見物は、まず、客を追い込む平土間に辿りつく。その先の舞台に近い場所は桝席で区切られ、両側に桟敷席と呼ばれ特別席が並んでいた。日本の劇場が椅子席に変わったのは明治以降であった。

一定の狭い空間を複数の人間で共有する日本の伝統的な見物席もまた日本人の多神教信仰の産物である。近代以降の椅子席と比較するとそのことがよくわかる。椅子席は、個人の居場所を限定して他人が入ってくることを許さない。個人主義の見本である。桝席は小さな空間を小集団が共有して、その中の位置取りは自由である。つまり、自己と他人ではなく、大地に執着して生きてきた日本人の、内と外の関係を重視する特色がここに現われている。

図3　山西省元代舞台と藻井（天蓋）

舞台の演技にも特色がある。舞踊にしても地の所作にしても、全体が内へ収斂されて、外部へ大きく解放されたり、跳躍したりする動きが極端に制限されている。大地にこだわる演技である。いや大地の神々にささげる祈りの所作である。

女性霊性の信仰と歌舞伎

歌舞伎小屋は、初め、舞台の周辺を竹矢来と呼ばれる、竹とむしろを組み合わせた遮蔽物で囲っていた。正面に櫓を立て、その下の板造りの鼠木戸と呼ばれる出入り口から見物は出入りした。鼠木戸とは、鼠が出入りするような狭い穴という意味である。当時の絵を見ても、客一人がかろうじて通れるほどの小さな四角の口であった。しかも、この言葉の用例は中世の暦応三年（一三四〇）の勧進猿楽の記録にまでさかのぼることができる。

見物人の出入りする玄関口をなぜこんな狭い穴にしたのか。日本の民俗に胎内くぐりと呼ぶ行事がある。山中の暗い洞窟を潜りぬけることによって人が一度死んで生まれ変わる行為である。この胎内くぐりの胎内は、大地母神の胎内であり、遡れば縄文時代の竪穴式住居にもゆきつくことができる。歌舞伎の小屋は、この胎内くぐりとも共通する擬死再生、つまり一度死んで生まれ変わる場所であった。見物は、舞台に降臨した神々と交流して、新しく生まれ変わることができた。つまり、歌舞伎の小屋は母の胎内であり、大地と女性つまり地母への信仰に支えられた場所であった。

歌舞伎、ことに上方歌舞伎は、出雲大社の巫女と自称したお国が創始者であった。彼女が男装して大金持ちの大尽客を演じた異風の芸能「茶屋遊び」が〈かぶき〉つまり〈傾き〉という語源の由来である。この「茶屋遊び」では一座の男優たちが女装して接待女を演じた。この女歌舞伎の流れは、幕府の風俗取締りによって禁止され、以後、女性が歌舞伎舞台に立つことはなかった。

しかし、女性が創始者であったという事実は、その後の歌舞伎、ことに上方歌舞伎の演技の質に影響を与え、和事と呼ばれる演技形態を発達させた。和事は、やわらか事、やわら事とも呼ばれたように、和事師・色事師などともいわれた柔弱な男性を中心として展開する廓場である。元禄の初代坂田藤十郎がその演技の開発者とされているが、女歌舞伎の男装した女性の演技の継承・発展であったと見られる。

太陽の信仰と歌舞伎

舞台に向って見物席側の右を上手、左を下手という。この上手と下手は単なる便宜的な演出用語ではなく、尊卑、上下の観念を伴っている。役者が舞台上に位置する時には、役の身分・地位・格式・師弟・親子・老若などによって厳密に上か下かが決まっていた。

天の信仰、北極星信仰つまり天父への信仰を持つ中国では、「天子南面す」という言葉に示されるように、北に高貴な人物が位置して南に向かい、南には下位の人物が位置する南北軸重視の観念があった。このことについては、すでに触れた。この南北軸重視の観念は日本にも入ってきて、劇場の建て方にも反映し、江戸の場合、堺町、葺屋町などの歌舞伎小屋は南面して立っていた。

南北軸を重視する中国では、また、南面した際の左を右と比較して重視する観念があった。「天は左旋し、地は右動す」（春秋緯）、「天は左旋し、地は右周す。猶し君臣陰陽相対向するが如し」（芸文類聚）などとある。左右大臣の上下関係もこの観念による。

とすれば、歌舞伎の上手・下手は中国の左右観念の影響と考えればすむことになる。しかし、ことはそれほど単純ではなく、東西軸重視の日本の太陽信仰が存在することについてはすでにのべた。

これと関連してさらに指摘しておきたいことがある。現在の劇場では、引幕は上手に引かれるようになって、下手から舞台の情景が見えてくる。しかし、江戸時代の幕は上手から下手に引かれ、舞台は　上手から展開するようになっていた。太陽の昇る東方から夜は明けるのだ。これは、日本人の文字の書き方、絵巻の開き方とも一致し、東を上位とする東西軸重視と関連している。〈光は東方から〉である。

特別寄稿

「日本の伝統芸能」の未来に向けて

◉鈴木健一（学習院大学教授）

「日本の伝統芸能」は、演じられるという点ですべて身体的なものと結び付いているので、やはり生身の感動を味わってもらうことによって存続が図られるべきであろう。音、動き、あるいは色によって知覚される感動があってこそ、この分野への支持が保たれるはずだ。

観客席で演技の一挙手一投足に観入っていると、そこで展開される世界に没入し、異次元へと運ばれていく感覚に襲われる。テレビとか、DVDとかで観てもある程度感動できるかもしれないし、全く観ないよりましだろうが、やはり本物の舞台には遠く及ばない。

したがって、舞台にいかに観客を誘うかが重要な課題になってくる。鑑賞教室によって初心者に興味を持ってもらうとか、演者の何人かが人気タレントになってファンを獲得するとか、いま行われているさまざまな試みは有効に機能しているように思われる。（最近の大河ドラマでは、歌舞伎役者が多く出演していて、人気を博している。）

本書をお読みになっている読者諸賢も、劇場に足をお運びいただければ幸いである。

などと駄文を弄しても、誘引効果は薄いかもしれないので、ここで個人的に好きな澁澤龍彦の短い文章の冒頭部分を引用することにしたい。タイトルはずばり「劇場」で、『玩物草紙』（朝日新聞社、一九七九年）というエッセイ集に収められている。

久しぶりに国立劇場で歌舞伎を見たが、出し物の『奥州安達原《おうしゅうあだちがはら》』のなかの名高い「袖萩祭文《そではぎさいもん》」の場で、勘三郎の袖萩が雪の上に筵《むしろ》を敷いてすわり、こごえる手をこすりこすり、破れ三味線を弾きながら、〽いまの憂き身の恥ずかしさ……と語り出すと、私の心のなかに、圧倒的な悲哀感が高まって、ほとんど涙を押えるのに苦労するほどであったのには、われながら驚いた。盲目の袖萩が途中で撥《ばち》を取り落とし、娘のお君に拾ってもらうところでは、私の目尻から、ついに一粒、不覚の涙がこぼれ落ちそうになるのを禁じ得なかった。

ふしぎなものだ、と私は思う。私はつねづね三味線の情緒に親しんでいる人間ではないし、義理だの人情だのを峻拒《しゅんきょ》して生きている人間である。自慢するわけではないが、私くらい、浮世のしがらみを断ち切った、自己本位で我がままな生き方を貫徹している人間も少ないのではないかと思う。その私が、どうしてこんな馬鹿馬鹿しい、荒唐無稽と言ってもよいほどの人間関係によって成立する、一篇のドラマのなかの愁嘆場に悲哀感をそそられなければならないのか。どうして涙をこぼさなければならないのか。

そう思いながらも、私はその押し寄せてくる悲哀の情緒のなかに全身を浸したまま、むしろ陶然たる気分を味わっていた。悲哀の情緒と陶然たる気分とは矛盾するかもしれないが、それを矛盾のままで共存させるのが芝居というものであろう。

じつに名文だ。これほど歌舞伎のよさをよく表している文章を私は他に知らない。

ちなみにこの箇所ののち、澁澤が四、五人のアメリカ人らしい中年女性が必死に笑いをこらえているさまを見て、怒りを覚えつつも結局受け入れていくというくだりがあって、ここもおもしろいのだが、それはぜひご自分で確かめていただきたい。

澁澤は最高級のインテリなので、ここで述べられている謙遜めいたことばをそのまま鵜呑みにはできないが、しかし、日本の風土で育ったものなら誰もがこういった伝統的な芸能世界に共感できる文化的素地を自己の中に蓄えているはずである。億劫がらずに劇場に行けば、その虜《とりこ》になることはまちがいない。

また、日本の風土に育っていないがゆえに、むしろ魅かれるということもあろう。国際的にもひらかれているのである。

主要参考文献

※本論中に記載のあるものは省略した。

◆参考文献

・河竹登志夫『続比較演劇学』南窓社　一九七四年
・諏訪春雄『元禄歌舞伎の研究』増補初版（笠間叢書2）笠間書院　一九八三年
・諏訪春雄『近世芸能史論』笠間書院　一九八五年
・人形舞台史研究会編『人形浄瑠璃舞台史』八木書店　一九九一年
・小林保治編『能楽ハンドブック』改訂版　三省堂　二〇〇〇年
・村戸弥生『遊戯から芸道へ――日本中世における芸能の変容』玉川大学出版部　二〇〇二年
・河竹登志夫『続々比較演劇学』南窓社　二〇〇五年
・藤田洋編『歌舞伎ハンドブック』第三版　三省堂　二〇〇六年
・山本進編『落語ハンドブック』第三版　三省堂　二〇〇七年
・河竹登志夫『日本の古典芸能　名人に聞く究極の芸』かまくら春秋社　二〇〇七年
・油谷光雄編『狂言ハンドブック』改訂版　三省堂　二〇〇八年
・川添裕『江戸の大衆芸能：歌舞伎・見世物・落語』（大江戸カルチャーブックス）青幻舎　二〇〇八年
・渡辺保『江戸演劇史（上）（下）』講談社　二〇〇九年
・古井戸秀夫編『歌舞伎登場人物事典　普及版』白水社　二〇一〇年
・千宗屋『茶　利休と今をつなぐ』新潮新書392　新潮社　二〇一〇年
・藤田洋編『文楽ハンドブック』第三版　三省堂　二〇一一年
・服部幸雄・富田鉄之助・廣末保編『歌舞伎事典』新版　平凡社　二〇一一年
・神山彰・丸茂祐佳・児玉竜一編『最新歌舞伎大事典』柏書房　二〇一二年
・小林保治・石黒吉次郎編著『カラー百科　見る・知る・読む　能五十番』勉誠出版　二〇一三年
・河竹登志夫『新版　歌舞伎』東京大学出版会　二〇一三年
・田口章子編著『日本を知る〈芸能史〉上　アジアの視点』雄山閣　二〇一六年
・田口章子編著『日本を知る〈芸能史〉下　生命の更新』雄山閣　二〇一六年
・諏訪春雄『能・狂言の誕生』笠間書院　二〇一七年
・法月敏彦『演劇研究の核心　人形浄瑠璃・歌舞伎から現代演劇』八木書店　二〇一七年
・田中佐太郎・氷川まりこ『鼓に生きる　歌舞伎囃子方　田中佐太郎』淡交社　二〇一八年
・中井美穂『12人の花形伝統芸能　覚悟と情熱』中公新書ラクレ　中央公論新社　二〇一九年
・小林健二『描かれた能楽　芸能と絵画が織りなす文化史』吉川弘文館　二〇一九年
・瀧口雅仁編著『知っておきたい　日本の古典芸能　忠臣蔵』丸善出版　二〇一九年
・九龍ジョー『伝統芸能の革命児たち』文藝春秋　二〇二〇年
・西堂行人『日本演劇思想史講義』論創社　二〇二〇年
・大橋良介『〈芸道〉の生成　世阿弥と利休』講談社選書メチエ　講談社　二〇二一年
・藤澤茜『歌舞伎江戸百景　浮世絵で読む芝居見物ことはじめ』小学館　二〇二二年

◆ウェブサイト

・文化デジタルライブラリー（独立行政法人日本芸術文化振興会）https://www2.ntj.jac.go.jp/dglib/
・公益社団法人　能楽協会　https://www.nohgaku.or.jp/
・公益財団法人　文楽協会　https://bunraku.or.jp/
・国立劇場歌舞伎情報サイト　https://www.ntj.jac.go.jp/kabuki/
・歌舞伎公式総合サイト　歌舞伎美人　https://www.kabuki-bito.jp/schedule/
・一般社団法人　落語協会　https://rakugo-kyokai.jp/
・公益社団法人　落語芸術協会　http://geikyo.com/
・講談協会　公式ホームページ　https://kodankyokai.jp/
・公益社団法人　日本尺八連盟　https://nissyaku.or.jp/
・日本琵琶楽協会　公ホームページ　https://nihonbiwagakukyokai.jimdofree.com/
・武者小路千家　官休庵公式ホームページ　https://www.mushakouji-senke.or.jp/

◆作図参考

・「ユネスコ無形文化遺産　文楽への誘い」https://www2.ntj.jac.go.jp/unesco/bunraku/jp/stage/stage1.html（[総論]文楽の船底）／『新版　能狂言事典』平凡社、二〇一一年（[能]能舞台）／国立文楽劇場資料展示室　展示資料「文楽人形の構造」（[人形の首・鬘・衣裳]人形の構造）／「文化デジタルライブラリー　はじめての歌舞伎　隈取」https://www2.ntj.jac.go.jp/dglib/contents/learn/edc25/jp/kumadori-makeup/index.html（[歌舞伎]隈取）／「筑前琵琶　橘流　日本筑前会　琵琶資料館」http://www.biwatachibana.or.jp/resource/inst2.html（[筑前琵琶と肥後琵琶]筑前琵琶）／「デジタル大辞泉「薩摩琵琶」（[石田琵琶店取材レポート]薩摩琵琶）

主要能楽堂・劇場

※能楽堂・歌舞伎の劇場・文楽の劇場・寄席を取り上げています。

国立能楽堂

〒151-0051　東京都渋谷区千駄ヶ谷 4-18-1
https://www.ntj.jac.go.jp/nou.html

二十五世観世左近記念 観世能楽堂

〒104-0061　東京都中央区銀座 6-10-1
GINZA SIX 地下 3 階
https://kanze.net/

十四世喜多六平太記念能楽堂（喜多能楽堂）

〒141-0021　東京都品川区上大崎 4-6-9
http://kita-noh.com/

宝生能楽堂

〒113-0033　東京都文京区本郷 1-5-9
http://www.hosho.or.jp/

矢来能楽堂

〒162-0805　東京都新宿区矢来町 60
https://yarai-nohgakudo.com/

横浜能楽堂（神奈川県）

〒220-0044　神奈川県横浜市西区紅葉ケ丘 27
http://yokohama-nohgakudou.org/kyogendo/

石川県立能楽堂（石川県）

〒920-0935　石川県金沢市石引 4 丁目 18 番 3 号
https://noh-theater.jp/

京都観世会館（京都府）

〒606-8344　京都市左京区岡崎円勝寺町 44
http://www.kyoto-kanze.jp/

金剛能楽堂（京都府）

〒602-0912　京都市上京区烏丸通中立売上ル
http://www.kongou-net.com/

山本能楽堂（大阪府）

〒540-0025　大阪府大阪市中央区徳井町 1 丁目 3-6
http://www.noh-theater.com/

大濠公園能楽堂（福岡県）

〒810-0051　福岡県福岡市中央区大濠公園 1 番 5 号
http://www.ohori-nougaku.jp/

平和市民公園能楽堂（大分県）

〒870-0924　大分県大分市牧緑町 1 番 30 号
http://www.nogaku.jp/

歌舞伎座

〒104-0061　東京都中央区銀座 4-12-15
https://www.kabuki-za.co.jp/

御園座（愛知県）

〒460-8403　愛知県名古屋市中区栄一丁目 6 番 14 号
https://www.misonoza.co.jp/

大阪松竹座（大阪府）

〒542-0071　大阪市中央区道頓堀 1-9-19
https://www.shochiku.co.jp/play/theater/shochikuza/map/

南座（京都府）

〒605-0075　京都市東山区四条大橋東詰
https://www.shochiku.co.jp/play/theater/minamiza/

国立劇場

➡2023 年 10 月末、建替えにより閉場
2029 年秋再開場予定

〒102-8656　東京都千代田区隼町 4-1
https://www.ntj.jac.go.jp/kokuritsu.html

国立演芸場

➡2023 年 10 月末、建替えにより閉場
2029 年秋再開場予定

〒102-8656　東京都千代田区隼町 4-1
https://www.ntj.jac.go.jp/engei.html

浅草演芸場

〒111-0032　東京都台東区浅草 1-43-12
https://www.asakusaengei.com/

新宿末廣亭

〒160-0022　東京都新宿区新宿 3-6-12
https://suehirotei.com/

鈴本演芸場

〒110-0005　東京都台東区上野 2-7-12
http://www.rakugo.or.jp/

天満天神繁昌亭（大阪府）

〒530-0041　大阪府大阪市北区天神橋 2-1-34
https://www.hanjotei.jp/

国立文楽劇場（大阪府）

〒542-0073　大阪府大阪市中央区日本橋 1-12-10
https://www.ntj.jac.go.jp/bunraku.html

国立能楽堂

〒151-0051　東京都渋谷区千駄ヶ谷 4-18-1
https://www.ntj.jac.go.jp/nou.html

あとがき

本書を手に取ってくださる皆様に可能な限り詳しく、そしてさまざまな視点から日本の芸能の特質をお伝えできるよう、先生方とともに試行錯誤を繰り返して本書を編んでまいりました。それでも、日本の伝統芸能の豊かさ、そして魅力のすべてを、一冊の本でお伝えすることはなかなかに困難です。なぜなら、これらは生き物のごとく変化し、常に最新の空気をまとって前進しているからです。そして、その根幹にある「ゆるぎないもの」を継承し、後世に伝えるべく、芸に関わる方々も日々、たゆまぬ努力で精進されるのだろうと思うのです。

本書ではさまざまな芸能を扱っていますが、もちろんこれ以外の伝統芸能のジャンルも育まれています。本書の最終コラムでご紹介した茶道など、実際にお稽古をなさり親しんでおられる方もいらっしゃるでしょう。私自身、短い期間ですが謡の稽古をしていた折に、実際に舞台で声を出すことで、能楽の広がりのある世界を体で感じとることができたように思います。自ら体験する機会を持つことで、伝統芸能もより身近なものになるのではないでしょうか。

巻頭の総論や、各コラムでも触れたように、日本の伝統芸能では演じ手からの発信だけではなく、「観る側が想像する」という特徴もあります。これは意外なことかもしれませんが、時代とともにさまざまなものがそぎ落とされ、洗練していく過程で、鑑賞者にゆだねられるもの（時には演者もそうなのかもしれません）が増していくように感じられます。感受性は個人個人で異なりますので、十人いれば、十人の楽しみ方があります。まずは自分なりに興味深く感じる点を見つけ、さらに複数名で舞台などを鑑賞される時は、それぞれの感想を述べあうなどして「発見」の数を増やすのも良い経験になるでしょう。伝統芸能との接し方は人それぞれ、自分に合った付き合い方をぜひ見つけていただければと思います。

本書のはじめに、皆様が「伝統芸能」や「古典芸能」という言葉から何を想像されるでしょうか、と問いかけましたが、詳しい方も、また当初は「難しそう」と思っていた方も、最後までお読みになって、実際には身近なものなのだな、と思っていただけたらとても嬉しく思います。さらに、それらをご自身で体験する一歩を踏み出すきっかけになれば、なお幸いです。伝統文化に興味を持ち、支えてくださる皆様こそ、日本の伝統芸能を継承する大切な担い手のおひとりであるからです。

末筆ではございますが、本書にご執筆くださいました先生方、インタビューをご快諾くださった吉田勘市氏、中村鷹之資丈、取材をご許可いただいた石田琵琶店の石田克佳氏、そして図版掲載等にあたりご協力をいただきました各機関に、心よりお礼申し上げます。そして、煩雑な作業を丁寧に進めてくださった文学通信の西内友美さんに、深く謝意を述べさせていただきます。

二〇二三年四月

藤澤　茜

執筆者一覧（五十音順）

赤井紀美（あかいきみ）
早稲田大学坪内博士記念演劇博物館助教（近代演劇・近代文学研究）。著書・論文に、「文芸復興と演劇・映画の交錯―コンテンツ化する文学」（『近代文学合同研究会論集』二〇二二年三月）、「夏目漱石『坊っちゃん』の劇化について―昭和初年代における〈維新・明治物〉を視座として」（『歌舞伎　研究と批評』二〇二〇年二月）、「〈花井お梅〉と新派―川口松太郎「明治一代女」論」（『歌舞伎　研究と批評』二〇一六年三月）

石川　高（いしかわこう）
笙演奏家。一九六三年東京生まれ。宮田まゆみ、豊英秋、芝祐靖に師事。一九九〇年より演奏活動をはじめ、国内、世界中の音楽祭に出演してきた。雅楽団体「伶楽舎」に所属。笙の独奏者としても、現代曲や即興演奏などさまざまな領域で活動を展開する。催馬楽など、雅楽の歌謡においても、高い評価を受けている。

石田幸雄（いしだゆきお）
和泉流狂言師。一九四九年生まれ。野村万作に師事。重要無形文化財総合指定者。数多くの優れた舞台歴を持つ野村家の重要な演者。大曲の『三番叟』『釣狐』『花子』をすでに初演。国内外で狂言・能公演に多数参加、普及に貢献している。二〇〇六年「雙ノ会」で芸術祭大賞。二〇一一年観世寿夫記念法政大学能楽賞受賞。

今井豊茂（いまいとよしげ）
歌舞伎の脚本家。松竹株式会社演劇部所属。一九八九年大東文化大学文学部卒、私立高校の国語教員を経て、奈河彰輔の指導のもとで上方歌舞伎の脚本・演出・補綴を学ぶ。新作脚本、演出のほか、既存作品や復活物の脚本・補綴《ほてつ》等も手掛ける。

小濱明人（おばまあきひと）
尺八演奏家。琴古流尺八および古典本曲（横山勝也伝）を石川利光に師事。民謡尺八を米谷智に師事。ＮＨＫ邦楽技能者育成会修了。尺八新人王決定戦優勝。国立劇場主催公演等に出演。リサイタルを連続開催。国際尺八フェスティバル（ロンドン）他、多くの国際音楽祭に招待参加。海外公演は三十七カ国に及ぶ。本曲三部作「寂静光韻」、自作曲集「水」、「ロータス・ポジション with 山下洋輔」他、計十枚のアルバムを発表。

片山旭星（かたやまきょくせい）
琵琶演奏家。一九五五年生まれ。一九七七年より筑前琵琶を人間国宝山崎旭萃、山下旭瑞、菅旭香に師事する。一九八八～八九年、新内を人間国宝岡本文弥に師事。一九九〇～九六年、肥後座頭琵琶を、最後の琵琶法師と言われた山鹿良之に師事。その旋律、奏法を次代に伝える数少ない琵琶奏者として、玉川教海の名前で活動している。古典のみならず、現代邦楽、民族音楽等、ジャンルに捕われない演奏活動を行っている。

亀井広忠（かめいひろただ）
能楽囃子葛野流大鼓方十五世家元。一九七四生まれ。父、能楽師葛野流大鼓方（人間国宝）亀井忠雄、母、歌舞伎囃子方田中佐太郎の長男。父ならびに故・八世観世銕之亟に師事。六歳のとき『羽衣』で初舞台。二〇〇四年（平成十六）ビクター伝統文化振興財団賞奨励賞、二〇〇七年（平成十九）第十四回日本伝統文化奨励賞を受賞。二〇一六年（平成二十八）一月葛野流十五世家元を継承。「三響會」「広忠の会」「佳名会」主宰。

神田阿久鯉（かんだあぐり）

講談師。一九九六年、三代目神田松鯉に入門。前座名「神田小松」。二〇〇一年二つ目昇進、「阿久鯉」と改名。二〇〇八年、真打昇進。二〇一五年国立演芸場花形演芸会特別賞を受賞。古典連続物に積極的に取り組んでいる。日本講談協会、公益社団法人落語芸術協会所属。

後藤幸浩（ごとうゆきひろ）

薩摩琵琶演奏家。大学入学後、正派薩摩琵琶最後の名人といわれた普門義則（普門院紫城）に入門。古典を修業しつつ琵琶、アルト・サックス、ドラムズによるグループ=ARAFAで活動。二〇二二年公開の劇場版アニメイション「犬王」、TVアニメイション「平家物語」の琵琶監修・演奏を担当。和光大学、学習院大学などで非常勤講師（日本の芸能を担当）。

米田真由美（こめだまゆみ）

国立文楽劇場部企画制作課文楽技術室専門員。和裁士。日本女子大学家政学部卒業。一九八三年 松竹衣裳株式会社大阪店入社。一九八五年 国立文楽劇場技術スタッフとなり、植原津留子氏の指導を受ける。二〇〇九年から衣裳管理、運用にも携わる。二〇一九年三月 定年退職。

佐野玄宜（さのげんき）

シテ方宝生流能楽師。一九八一年生まれ。佐野由於の長男。一九八六年、初舞台「鞍馬天狗」花見。一九九九年、祖父・正治十三回忌追善能にて初シテ「経政」を勤める。これまでに「石橋」「道成寺」「乱 和合」を披演。同門会「蔦玄会」を主宰し、東京・金沢を中心に舞台活動を行う。早稲田大学大学院文学研究科修了。学習院大学・椙山女学園大学非常勤講師。

鈴木健一（すずきけんいち）

学習院大学教授。日本近世文学研究者。一九六〇年生まれ。著書に『近世文学史論　古典知の継承と展開』（岩波書店、二〇二三年）、『江戸詩歌史の構想』（岩波書店、二〇〇四年）、『近世堂上歌壇の研究』（汲古書院、一九九六年）『江戸古典学の論』（汲古書院、二〇一一年）など。

諏訪春雄（すわはるお）

学習院大学名誉教授。近世文学・民俗学・芸能史学者。一九三四年、新潟県生まれ。一九九五年、内山記念浮世絵賞、二〇〇四年、安倍能成記念学術賞受賞。二〇一三年秋、瑞宝中綬章受勲。著書に『元禄歌舞伎の研究』（笠間書院、一九六七年）、『近松世話浄瑠璃の研究』（笠間書院、一九七四年）、『日中比較芸能史』（吉川弘文館、一九九四年）など。

千　宗屋（せんそうおく）

茶道武者小路千家家元後嗣。一九七五年京都生まれ。茶道三千家の一つ、武者小路千家十五代次期家元として二〇〇三年、後嗣号「宗屋」を襲名。慶應義塾大学大学院修士課程修了（中世日本絵画史）。二〇〇八年、文化庁文化交流使に。茶道具のみならず古美術、現代アートにも造詣が深い。二〇一三年、京都府文化賞奨励賞受賞。二〇一五年、京都市芸術新人賞受賞。

高橋晃子（たかはしあきこ）

国立文楽劇場部企画制作課文楽技術室主任専門員。女子美術大学日本画科卒業。一九八七年から国立文楽劇場・技術スタッフとなり、名越昭司氏に師事、文楽人形の鬘《かづら》製作と床山（結髪）に従事。登場人物の髪形を記録した「鬘付け帳」をまとめた功績で、平成八年度大阪市の「咲くやこの花賞」を受賞。二〇二三年 定年退職。

田中傳左衛門（たなかでんざえもん）

歌舞伎囃子田中流十三世家元。一九七六年生。十六歳の時に歌舞伎史上最年少の立《たて》鼓《つづみ》に就任し、歌舞伎座の出囃子と黒御簾音楽の責任者となる。重要無形文化財【歌舞伎】【長唄】総合指定保持者。歌舞伎囃子協会会長。（一社）伝統歌舞伎保存会理事。国立劇場養成所 歌舞伎音楽【鳴物】主任講師。

月岡祐紀子（つきおかゆきこ）

民謡歌手、三味線奏者。幼い頃より民謡、三味線を学ぶ。三味線を本條秀太郎、端唄を岡本芳文に師事。中学生の時、瞽女芸能と出会う。民謡、瞽女唄の演奏会、他ジャンルの奏者とのライブなど幅広く活動。NHK「それいけ民謡」、「民謡魂」出演、アニメ「サムライチャンプルー」瞽女唄演奏、新潟県上越市「瞽女顕彰事業公演」、江戸川区「椿の里の瞽女唄ライブ」等出演。放送文化基金賞出演者賞受賞。NHK邦楽技能者育成会修了。

鶴澤友之助（つるさわとものすけ）

文楽三味線弾き。一九八〇年大阪生まれ。ピアニストの父とヴァイオリニストの母のもと、幼少よりクラシックギターに親しむ。後にコントラバス奏者を目指し故奥田一夫氏に師事。音楽大学受験を直前に入院し断念。その後、文楽研修生となる。二〇〇二年 豊澤龍爾と名のり、国立文楽劇場で初舞台。二〇一〇年 鶴澤清友門下となり、鶴澤友之助と改名。二〇一七年 第三十八回 文楽協会賞。二〇一五年 第三十四回 国立劇場文楽賞文楽奨励賞。二〇一六年 第四十四回 文楽協会賞。

豊竹睦太夫（とよたけむつみだゆう）

文楽（義太夫節）の太夫。一九七三年東京生まれ。大学卒業後に文楽研修生となり、人間国宝・豊竹嶋太夫に入門。一九九八年 国立文楽劇場で初舞台。二〇〇八年 第三十六回文楽協会賞。二〇〇八年 第二十七回国立劇場文楽賞文楽奨励賞。二〇〇八年 大阪文化祭賞奨励賞。二〇一二年 第三十一回国立劇場文楽賞文楽奨励賞。

中村鷹之資（なかむらたかのすけ）

五代目中村富十郎の長男。屋号は天王寺屋。平成十三年四月歌舞伎座『石橋』の文珠菩薩で中村大を名乗り初舞台。平成十七年十一月歌舞伎座『鞍馬山誉鷹』の牛若丸で初代中村鷹之資を披露。平成二十三年十二月国立劇場『元禄忠臣蔵』にて細川内記を勤め国立劇場奨励賞受賞。映画『家族はつらいよ』『家族はつらいよ2』（山田洋次監督）平田謙一役で出演。平成二十五年より自身の勉強会「翔之會」を主宰。

藤澤　茜（ふじさわあかね）

↓奥付参照

藤間勘十郎（ふじまかんじゅうろう）

舞踊家・振付師。日本舞踊宗家藤間流宗家。八世藤間勘十郎。祖父・六世藤間勘十郎と母・七世藤間勘十郎（現・三世藤間勘祖）の元、舞踊家となるべく研鑽を重ねる。高校卒業後は母と共に歌舞伎舞踊の振付を担当すると共に、若手俳優の舞踊の指導・育成に努める。また苫舟（作曲・筆名）の名前にて数々の新作を発表している。二〇一九年三月第四十回松尾芸能賞優秀賞受賞。

水島結子（みずしまゆいこ）

琵琶演奏家。早稲田大学在学卒業。薩摩琵琶鶴田流・友吉鶴心に師事。日本で初めて『琵琶新聞』の研究を開始。ソウル大学国楽科へ交換留学。帰国後、科学研究費助成事業にて「近代琵琶楽の成立と展開」を発表。二〇一七年『東久邇宮文化褒賞』受賞。演奏活動を中心に若手育成、琵琶楽研究等、琵琶の発展に勤める。（ホームページ：https://biwamusic.net/）

三田徳明（みたのりあき）
京都方安倍流雅楽師範。東亜宮廷伝統楽舞国際研究学会副会長。学習院大学非常勤講師。放送大学非常勤講師。雅楽瑞鳳會代表。三田徳明雅樂研究會主宰。一九九五年 学習院大学大学院人文科学研究科博士前期課程修了。元韓国藝術綜合學校招聘教授、上海戯劇学院舞踏学院客座教授。九歳より雅楽を始め、京都方楽家の篳篥と舞を修める。NYカーネギーホールをはじめ、国内外で雅楽を紹介するなど舞人・演奏家として活躍。於玉稲荷神社禰宜。

村尾 愉（むらおたのし）
国立文楽劇場企画制作課文楽技術室専門員。文楽の首《かしら》や手足の製作、補修を担当。一九九二年、大阪芸術大学卒業後、人形細工師四代目大江巳之助に師事し、文楽技術室に入室。第十八回「上方の舞台裏方大賞」受賞。

森谷裕美子（もりやゆみこ）
学習院大学非常勤講師・園田学園女子大学近松研究所客員研究員（日本近世演劇研究）。論文に「「四条河原遊楽図」について―「旧大関本芝居図」の再出現―」（『近松研究所紀要』第三十号 二〇二二年三月）、他に「角田一郎先生旧蔵資料 仮目録八―原稿・草稿・校正等―」（『近松研究所紀要』第三十一号 二〇二三年三月）など。

柳家喬之助（やなぎやきょうのすけ）
落語家。落語協会所属。一九九三年、柳家さん喬に入門、前座名「さん市」。一九九七年、二ツ目昇進「喬之助」と改名。二〇〇七年、真打昇進。二〇〇二年、第十三回 北とぴあ若手落語家競演会奨励賞。出囃子は「絵島生島」。紋は「丸に三つ柏」。

吉田勘市（よしだかんいち）
文楽人形遣い。一九八三年に文楽研修生となり、一九八五年、二代目桐竹勘十郎に師事、桐竹勘市と名のり、国立文楽劇場で初舞台。のち三代目吉田簑助らと組んで、『ボーカロイド™オペラ 葵上 with 文楽人形』にてボーカロイドとのコラボなども行う。

■編集協力
石田琵琶店／株式会社オフィスタカヤ／株式会社 TOMABUNE／国立文楽劇場／三響會／宝生能楽堂／三田徳明雅樂研究會

■図版協力
市川信夫氏／金沢能楽会／京都国立博物館／慶応義塾大学図書館／国立国会図書館／国立劇場／国立文楽劇場／小林古径記念美術館／正倉院／松竹株式会社／園田学園女子大学近松研究所／たばこと塩の博物館／東京都立中央図書館／東京能楽囃子科協議会／西尾市岩瀬文庫／宝生会／武者小路千家官休庵／山口県立萩美術館・浦上記念館／吉越スタジオ／早稲田大学演劇博物館

編著者

藤澤　茜（ふじさわ・あかね）

神奈川大学国際日本学部准教授。国際浮世絵学会常任理事。学習院大学大学院人文科学研究科日本語日本文学専攻博士後期課程修了。博士（日本語日本文学）。専門は江戸文化史、演劇史。著書に、『歌舞伎江戸百景　浮世絵で読む芝居見物ことはじめ』（小学館）、『浮世絵が創った江戸文化』（笠間書院）などがある。

執筆者：
赤井紀美・石川　髙・石田幸雄・今井豊茂・小濱明人・片山旭星・亀井広忠・神田阿久鯉・後藤幸浩・米田真由美・佐野玄宜・鈴木健一・諏訪春雄・千　宗屋・高橋晃子・田中傳左衛門・月岡祐紀子・鶴澤友之助・豊竹睦太夫・中村鷹之資・藤澤　茜・藤間勘十郎・水島結子・三田徳明・村尾　愉・森谷裕美子・柳家喬之助・吉田勘市

伝統芸能の教科書

2023（令和5）年5月10日　第1版第1刷発行

ISBN978-4-86766-010-2　C0070

発行所　株式会社 **文学通信**
〒114-0001　東京都北区東十条1-18-1 東十条ビル1-101
電話 03-5939-9027　Fax 03-5939-9094
メール info@bungaku-report.com ウェブ https://bungaku-report.com

発行人　岡田圭介
印刷・製本　モリモト印刷

ご意見・ご感想はこちらからも送れます。上記のQRコードを読み取ってください。

※乱丁・落丁本はお取り替えいたしますので、ご一報ください。書影は自由にお使いください。